XINZHI

**Swindled: From Poison
Sweets to Counterfeit Coffee**
The Dark History of the
Food Cheats

美味欺诈

食品造假与打假的历史

［英］比·威尔逊 著　周继岚 译

生活·讀書·新知 三联书店

Simplified Chinese Copyright © 2016 by SDX Joint Publishing Company.
All Rights Reserved.
本作品中文简体版权由生活·读书·新知三联书店所有。
未经许可，不得翻印。

Copyright © 2008 by Bee Wilson

图书在版编目（CIP）数据

美味欺诈：食品造假与打假的历史／（英）威尔逊著；周继岚译．—2版．—北京：生活·读书·新知三联书店，2016.3 （2018.6重印）
（新知文库）
ISBN 978-7-108-05598-9

Ⅰ.①美… Ⅱ.①威…②周… Ⅲ.①食品检验–史料–世界
Ⅳ.① F768.26

中国版本图书馆 CIP 数据核字（2015）第 284888 号

责任编辑	王振峰
装帧设计	陆智昌　薛　宇
责任印制	卢　岳
出版发行	生活·讀書·新知 三联书店
	（北京市东城区美术馆东街 22 号 100010）
网　　址	www.sdxjpc.com
图　　字	01-2016-4678
经　　销	新华书店
印　　刷	三河市天润建兴印务有限公司
版　　次	2010 年 10 月北京第 1 版
	2016 年 3 月北京第 2 版
	2018 年 6 月北京第 5 次印刷
开　　本	635 毫米 × 965 毫米　1/16　印张 18.5
字　　数	269 千字　图 29 幅
印　　数	21,001-24,000 册
定　　价	38.00 元

（印装查询：01064002715；邮购查询：01084010542）

新知文库

出版说明

在今天三联书店的前身——生活书店、读书出版社和新知书店的出版史上，介绍新知识和新观念的图书曾占有很大比重。熟悉三联的读者也都会记得，20世纪80年代后期，我们曾以"新知文库"的名义，出版过一批译介西方现代人文社会科学知识的图书。今年是生活·读书·新知三联书店恢复独立建制20周年，我们再次推出"新知文库"，正是为了接续这一传统。

近半个世纪以来，无论在自然科学方面，还是在人文社会科学方面，知识都在以前所未有的速度更新。涉及自然环境、社会文化等领域的新发现、新探索和新成果层出不穷，并以同样前所未有的深度和广度影响人类的社会和生活。了解这种知识成果的内容，思考其与我们生活的关系，固然是明了社会变迁趋势的必需，但更为重要的，乃是通过知识演进的背景和过程，领悟和体会隐藏其中的理性精神和科学规律。

"新知文库"拟选编一些介绍人文社会科学和自然科学新知识及其如何被发现和传播的图书，陆续出版。希望读者能在愉悦的阅读中获取新知，开阔视野，启迪思维，激发好奇心和想象力。

生活·讀書·新知三联书店

2006年3月

商品的广告是否实事求是，商家的信用是否真实可信，究竟有没有弄虚作假、以次充好，其实消费者是再清楚不过了……

我们之所以惶恐不安，并非因为害怕谎言或骗子。事实上，我们对于谎言的态度似乎早已渐渐麻木，早已感觉不到任何愤怒或厌恶。

——英国作家安东尼·特罗洛普，1855年3月

前　　言

"甲之甘露，乙之砒霜。"

——杰弗里·巴顿（Jeffrey Patton），1989[1]

  谁都不想被人骗！特别是买那些入口的东西，更是如此。一旦知道自己买的是假货，那感觉，说句不好听的，就像吃了死苍蝇一样恶心。您别不信，假冒食品的案例几乎随处可见。回顾人类历史，我们不得不承认：制作及贩卖假冒伪劣食品，绝对不是什么新鲜个案。醇厚香滑的牛奶，里面添加了大量的有害物质；口感清新的草莓味食品，里面一颗草莓都没有；香甜松软的面包，虽然打着全天然、无添加的商标，里面却充斥着大量的漂白剂、人工调味剂；小饭店菜牌上推荐的那些所谓家常浓汤，其实就是你平时看都不看的罐头汤；冰箱里一片片红白相间、肥瘦适中的培根让人垂涎欲滴，等到下了锅，你会发现水比肉还多，煎培根几乎成了炖肉片，好好一顿饭就这么毁了。看着盘中的这些注水肉，杯里的潲牛奶，以及市场上充斥的大量打着名优品牌的普通食材，谁不痛苦?! 谁不惧怕?! 谁不憎恨?!

  你或许以为，古人比今人单纯、善良。因为古时候，生意讲究的就是货真价实、童叟无欺。那时候，别说有人制假贩假，恐怕东西差一丁点儿都会扔掉重做。关于食品制假打假的问题，我要说的，全都写在这本书里。说实话，如果说人类的历史上真有什么真金白银的时代，少说也得是八百年前的事儿，坑蒙拐骗的历史恐怕要比实实在在的日子长得多。食品行业制假售假的行为自古有之，这一现象更是与科技、经济、政治等多重因素作用在一起创造了一个"痛并快乐着"的人类世界。回顾人类文明的发展历程，我们不难发现，从很多方面来说，食品制假的历史就是一部人类近代史。《美味欺诈》为您讲述的正是这样一段鲜为人知的历史。

对我们来说，食品有着生杀予夺的可怕力量，既可以置人于死地，也可以救人于水火。16世纪时，德国著名炼金术士兼毒理学家帕拉塞尔苏斯（Para Celsus）曾经说过："万物皆有毒，世间本无无毒之物，毒药或良药之区别就在于剂量是否得当。"依照这一说法，或许我们应该说：所有食材皆有毒，有些食品吃多了会中毒，而有些则不会产生严重反应。比如，如果你喝了太多的胡萝卜汁，就会导致维生素A中毒，肝功能会因此衰竭。讽刺的是，1974年著名的健康食品狂人巴兹尔·布朗（Basil Brown）就是死于维生素A中毒。[2]一般食品如果摄入过多，可能会导致死亡，然而真正致命的毒物，只需一点即可酿成惨剧。在这本书中，你会读到很多有关因食品加工、处理不当而导致人身伤害的故事：如在糖果的染色剂中掺入铜和汞，增加鲜艳度，吸引儿童购买；用化学品处理病肉，使其看上去如同鲜肉一般肥美；在葡萄酒中加入铅，增加酒的甜度，等等。然而，有一点值得我们注意——并非所有的有毒食品都是制假售假者有意为之，有些纯属意外。针对上述情况，法律也做出相关规定：由于食品原料污染变质而引起毒害并造成严重危害的，可按生产、销售不符合卫生标准的食品罪论处；而行为人明知是有毒有害物质还故意掺入，或明知是掺有有毒有害物质的食品而故意销售，视为故意伤害，并从重量刑。这些美味欺诈事件反映了一个事实——古往今来总有一些人性泯灭、良知沦丧的黑心厂家和商贩，为了迅速牟取暴利，而置广大消费者的身体健康和生命安全于不顾。

虽说大家都知道"假冒伪劣商品"是个不太光彩的词儿，然而有时候我们却很难采取有效措施抑制此类商品。法律该如何量刑制造并销售假冒伪劣食品的行为？是不符合食品卫生标准，还是故意伤害他人健康？最近有人问我："我在烤面包的时候，加了一些香草精，这算不算掺假？"我说："不算，这只是正常的烘焙。"如今烤面包加香精的确无伤大雅,但我不得不说,随着人类文明的不断发展,人类对于"制假"的定义已经有了根本的改变。比如,在19世纪60年代,当时的黄油配方曾指明必须加入食盐,部分原因是为了用盐掩盖变质黄油发出的腐臭。然而现在我们吃的各种盐味黄油,不过是为了满足不同的喜好。这样的例子还有很多。16世纪时英国酿酒者声称啤酒花有利于澄清麦汁,不仅可以平衡酒质、减少麦芽使用量、降低成本,还具有增强防腐和利于保存的功效,这是人们第一次知道啤酒花,并严重质疑这一说法,英王亨利八世甚至下令禁止酿酒时使用啤酒花。如今啤酒花已经是酿制啤酒的重要原料之一,从禁止掺加物到成为合法原料,人们足足花了一百年的时间。除此之外,过去许多被认为是无害的食品添加物,如糖精、食用色素、反式脂肪酸等如今也被重新定义为有害物质。

直到现在,人们对于食品添加物仍莫衷一是。对于食品添加是否违法,当今的判罚主要基于以下两项原则:是否有毒有害、是否属恶意欺诈。古代英国《普通法》(*Common Law*)中早就制定处罚办法,对那些明知食品不利于购买者身体健康,却故意出售者进行裁决;同时也对那些销售假冒伪劣食品的行为——如缺斤少两、勾兑稀释、非法填充、以次充好等,[3]提出相应判罚。尽管不同时期、不同国家的法律法规对于制售假冒食品者有着不同程度的处罚措施,但是均围绕着两个核心内容展开:不得销售有毒食品!不得欺骗消费者!

制售假冒食品不单是某个人的事儿,也不仅仅是买卖双方的问题;这种行为甚至对整个人类社会都有严重的影响。假冒食品是各项法律及各国政府长期关注的主要问题之一。政府严厉打击制售假冒食品,不仅是为了保障人民的合法权益,因为如果不能有效地遏制该行为,其他许多事务也将遭受重创。这种行为不仅危害公共卫生,甚至会扰乱一个国家的经济活动。除了造成大批直接受害者外,制售假冒食品还会严重影响国家的财政收入,原本应纳入国家财政收入的这部分税收,绝大部分落入制假售假者手中,对广大守法者来说无疑是一种变相掠夺。自这一行为出现之日起,各国政府始终将其视为破坏正常经济秩序、损害政府威信的主要威胁之一。同时这也威胁着民主政治体系,倘若放任自流,必将损害人民群众对于现行民主政体的信任,导致无政府的混乱局面。

因此，为了确保人民的民主权利，确保民主政治的健康发展，打击制售假冒食品势在必行。目前，各国政府都在抓紧时间，着手制定针对食品安全的法律法规。

在过去的200年间，形形色色的食品欺诈案数不胜数。事实上，在许多国家，正因为政府部门执法不严，才使得许多制假者逍遥法外。《美味欺诈》是一个揭露卑鄙与贪婪的黑色故事，它揭露了那些假饵似的饮食文化，那些为了赚钱可以无视他人死活的可怕谎言；同时这也是一个政府管理失职的故事，后工业时代，政府极不情愿干预食品饮料行业，即使它们已经变得诚信尽失、危机四伏；反倒是早先的政府更乐于参与管理。这本书中歌颂的那些打假英雄，并非官员政客，而是那些察觉到危险后挺身而出的科学家们——他们调查厨房里的黑幕，用各种检测设备认真检测并披露查获的各种填充物、工业色素、假冒产品、勾兑饮品、违禁替代品、有毒添加剂、伪劣产品。

在我开始讲述之前，有两点要说明。首先，虽然在"食品卫生管理条例"中，也涉及对假药的处理办法，但本书只讲述在食品及饮品中出现的问题，不涉及制售假药内容。我们都知道，如今假药问题也很严重，在一些第三世界国家尤为突出。我们也清楚在我们自己的国家里，黑市上非法药品交易造成了严重危害。与食品制假一样，制作并兜售假药也是自古便有。大多数不法商贩会二者兼做，以牟取更高私利；既可医用又可饮用的酒精制品也是历史上最早出现的造假物之一；但是为了更好地说明制药行业的制假售假行为，肯定需要单独写本书才行。事实上，恩斯特·斯泰伯早在1966年就已经撰写了《药物掺假》（*Drug Adulteration*）一书。第二点要说明的是：看过此书后，读者可能会注意到在英美两国的食物制假史上，我可能更多地讲述了英国。这不是因为我是英国人，对英国的这段历史更为熟悉，而是有其历史原因的。掺假是工业化城市中流行的顽症，掺假之风大盛的国家均是实施相对不干涉主义的国家。英国是第一个同时满足上述两种条件的国家，在过去的200年间我们经受了比其他国家都要恶劣的饮食环境。美国人紧随其后。直到今天，美国人在饮食方面依然存在着一些无法摆脱的困境。

这就是为什么《美味欺诈》一书要从1820年的英国说起，为什么要从一个大胆指出英国的食品掺假情况有多么恶劣的德国科学家说起。

注释

1. Patton(1989),p.1.
2. McGee(1984),p.536.
3. Barton Hutt(1978),p.507.

目 录

前言

1　第一章　德国火腿和英国芥末!
弗雷德里克·阿库姆光荣的职业生涯/掺假中的化学/英国工业与"渴望及永不满足的贪欲"/掺假与法律/阿库姆的耻辱

39　第二章　一箪饭，一瓢饮
葡萄酒/度量衡/面包管制/饥荒食物/"面包门"事件/行会：良好食品的保证/食品警察：啤酒测试员、胡椒商与杂货商

77　第三章　政府芥末
魔鬼杂货商/贫穷与假货/英国的骗子/公众宣传与科学/显微镜下看食品：亚瑟·希尔·哈塞耳/点名羞辱与民族健康/广告与法规/芥末、纯正食品与顺应商业变革/从掺假到包装出来的"纯粹"

120　第四章　粉色人造黄油与纯番茄酱
牛奶与酒/人造黄油之战/哈维·华盛顿·威利/防腐剂与试毒小组/辛克莱、罗斯福和《丛林》/诚实商标和纯净番茄酱/糖精和咖啡因：1906年法案的产物

175 第五章 假冒食品与合成食品
食物代替品与战时假货/美国人造食品/添加剂、新式食品和1969年白宫会议/营养强化与瘦身/味觉新天地/拉尔夫·纳德和《化学大餐》/卡罗琳·沃克和合法化的消费者欺诈

223 第六章 印度香米和婴儿奶粉
完美标识/美食欺诈和受保护食品/印度香米的DNA检测/无形危险和散布恐慌/油鸡和农业假货/"污物条款":杀虫剂和有机物欺诈/人造鸡蛋和中毒的婴儿

263 结语 21世纪的掺假食品
267 鸣谢
270 参考文献

第一章
德国火腿和英国芥末！

令边沁迷惑，令拿破仑害怕，

令阿库姆震惊……

——詹姆斯·史密斯（James Smith）《牛奶与蜂蜜》，1840 年

食物掺假的历史以 1820 年为界可分为两个阶段——前阿库姆时代与后阿库姆时代。1820 年，现代西方世界首次针对食品中添加有毒物质或添加剂的行为进行查处和打击，而这正是由于一本小册子的面世——《论食品掺假和厨房毒物》（*A Treatise on Adulterations of Food, and Culinary Poisons*，后简称《论掺假》），由德裔化学家弗雷德里克·阿库姆（Frederick Accum, 1769—1838）撰写。说这本书改变了一切可能有些夸张。此书出版后，骗子们依然制假售假，逍遥法外；有关食品的法律法规也并没有因此而进行任何改动。一开始阿库姆本人被授予了各种荣誉，后来却遭人侮辱。但他的文章还是让人们认清一个事实：几乎所有现代化工业城市中出售的食品或饮品都不如看上去那样美味，其制作方法也和我们想象的不同，而且食物是可以杀人的。

弗雷德里克·阿库姆出生在威斯特伐利亚（Westphalia），却选择成为一名伦敦人。他热爱食物，推崇品质优良的健康面包（全麦面包，而不是白面包）、烟熏火腿、浓郁芬芳的黑咖啡，以及用熟透的桃子、樱桃、菠萝、榲桲果、李子和美味的橘子[1]制成的果酱或蜜饯。阿库姆对食物的态度和法国美食家不同，他们无论吃什么东西都要先用鼻子闻一下，一见到鹌鹑配松露就吃到顾不得讲话。阿库姆却并不热衷于名贵的食

鼎盛时期的阿库姆（1769—1838）。《欧洲杂志》(*The European Magazine*, 1820) 上刊登的阿库姆像。

物，更喜欢吃德式食品：一品脱麦芽啤酒，一碗用冬季白甘蓝和葛缕子籽做的德式泡菜，一份酸黄瓜配西班牙甘椒，一张松脆的奶油馅饼皮，这些都是他喜欢的食物。但阿库姆选择食物时并不随意，他强调说如果你对煮土豆都非常讲究，那么在牛排的调味上一定会精益求精；只有那些势利小人才会滥竽充数。他认为，厨师就好比化学家，厨房则好比是一间化学实验室。阿库姆是鉴别食品掺假的行家，在他职业生涯的巅峰时期，也就是1820年，他可以称得上是当时伦敦最著名的化学家。

作为一名热爱美食的化学家，阿库姆认为美食成功的关键在于所有成分必须精确混合，同时也正因这种热爱让他对那些"品行端正"的罪犯们为追逐利益而在食物中掺假的做法十分愤慨。幸运的是，阿库姆并没有忍气吞声，他将愤慨都写进自己的书里，向世人揭露掺假售假的骗局、数不清的掺假食品，以及黑心商人最恶毒的谎言和最严重的有害物质。"打击食品掺假很困难，"他写道，"这个国家制假成风，有的食品，甚至从来就没有过真的；但说起来却只有一篇关于食品安全的文章。"[2] 阿库姆的著作面世仅一个月就售出了一千册（这个发行量在当时已经很大了），之后又陆续卖出数万本。

如果现在再读有关阿库姆这篇论著的评论，联想到大宗食物都在制假售假，恐怕谁都会突然泛起一阵恶心。"读了（阿库姆的）这部书后，"《布莱克伍德爱丁堡杂志》的一位评论员曾写道，"我们的食欲明显下降，昨天我们脸色苍白地吃下了一块奶油冻。"³ 另一位评论员在《文学公报》上发表文章，抱怨道：

> 这本书揭露了食品商贩是怎样欺诈、哄骗、下药甚至伤害我们的。虽然人们读这部书时会觉得很痛快，但是读过之后，他们可能会被阿库姆先生所做的这项伟大工作气个半死。他的确开拓了我们的眼界，但是读过他的书后，我们可能什么都吃不下了。⁴

他继续感慨地说：

> 我们吃的泡菜是用铜染绿的；我们吃的醋是用硫酸勾兑的；我们吃的奶酪是在坏了的牛奶里掺入米粉或木薯粉制成的；我们吃的糖果是将糖、淀粉和黏土混合在一起，再用铜和铅染色的；我们吃的番茄酱是用蒸馏酒醋后剩下的糟粕加上绿色的核桃外壳煮出的汤汁以及各种香料、辣椒粉、甘椒和普通的盐——或是卖不掉的烂蘑菇混合而成的；我们吃的芥末是芥菜、小麦粉、辣椒粉、海盐、姜黄和豌豆粉混合在一起调成的；还有让我们喝下去就觉得精神振奋、精力充沛的柠檬酸，柠檬汽水和潘趣酒（punch），它们通常是使用廉价的酒石酸临时勾兑出来的。

这段话很好地总结了阿库姆的这本书。他在书中号召所有阶层应相互合作，废除掺假食品及饮品的罪恶交易与诡计。⁵ 书中揭露了许多食品掺假案，比如在儿童奶油冻中掺入有毒的月桂叶，用黑刺李的叶子冒充茶叶，用白黏土制成含片，在胡椒中掺入灰尘垃圾，泡菜用铜染绿，糖果用铅染色等等。"上帝啊！"一位读者惊呼道，"这些无耻的掺假行为何时才能结束？难道我们的餐桌上就没有一样纯正的、无毒无害的东西吗？"

事实上,阿库姆没有揭露的丑闻,依然我行我素。这让读者感到震惊与错愕。一直以来,还没有一本化学书能够像《论掺假》一样,引起如此广泛的讨论。

这种震惊效果正是阿库姆想要的。书名页上不但画着一个骨灰盒,同时还用大写字母写着"此处有暗藏的危险"这样一句座右铭。骨灰盒上蒙着一张画有巨大骷髅的裹尸布,两条大蛇在骷髅旁边扭动。他在《论掺假》中不断地重复着"暗藏的危险"这个主题,它源自《圣经》中"锅中有致死的毒物"。[这句话出自《圣经·列王记》(Kings),第四章,40 节。]"暗藏的危险"成为 19 世纪食品安全运动的战斗口号,但却远远不能承载阿库姆想要表达的尖刻的道德抨击。他对掺假行为十分厌恶。制假售假是一种恶劣的行为,不仅是那些生活奢侈品,就连基本必需品也存在这一现象。面包师为了让面包看着很白,常会在面粉里掺入明矾。掺假背后的动机正是对财富的渴望和贪婪,贪欲压倒了一切,赚钱比同胞的生命还重要。[6]阿库姆忧愁地说道:"在有生之中我们处于死亡。"[7]

为什么阿库姆的论著能够引人注意呢?1820 年以前,人们对于食物掺假一事也并非一无所知。正如阿库姆在前言中所说,每个人都知道面包、啤酒、葡萄以及其他经常掺假的东西。[8]恐怕早在古罗马时期就有酒商往酒里掺水或用医用酒精冒充其他酒类的案例。19 世纪,就在阿库姆出书前

"锅中有致死的毒物":选自阿库姆的《论食品掺假和厨房毒物》(1820),卷首插画细节图。

后,出现了无数有关食品污染的谣言与讽刺。托拜斯·斯莫莱特(Tobias Smollett)在他的小说《汉弗莱·克林克》(*Humphrey Clinker*)中就曾描述过伦敦的食品是多么肮脏、低劣。他将伦敦比作简陋的乡下,因为伦敦城里鸡鸭猪狗到处跑。后来游戏规则变了,蔬菜、草药、凉拌食品都出自自家的花园。正如他所描述的,在伦敦,人们在草莓上吐点儿口水再擦擦就算是洗干净了;将蔬菜和铜一起煮,使蔬菜显得更绿;装牛奶的提桶也没有盖儿,这些牛奶穿过大街小巷,早就被"婴儿的呕吐物""行人的唾沫、鼻涕和口嚼烟草块""车轮溅出的泥点儿,尘土以及男孩儿们恶作剧时乱扔的垃圾"所污染,有时牛奶里甚至"还漂着淹死的蜗牛"。伦敦的面包就是"掺有白垩、明矾和骨灰的毒面团;吃起来干巴巴的,简直就是对人体的摧残"。葡萄酒则是"将苹果酒、玉米酒、黑刺李汁随便混在一起,调成的一种非常难喝且有害身体的廉价混合物"。

伦敦的食品真的很糟糕,可是读过斯莫莱特这部小说的人,谁也不会相信现实情况竟然真的像小说中描写的一样恶劣。所有人都以为,小说中的情境是作者为了营造喜剧效果而故意夸大的。不难想象,当第一批读者读完阿库姆的论著后,发现"喜剧"中的情节竟然是生活中实实在在发生的事情,他们该有多么吃惊!《文学公报》的编辑曾给出以下评论:

> 《汉弗莱·克林克》中,那些异想天开的骗子总能引得我们发笑,但是回头想想,现实生活中我们吃的喝的东西几乎都被掺了假,似乎我们就笑不出来了。我们只能自己咽下这些骗人的假货,否则,这些卑鄙的掺假食品以及那些残忍的商家的无赖作为,最终会削弱主要城市的运营情况乃至国民的许多消费能力,令社会失去活力,或者使人与人彼此厌恶。[9]

阿库姆的天才之处在于他能让读者们看到"咽下欺骗的苦果"的确是"相当严重的玩笑"。他的书之所以卖得很火,一方面是时代的原因,随着科学与工业的进步,食品掺假的可能性大大增加了;另一方面则是因为阿库姆本人是一名非常优秀的宣传家,他是戳穿这一连串诡计的最佳人选。他对现代英国科学及工业的发展充满激情,同时也看到这些科学和工业技术应用于食品行业后发生的许多可怕的事情。这本《论掺假》，讲述的是一场科学欺诈与科学检测之间的战役。这本书的出版标志着此番争斗已经拉开序幕。

弗雷德里克·阿库姆光荣的职业生涯

在伦敦，只要外来者胆子大又有才，就可以非常迅速地跻身高位，成为"自己人"。许多德国人在这个相对包容的商业中心取得了成功，阿库姆就是其中之一。鲁道夫·阿克曼（Rudolph Ackermann，1764 —1834），德国出版商兼发明家，因平版印刷技术而闻名，是阿库姆在伦敦的好友之一。当然，他的社交圈绝不仅限于德国人这个小圈子，他喜欢接触伦敦各行各业的人们。我们马上便会看到，阿库姆如何用自己的小诀窍结识了律师、科学家、政客、贵族、学者，甚至女佣等各色人物。

这位精力无限、散发着非凡魅力的男人一直狂妄地认为自己精通各类化学，但揭露食品掺假并非他做的第一件保障公众利益的事情，他也曾因为鼓励公众克服对煤气照明的偏见而名垂史册。正是因为他，1815年威斯敏斯特地区的街灯才从过去的灯笼变成了更亮的汽灯。阿库姆本人还是一名著名的化学讲师、化学设备供应商、皇家药剂师、拉瓦斯理论的传播者；他还是一名作家，写过很多本书，从分析矿物学与结晶学到香子兰香精分析都有。1925 年，布朗（C. A. Browne）这样写道："整个化学史上，从未有人能像阿库姆一样担当这么多不同的角色。"[10] 如今大部分历史学家已经不再相信一次工业革命论，但是我们要知道，倘若这一理论还存在，阿库姆正是这次工业革命的代言人。具备知识、学问、生意头脑，受过良好的教育、收入丰厚，并且以大英帝国的富饶和实力为傲，等等。这些优点汇集在一起，才造就出像阿库姆这样真诚、大方、永不知疲倦的人。

在煤气灯方面所取得的胜利，展现出阿库姆是如何运用自己的聪明才智创造出一项伟大壮举。早在 1786 年，法国革新家菲利普·勒庞（Philippe Lebon）就在巴黎首次展示了煤气灯的效果，但一直没能正式投入使用。当时伦敦的街道和家庭多用鲸油、动物脂肪或蜂蜡照明。到了

1803—1804年冬天,一位旅居英国的德国人温莎(F. A. Winsor)在伦敦艺术剧院举办了一系列引人注目的演示操作,展示了煤气灯的诸多优点。一位观众这样描述当时的情形:输送煤气的管子被固定在天花板、包厢和楼梯周围,管子将煤气从蓄水池中抽出,点燃煤气灯后,巨大的艺术剧院被可燃气体照得光彩夺目。不久之后,温莎便取得了煤气灯的专利,并计划开设一家公司,为伦敦的建筑和街道提供照明。问题是,当时人们对此事非常抵触。老百姓不仅担心煤气燃烧时会散发出臭味,更害怕会发生煤气泄漏或中毒。英国海员也反对煤气灯,因为此举势必会导致对鲸油需求量的减少,海员们也会因此丢了饭碗。还有一个最重要的原因,那就是许多著名的科学家都无法保证煤气照明一定安全可靠,这其中也包括汉弗莱·戴维爵士(Sir Humphry Davy,1778—1829),后来正是这位电气化学天才发明了矿工安全灯。更糟糕的是,温莎本人不是科学家,在别人看来他充其量只是一个自吹自擂的小丑。1807年,温莎成立公司,他给公司取了一个非常滑稽的名字——"新爱国帝国国家照明与热力公司",他还吹嘘说公司预计年收益将达到2.29亿英镑(折合成现在的英镑约为150亿,这个数字还是根据最保守的指数计算方法,即零售物价指数得来的),他希望通过自身服务透明化与反生产行为来吸引投资者。

与温莎不同,阿库姆是一名深受大家信任且拥有优越社会关系的科学家,他的加入,会让大家觉得煤气照明将是前景甚好的投资项目。和温莎一样,阿库姆也认为煤气照明一定会带来收益,但是他认为必须采取更为有效的推广方式。起初,阿库姆对煤气的化学属性产生了浓厚的兴趣,他花了几个月的时间,用煤气炉做实验,测量煤气与动物脂肪的燃烧情况,实验如何能蒸馏出糖浆一样浓稠的煤焦油。随后,他又在国会上以专家身份证明了温莎的煤气照明是安全可行的。1809年,阿库姆向下议院保证,他本人通过大量实验证明,煤气在燃烧时是无味的,只要依照正确的方法操作,煤气管道也不会有爆炸的危险。他坚持认为,煤气照明不仅比动物油脂照明更安全,其性能也大大优化。蜡烛在密闭空间中燃烧会引发火灾,相比之下,在玻璃灯罩内燃烧的煤气灯要更干净、更可靠。煤气灯才是现代社会应该采用的正确照明方式。1810年,英

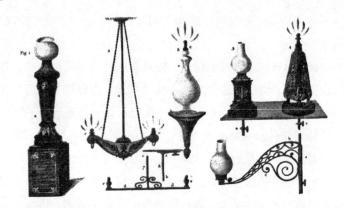

各种造型华丽的煤气灯,出自阿库姆《论煤气灯的应用》(1815)。

国国会通过一项法案,准许温莎公司改为有限公司;弗雷德里克·阿库姆也以"应用化学家"的身份,入主公司第一届董事会。1813 年,威斯敏斯特大桥改用煤气照明,到了 1815 年,伦敦地区铺设的煤气管道总长已经达到 30 英里。

阿库姆也成为英国家喻户晓的煤气专家。1815 年,他出版了《论煤气灯的应用》(*Practical Treatise on Gas-Light*) 一书。这是第一本有关煤气照明的论著,书中还配有各种煤气吊灯与台灯的精美图片。不难看出,阿库姆对工业化进程充满热情。在书中他恳请读者们不要理睬那些反对蒸汽机、新型纺纱机、脱粒机、煤气灯与机械设备改进的所谓"共同呼声"。他写道:"我们不应忘记,正是这些机械设备帮助厂商们削减了人工劳动的经费。正因为有了机械设备的改进,大英帝国才能比世界其他国家更优越、更富有,也更独立,应该感谢它们。"阿库姆认为,正是大不列颠的科技进步,让他从一个默默无闻的德国人成为名利双收的英国名流。从威斯敏斯特地区地位卑微的打工仔,到获得伦敦科学机构中收入不菲的诱人职务,阿库姆的职业生涯可谓是戏剧性地向上攀升。

这位传奇人物于 1769 年 3 月 29 日,出生在德国的比克堡 (Buckeburg),家中有七个孩子,阿库姆排行第六。七个孩子中,只有姐姐威廉敏娜、哥哥菲利普和阿库姆三人活了下来。阿库姆 3 岁丧父,由母亲抚养长大。他在当地上的高中,从未接触过科学,学校教的都是荷马、希罗多德、西塞罗或塔西佗这一类的。研究阿库姆的学者们认为,[11] 小时候他就看着爸爸做肥皂，后来哥哥又继承父业，受到家庭影响，阿库姆喜欢上了化学。皂化过程与化学反应非常接近，年轻的阿库姆一定是从中了解了什么是酸碱反应，也一定看过用碳酸钾将猪油变成肥皂的神奇过程，但他并没有子承父业。

阿库姆后来回忆说："威斯特伐利亚的居民们，个个体格健壮，吃苦耐劳，干着最累的苦力，却只能吃着难以下咽的黑面包。"[12]他所说的黑面包可能指的是裸麦粉粗面包，是威斯特伐利亚的特产，口感极其特殊，这与当地谷物的特点有关。[13]阿库姆喜欢吃酸味较轻的全麦发酵面包，但有时也喜欢口味独特的食物，比如威斯特伐利亚面包。虽然在伦敦定居多年，但他还是保留了威斯特伐利亚人的传统。他总是说起美味的威斯特伐利亚火腿。这种隐隐透出杜松香味的风干烟熏火腿，甚至比巴约纳火腿（Bayonne）和帕尔玛火腿（Parma）还出名。19世纪德国美食作家鲁默（Rumohr）称，威斯特伐利亚火腿是所有食品中"最独特、最无与伦比、最美味的"。[14]一本当代英国烹饪书中写道："威斯特伐利亚火腿由野猪肉制成，香味扑鼻，口感丰富，不能否认……即便是最棒最肥美的猪肉也做不出这种味道。"[15]不过，大部分威斯特伐利亚火腿并不是野猪肉做的，而是用普通猪肉。阿库姆写道："在威斯特伐利亚，每家每户每一年都会宰上一头或几头猪……家家的顶楼上都有一个和烟囱连在一起的壁橱，可以将烟雾很好地密封起来，人们会把火腿和咸肉放在里面熏干；他们不是用明火，而是用木头燃烧时发出的烟雾使肉慢慢地干燥。"以上文字摘自阿库姆的自传和描述。不过阿库姆家的人杀猪，恐怕是因为做肥皂时要用到猪油，而不是为了制作美味的火腿。

母亲不但养育了阿库姆，也带他进入了伦敦社会。朱迪斯·阿库姆与当时著名的布兰迪斯大药房（这是英王乔治三世的御用药房）的人很熟，这还要感谢她在汉诺威（Hanover）的亲戚。离开学校后，阿库姆就在这里打工。当时的一位科学史学家曾写道："事实上，药店是唯一可以获得化学实践知识的地方。"[16]虽然年纪轻轻，但阿库姆工作很出色。1793年时，年仅24岁的他就被调到布兰迪斯药房伦敦分行工作。伦敦分行位于阿林顿街，左边就是著名的皮卡迪利大街，拐角处便是圣詹姆斯宫。自此以后，阿库姆便怀着满腔热情投身于欣欣向荣的伦敦科学界。

除了打工，阿库姆还在风车大街的一所学校里上解剖课。课上一位名叫安东尼·卡莱尔（Anthony Carlisle）的内科医生很喜欢他，将他引荐给其他科学家，例如威廉·尼克尔森（William Nicholson）。尼克尔森是《自然哲学、化学及艺术期刊》（*Journal of Natural Philosophy, Chemistry and the Arts*）的创始人。在这本期刊上阿库姆发表了他最早撰写的几篇文章，包括揭露药物掺假、研究香子兰豆荚的科学属性等题材。渐渐地，他有了自己的名气。阿库姆在伦敦才待了7年，就在苏尚广场附近的老坎普顿大街开了一家商店，成为一位化学仪器供应商。之后他便在伦敦定居，从那时起直到《论掺假》出版，他在伦敦生活了20年。

阿库姆的社会生活完全不同于今天的理论化学家，他不用整天关在狭小的实验室中。他不但参加竞选、参与演出、做广告，四处卖弄炫耀，还用本生灯（Bunsen Burner）做了一系列稀奇古怪的实验，并与普通民众一起分享实验过程中的喜悦。阿库姆善于将自己聪明的头脑与流行触觉结合在一起，他的目的就是将"化学这门科学与合理的娱乐联系在一起"。[17]当他在英格兰的事业最终被丑闻毁掉时，他的朋友们依然积极地为他辩护，由此可见阿库姆的个人魅力。成为萨里学院的化学教授之后，

讽刺画家托马斯·罗兰森所绘漫画，表现了1810年前后阿库姆在伦敦市黑修士路的萨里学院公开演讲的情形。

阿库姆曾向公众做过几次化学演示。据说每次演讲都座无虚席，连走廊上都站着全神贯注的观众，社交名媛们为了一睹他的风采纷纷从阳台上探下身去。人们喜欢他，不仅因为他那华丽的外表——那深色的头发、突出的眉眼、丰满的嘴唇、浪漫的穿着，仿佛一位拜伦式的英雄，还喜欢他展示化学的方法。阿库姆总是将一种化学物质高高举起，倾入另一种物质中，看他的化学展示，就像是看一场精彩的现代名厨烹饪表演。

在那个时代，化学俨然是一种非常时髦的玩意儿，和日常生活中的方方面面都息息相关。1820年，一位记者曾这样写道："将探索自然物质的热情与值得称赞的愿望紧密联系在一起，是我们生活的这个时代的特征……化学已经成为这个时代的首要科学。"[18]阿库姆也被认为是伦敦"最受欢迎的化学家"。[19]在英国摄政时期，化学在工业和卫生这两大热门行业中都举足轻重。化学不仅推动了工业革命，也解决了工厂遗留下来的大量臭气、污水与排水管溢流等问题。阿库姆的文章中表达出一种强烈的信念，他坚信化学能使生活变得更美好。

虽然阿库姆的许多方案都是将教学与商业盈利结合在一起，但他更相信科学真理，并不介意项目是不是可以赚钱。阿库姆既"善良又乐于助人"，同时又态度傲慢，做事不计后果。[20]从1800年起，阿库姆开始私人招生，并规定他的学生每年要支付160几尼（guinea，英国旧金币）学费，这在当时可是一笔不小的费用（约合现在的1万1千英镑）；他早期的许多学生还成为美国著名的科学家：如耶鲁大学的本杰明·希里曼教授（Benjamin Silliman），哈佛大学的威廉·派克（William Peck）教授，达特默斯大学的詹姆斯·弗里曼·达纳（James Freeman Dana）教授。虽然阿库姆想将自己打造成贤明绅士，但事实上，他是首批主张使用化学密封容器的先驱科学家之一，也是主张设定儿童用品化学标准的先驱。在《阿库姆化学娱乐》（*Accum's Chemical Amusement*）（1817）一书中，他甚至指导读者自己在家做一些有趣且绝对安全的化学实验。例如"在坚果壳内融化硬币"，"火焰喷泉"，"制造翠绿色的火焰"，"在黑暗中发光的尸体"，"制造在亚麻上消不下去的墨水"，等等。听起来简直妙极了，想想看这些疯狂的科学实验都是你在学校想做却不能做的。书目最后的目录上详细列明做这些实验所需的化学仪器和工具，还告诉大家这些

化学仪器示意图,出自阿库姆《化学仪器功能用法词典》(*Explanatory Dictionary of chemical apparatus*,1824)。阿库姆在老坎普顿大街开设了一家专卖这些化学仪器的商店,赚得不少。

东西都能在哪里买到,当然,最便捷的方法就是从阿库姆自己的店里买:试管、液态比重计、棱镜、研钵、可移动的万用熔炉、产品套装等等,价格从 6 英镑 16 先令到 8 英镑 8 先令不等。阿库姆还不断地推出新的化学设备和材料卖给公众。"作为一个不断制造并研发新型化学仪器的生产商,多年来阿库姆的名字一直家喻户晓……他设计的煤气罐和集气槽畅销了 50 年"。[21]

倘若有人质疑说,是否只有与贸易紧密结合,科学才能找到最好的出路,阿库姆会说,这种想法非常华而不实,他本人是那种"凡是用于科学的商品,宁可无偿赠送,也不能卖掉"的厂商。[22] 但是有时候,遇到很容易赚钱的生意时,大家都会从自身利益考虑,即使是阿库姆也很难扮成慈善家。有一天,阿库姆的朋友发现他欢天喜地地在实验室里大笑,得意洋洋地说自己和首相皮特刚谈成一笔大买卖,可以狠赚一笔。首相要向他订购一台大型化学设备,运往印度的本地治里(Pondicherry)。阿库姆笑道,这次他把首相当傻子耍了,"这次他不但可以把顶楼上多年积压的所有零碎东西全部处理掉,还能向英国政府讨个好价钱"。[23] 有趣的是,虽然阿库姆对制假奸商的行为非常愤怒,可他本人也会抓住时机处理囤货。当然,我们不能仅凭这个幼稚的小伎俩,就说他道德败坏。他觉得,如果是欺骗那些趾高气扬的人并没有错,但如果是欺骗那些只想养家糊口的穷苦工人,阿库姆就会感到非常厌恶。

掺假中的化学

阿库姆的世界充满乐趣、激情与金钱,这与他在大不列颠皇家科学研究院(the Royal Academy)及其他古板的英国科学支柱机构的工作环境相差甚远。阿库姆想方设法最大程度地打破这个环境。虽然他可能永远不符合汉弗莱·戴维爵士所要求的举止端庄,但这并不妨碍他成为林奈学会与大不列颠及爱尔兰两所皇家科学研究院的会员。1803年,阿库姆撰写的《理论与实用化学体系》(*System of Theoretical and Practical Chemistry*)出版发行,书中介绍了法国化学家拉瓦锡(Lavoisier)提出的新观念。阿库姆有幸出生在一个世人皆为化学狂的时代。正如一位科学史学家所写的:"自1770年开始,短短20年的时间,化学这门学科经历了一次更彻底、更重要的改变,无论较之以前还是以后。"[24]这段时间涌现出许多在未来享誉化学界的伟大人物——比如加尔瓦尼(Galvani)和他抽搐的青蛙腿,谢勒(Scheele)、凯文迪什(Cavendish)、普里斯特利(Priestly)、伯格曼(Bergman)、克拉普罗斯(Klaproth)——但都不及拉瓦锡这个名字响亮,他是阿库姆心中的英雄,在法国大革命时被斩首。1769年,也就是阿库姆出生那一年,化学在很多方面依然沿用了炼金术的方法。当时的化学家们依旧为他们的材料起一些既古怪又难懂的名字,比如"砒霜黄油""硫磺肝"等。更重要的是,当时几乎所有化学家都相信燃素(后来被证明这种物质根本不存在)。根据"燃素理论",所有可燃物质中都含有一种无色、无味亦无重量的物质,即燃素;含有燃素的物质被称作"燃素化"(phlogisticalted);这些物质的燃烧,则被称作"去燃素"(dephlogisticalted)。所有明智的人都相信燃素的存在,直到拉瓦锡提取出氧气,提出燃烧氧化说,才对燃烧做出了正确的解释。此外,拉瓦锡摒弃炼金术士所用的物质名称,第一次列出化学元素的准确名称,将化学变成一门现代学科。正是有了拉瓦锡的成功,后来阿库姆才有可能分解酒精、燃烧的葡萄酒与水银的混合物。

化学这门新学科,之所以能享有如此的威望,很大一部分要归功于阿库姆的《论掺假》。阿库姆在书中明确指出,化学是打击掺假的唯一途径。可悲的是，化学本应该用来帮助那些"有益的生活目标"，但却被"扭曲成助长邪恶贸易的工具"。[25]一方面，许多"大量生产化学品的化学家们"明知道烘焙店在制作面包时会掺入明矾结晶，他们依然大规模地提取；另一方面，化学是一种"快乐的科学"，它也可以变成一种"检测掺假的手段"。[26]后来有化学家写道，分析化学是"掺假的最大敌人"。[27]1820年以前，如果你想知道某种食品是否有被掺假，你可能会用眼睛看，用鼻子闻，或用舌头尝。如果牛奶味道很淡而且看上去带青色，你会猜到牛奶中掺了水；如果咖啡喝上去特别苦，你会猜到咖啡粉里掺了菊苣根粉末；如果柠檬汽水的味道很酸，卖得还很便宜，就算你不是天才，也能猜出这种汽水一定是用酒石酸替代了柠檬。这就是所谓"感官测试法"。在对普通食物或简单的食物测试时，这种方法会很管用。如果要你比较两枚鸡蛋的新鲜程度，一个是坏鸡蛋，另一个是精心照顾下的母鸡刚产下的鸡蛋，你马上就能分辨出好坏：蛋黄大、呈橘黄色且味道浓郁的鸡蛋肯定比蛋黄色浅且蛋白如清水一般的鸡蛋要好。但是，感官测试法也有其局限性：首先，它完全依赖于测试者，测试者必须知道这种食品应有的味道、气味或外观。倘若不知道，就无法判断。其次，如果掺假的手法非常高明，方式非常隐蔽，感官测试法也不起作用。

根据阿库姆的记载，1820年时，掺假已经成为"一种完美的聪明才智"，"每个地方都能发现各式各样的伪造商品，制假技术之高明甚至可以瞒过最厉害的鉴定专家"。现代食品制假者们更是利用一些化学知识，催生出越来越狡猾的掺假方法。他们可以将劣质原料弄得很香，或是将低劣陈货弄得像新品一样诱人。如果制假商贩们手中有一批旧辣椒，他们会用红铅将其染色，再冒充新辣椒出售（就像现代骗子用红色偶氮染料将陈旧的辣椒染色一样）。如果制假贩子们手中有一批刚灌装的白兰地，想以此来冒充最上等的法国科纳克白兰地，猜猜看他们会怎么做呢？阿库姆写道，他们会在酒中添加葡萄干石酊剂，这能让白兰地有"熟味"。这些新的掺假模式无疑是对旧的感官测试法的嘲讽。过去人们拿到一罐奶油，往往通过气味来判断是否新鲜；或者观察奶油的浓度，判断奶油含量是否足量；通过奶油的黏稠度，判断是否醇厚美味。但是如果稠密的口感，不是源自牛奶的天然脂肪，而是因为掺加了常用的增稠剂——米粉或竹芋粉呢？你还相信自己的眼睛能明察秋毫吗？因此，为了能与骗子们一较高下，检测过程必须能"魔高一尺，道高一丈"。这是一场化学与化学的对决。以假奶油为例，阿库姆在书中介绍了一种非常简单的检测增稠剂的方法。你只需要在奶油上滴上几滴碘酒，真正的奶油遇碘酒会变成黄色，假奶油则会变成蓝色。

　　阿库姆的书之所以让民众感到震撼，是由于他对食品的检查是经过严格的科学分析，有科学依据的，所以大家不会误解他是那种危言耸听的人。除了售卖化学仪器外，阿库姆还经营着一个小副业——专门打击食品掺假的执行顾问。阿库姆更像是一位拿着芥末瓶的福尔摩斯，和无数个阴谋策划在伦敦秘密制造掺假食品的莫利亚蒂教授们进行斗争。只要受害市民提供可疑的食物样本，阿库姆就会用他的移液管，向上当者们呈现眼花缭乱的犯罪证据。阿库姆在他其中一本著作中声称，他花了28年分析英国的啤酒和黑啤酒，对各地酒品的优势如数家珍，就像福尔摩斯可以分辨出140种烟草燃烧后的灰烬一样。1819年的《哲学杂志》刊登了一则故事，讲的是阿库姆如何帮助一位穷苦女佣解开奇怪的蓝茶叶之谜。[28]这个女佣习惯喝绿茶时加上一茶匙鹿角酒或氨水。她这么做可能是为了治病，因为混入以上两种东西并不会让茶变得好喝（古时候英国人有时会用氨水来促进血液循环或减缓头痛）。一天，这个女佣从杂货店买了一盎司常喝的绿茶，和平常一样在沏茶时加了鹿角酒。结果让她吓了一大跳，茶水变成了蓝色。她拿着茶叶回到杂货铺，老板当然矢口否认。这个女佣十分不解，于是她拿了一些茶叶样本找到阿库姆。一会儿工夫，阿库姆就有了结论。他告诉女佣，茶叶的绿色是用有毒的铜染的，而铜与氨混合就会形成亮蓝色的混合物。阿库姆将两份茶叶与一份硝酸钾混合，然后将混合物放入烧红的坩埚中，反应之后产生铜与硝酸钠的混合物。很明显，所谓茶叶实际上是将某种植物的叶子（可能是黑刺李）用铜染成绿色，使其酷似真正的中国茶叶。显然，是杂货铺老板在说谎，地位卑微的女仆则是清白的。

　　《论掺假》介绍了很多简单的化学实验，可以帮你弄清楚，你满怀信心买回家的食品究竟是真还是假。例如，阿库姆注意到食品商们常在橄榄油中掺入便宜的罂粟油。只要将油的样本进行冷冻，就可以一辨真伪。因为在低温下，橄榄油会冻上，而罂粟油依然呈液态。同样地，阿库姆推荐用氯化钾浓溶液检测柠檬汽水里是否掺了酒石酸，如果出现沉淀物，显而易见就是假货。不过，大多数读者恐怕都不会给自己找这种麻烦，他们不会设法搞到氯化钾浓溶液的样品，并随身携带。事实上，柠檬汽水全都掺了假，能喝到一杯真柠檬汽水的可能性微乎其微。实验的目的不在于能不能找到真货，而是为了让消费者们拥有前所未有的巨大潜力。过去常有消费者在酒吧抱怨说，他们点的啤酒不纯，那些厚颜无耻的酒馆老板们通常都会一口否认。有了这些实验，商家再也不能抵赖了。从用来增甜的蜜糖、蜂蜜等相对无害的添加剂，到用来增香的橘子皮；从用来增加苦味的毒性更大的苦木液与苦艾的混合物，到增加辣味的辣椒；还有用来增加啤酒泡沫的绿矾，它可以使啤酒涌出的酒沫堆成广受欢迎的菜花造型，阿库姆的化学实验证明：掺假不是虚构，而是事实。身为威斯特伐利亚人，阿库姆对啤酒非常重视，为此他还专门写了一篇论文，这篇论文至今还在散装鲜啤爱好者之间传阅。

阿库姆原创的《论掺假》之所以能如此激动人心，一方面在于它揭露了一个事实，即在历史的某时某处，掺假已经形成一种生产规模，成为一个严重而普遍的问题。阿库姆曾援引1773年一位不愿透露姓名的人士的话说："我们的祖先虽然吃得不如我们精细，但当时的食品掺假也不像现在这样猖狂；我猜他们也制定了许多法律来约束自己，正如我们一样。"[29]《论掺假》描述了许多前所未有的骗术，恐怕只有在没有人情味的工业化城市，骗子们才能侥幸逃过惩罚。可惜1820年的英国正是当时世界上工业化程度最高的城市，加之当时的英国政府采取自由放任政策，各大城市并没有就食品掺假一事进行整顿，这与巴黎等其他工业城市很不同。结果，掺假影响到了每一个人的生活。一位阿库姆评论家形容说，从某种程度上说这些掺假行为简直"可笑之极"：

> 掺假如同一个巨大的迷宫，我们根本无法走出去。即便卖家出售毒药是被逼无奈，也会受到公正的惩罚，这就是所谓的自食报应。比如，药剂师将有毒物质卖给啤酒酿造商，并为自己的无赖行为得意时，他每天在各种黑啤酒展览上喝下的正是自己下了药的

酒。啤酒酿造商的报应则是被面包师、葡萄酒商和杂货商们下毒。[30]

这些人继续做着自己的生意,他们谁也没有发现这个问题。

这就是为什么掺假故事要从阿库姆开始讲起,他非常热爱这个国家所进行的宏伟的工业活动;但是,当食品掺假"在大不列颠联合王国的各处已经达到一种最令人震惊的程度",[31]而英国人并没有表现出足够的重视,此时阿库姆的心中却始终保留着一份德国人的不安。

英国工业与"渴望及永不满足的贪欲"

在阿库姆笔下,1820年的英国是一个令人激动但又充满恐怖的地方。在这里,只要你开价,就没有买不到的东西——就连刚生下来、颤颤巍巍还不会走路的小牛犊都买得到。糕点商们买下它们再制成"仿鲜甲鱼汤"。[32]原材料价格总是被尽可能地压到最低,这必然导致掺假。阿库姆的笔下,是一个有着强烈阶级意识的蠢笨社会:人人都希望能吃上有钱人吃的面包,或让孩子吃着五颜六色的糖果长大。要知道,在那个时代,面包和糖果一直是富人才能享用的东西。老百姓们只要有的吃就满足了,根本没有人会问:为什么他们吃的面包价格这么便宜,还这么白?为什么糖果的颜色那么不自然?在这个国家里,狡猾与愚昧的结合创造出一种危险的饮食模式。阿库姆千方百计想要告诉民众,毫无原则地掺假、降低食品质量会将食品变得极为糟糕。在兰开夏(Lancashire)的牛奶场里,奶农用铅锅加热牛奶;在英格兰北部,无知的小旅馆老板们在做薄荷沙拉时,会用一个大铅球而不是研钵碾碎薄荷;总之,"笨重工具每一次大革命都会磨掉一部分铅"。[33]从某种程度上讲,这种无知并不新鲜。铅自古以来就用于烹饪,我们将在下一章中介绍。

令阿库姆感到震惊的是,随着英国社会科技与工业的发展,食品掺假一事非但没有好转,反而愈演愈烈。部分原因在于,圈地运动的出现令小佃户渐渐失去土地,英国许多传统农家烹饪已经不复存在。16世纪时,英国开始了圈地运动,到了阿库姆的时代,圈地运动不断升级;从1750年到1850年,法案圈地超过四千多处。[34]这些圈地剥夺了数千名务农者赖以为生的土地,他们不允许在圈地上寻找野菜和浆果;林地也被纳入广阔的国家财产,农民不能像以前那样,自己种植蔬菜或饲养小鸡。[35] 1815 年,拿破仑战争结束后,英国的农业情况非常糟糕,低迷的价格使得许多雇农要么失去工作,要么只能靠微薄的收入过活。煲汤原本是农民必须掌握的一门最基本的知识,现在这门手艺也大不如前。19 世纪上半叶,英国烹饪作家阿克顿(Eliza Acton)评论说,在英国"现在要想喝上一道选料精良、操作卫生、味道鲜美的好汤,可要花上一大笔钱"。1817 年出版《烹调神谕》(*The Cook's Oracle*)一书的名厨也抱怨说,现在英国人喝的汤,香料味儿重得简直要熏死人。人们早就忘了朴素的蔬菜浓汤才是美食艺术之根本。厨师连这么基本的汤都不会做,又怎么可能有足够的知识保护自己不被那些老谋深算的骗子欺骗呢?

阿库姆并不是说英国的所有食品都不好,他本人就非常赞同英国人喜欢吃新鲜肉类这一饮食习惯。他称赞说:"这是一个惊人的事实,英国士兵和水手的勇敢大胆远胜过其他国家。"这种逢迎式的评论与他在其他场合坚持准确性的做法形成了鲜明对比。[36] 从阿库姆撰写的《烹饪化学》(*Culinary Chemistry*)一书中不难看出,他非常喜欢找寻季节性食品。比如,每逢 6 月他都会去摘旱金莲花豆荚,到了 8 月就去挖红球甘蓝,9 月又去摘蘑菇。他的月份牌都是根据英国本土作物的成熟时间排列的。他还给出如何用醋栗、青梅、西洋李子、桃、油桃、布拉斯李子等制作果酱、杏脯及其他可爱食品的配方。阿库姆不但喜欢做果酱和果子冻(装在消过毒的罐子里并小心翼翼地密封好),他还希望大家能打破庸俗偏见,用这些水果来酿酒。他认为英国黑醋栗是最理想的酿酒材料,酿出的酒"堪比最上等的开普甜葡萄酒"。黑刺李汁与西洋李汁再混合上接骨木汁的味道很像波特酒。同时,阿库姆还指出:"根据英国葡萄的生长特性,酿造后只需再加些糖就是极好的发泡酒和其他果酒了。我曾用尚未熟透的葡萄和糖酿过一种葡萄酒,这种酒的味道与法国格拉夫和摩泽尔两地出产的葡萄酒非常接近,就连最厉害的酒类专家也分辨不出哪支才是真正的外国葡萄酒。"这是从一个德国人嘴里说出的最高赞赏了。

在阿库姆看来,英国食品的主要问题不在于原料本身,而是和原料掺在一起烹煮的那些可怕东西。他谴责说,英国现在的潮流是匆匆忙忙地吃掉晚餐，然后将时间浪费在喝酒上，"一喝就是好几个钟头，似乎时间真的没有任何价值"。[37]相比之下，法国人则会准备"一顿丰盛的法餐"，用美酒配上"世间最奢华的菜肴"。对于像阿库姆这样的"咖啡虫"来说，如果让他与一群连怎么滤泡咖啡都不知道的人生活在一起，无疑是一件非常痛苦的事情。关于咖啡，阿库姆认为，"咖啡这玩意儿从头到脚都透着健康，它能让人放松，松弛的状态则带给人非常快乐的感觉"；[38]但绝不能是英式咖啡，英式咖啡只会让阿库姆觉得痛苦，一提起来就满腹牢骚。在他看来，绝大多数的英国咖啡只能算作"带颜色的苦水"。那种用烧糊的豌豆或其他豆类制成的"假咖啡"在杂货铺里随处可见，根本不足为奇。[39]

就算用的是真正的咖啡豆，那味道也很雷人。阿库姆认为煮咖啡的标准程序应该是：首先将咖啡煮5分钟，然后加鱼胶（一种从鲟鱼鱼鳔中提取的透明胶质），再煮5分钟，煮好后不要马上倒出，必须要再焖10分钟，这样才能做出醇厚香浓的苦咖啡。[40]新鲜的浓咖啡豆是阿库姆的首选，咖啡豆必须烘焙成深肉桂色，并用最短的时间冲泡。阿库姆都是自己挑选咖啡豆，自己烘焙。还专门买回咖啡磨，自己研磨咖啡豆。一位退休的杂货店主曾建议他说："亲爱的，绝不要购买杂货铺研磨的任何东西。"[41]至于咖啡的酿造技术，他则推崇科学家拉姆福德伯爵（Count Rumford，1753—1814）发明的现代渗滤法。拉姆福德认为，"咖啡很容易变得很苦，但是却永远不可能变得很香"；没错，所以说英国人不用上这节课了。[42]阿库姆也非常赞同约翰逊博士（Dr. Johnson）的观点："一个不在意自己胃口的人，也很难注意其他事情。"[43]"奶油牡蛎、奶油欧芹、奶油凤尾鱼、奶油鸡蛋、奶油鲜虾、奶油龙虾、奶油腌马槟榔花蕾"，阿库姆写道，几乎所有英式酱汁中都有奶油，这不免会让人觉得有些乏味。他如此反感奶油，可能是因为在他抓着社会阶梯往上爬的时候，在英国的豪华餐桌上见过太多浸在奶油中的大鱼大肉，有些审美疲劳，也在所难免。阿库姆也受不了英国的那些假行家，他觉得这群势利小人就如同主张火腿"只有在香槟中煮过才能吃"的"领主布莱尼"（Lord Blainey）。[44]

就在有钱人用香槟煮火腿的时候，一个基本的良好饮食习惯却被大家忽略了。在评判一种食品的好坏时，人们总是太过在意食物的卖相，却不太关心食物的味道，也不在乎原材料是否新鲜。面包就是一例。阿库姆写道，在伦敦这个大都市里，面包的好坏"完全取决于白不白"。[45]消费者异想天开地认为，白面包才是好面包。事实上，完美的白面包几乎不可能做出来，除非用最好的面粉。但是对于大多数人来说，上好的面粉实在是太昂贵了。为了取悦客户，面包师会在低等面粉中掺入一种名叫明矾的化学制品进行漂白，让劣质面粉改头换面，变得更白、更轻，有更多透气孔。如果没有明矾，面包也可以坚持很久不会干硬，但它看上去却呈浅黄灰色，光是这种成色就能把所有顾客都吓跑了。加了明矾的面包，就像是让满口黄牙的英国人露出满嘴白牙的好莱坞式笑容。阿库姆认为，当时伦敦的面包师们普遍都在面粉中掺入明矾。但他一没有责备面包师，二没有谴责那些骗子（部分原因在于他认为比起铅或铜来，铝算是无害的）。"我曾向几位面包师求证，我也相信他们的证词，由于烘焙生意利润很低，加之面包师们买不起上等面粉，这两个因素诱使大多数伦敦面包师在烘烤面包时都会使用明矾。"[46]这些面包师能逃脱处罚是因为那些有商业头脑的伦敦人其实不希望他们改行做其他的事。

  英国人根本不关心他们吃的东西是不是安全，这让阿库姆很担心。用铜将蔬菜染绿也是一个很好的例子。"不管你相不相信，"他叹道，"在英伦半岛上，恐怕所有主流厨房用的烹饪书籍上都明确规定禁止在烹煮蔬菜时加入半便士铜币或醋酸铜，让蔬菜变得更绿！"[47]但是在《论掺假》中，阿库姆引用了一份从《现代烹饪》（*Modern Cookery*）中摘录的险恶菜谱，里面提到如何"绿化"蔬菜，用醋酸铜、醋、明矾及海盐的混合物可以让蔬菜想变多绿就变多绿。阿库姆还发现，另一本名为《女性藏书》（*The Ladies Library*）的书在介绍如何腌渍小黄瓜时，也建议读者要在铜锅中将食醋煮沸。[48]第三本书，拉菲尔德女士（Mrs Raffald）著名的《英国管家》（*The English Housekeeper*）中也提到，在煮腌菜时要加入半便士铜币，"或是将蔬菜浸泡在紫铜或黄铜盆中24小时"。这个例证说明，出版商们只是为了赚钱，他们才不管这种家庭式的烹调方法是否健康合理。阿库姆遗憾地指出，为了食品能够畅销，那些腌菜——不管是黄瓜、海篷子、法国菜豆还是青辣椒——都要弄得鲜绿鲜绿的，而食用这些绿色酱菜的后果可能是致命的。他还引用了珀西瓦尔医生（Dr Percival）的病例："一位年轻女子一边做头发，一边吃着用铜泡过的腌菜。没过多久，她就说胃疼；五天后，她开始呕吐，连着吐了两天；吃过腌菜的第九天，她终于从痛苦中解脱了，她死了。"加工甜味食品时也会用到铜，"比如小的绿酸橙、香橼皮蜜饯、梅子、当归根等"，商贩们常说这些甜食会让人充满活力，其实这都是彻头彻尾的误导。[49]阿库姆认为：

> 既然铜器有这么多危险，大家就应该将它们放在一旁再也不用它。铜器不仅会致人死亡（这已经是尽人皆知的事情），还会损伤人体健康。铜的毒副作用是缓慢的，倘若不是引发了如此危险的后果，恐怕人们还不会注意到这件事。如果铜器不能一直保持干净明亮，那么炖肉时难免与其他厨具发生摩擦或剐蹭，烹制菜肴时也会不断搅拌或是在火上熬很长时间，长此以往，铜器肯定会发生磨损，掉落的铜就会掺杂在食物中，长期食用就会中毒。[50]

用铜染绿食物，不是厨房里发生的唯一鲁钝蠢事。虽然不是出于恶意，但是它造成的伤害却和骗子的恶劣行径完全一样。阿库姆写道："多年来英国人在制作美味的奶油冻时都会用到桂樱叶（Prunus lauro-cerasus），因为用它泡过的牛奶会有一种坚果的味道，吃起来就像是加了苦杏仁，而苦杏仁的价格远比桂樱叶昂贵得多。"结果，无论是奶油冻、布丁、奶油牛奶冻，还是其他精致甜点，都在用桂樱叶营造一种果仁味。不过，桂樱叶有一个缺点，它有毒。早在1728年，人们就知道这点。当时在都柏林（Dublin），两位妇女在饮用普通的桂樱叶蒸馏水后突然死亡。尽管如此，桂樱叶还是被拿来调味，人们相信少量的桂樱叶是无害的。或许有时候吃它确实没事，但有时候可能就毒死了。阿库姆的结论完全不同，他认为："所谓极小量要因人而异，不同体质的人会产生不同的效果，有时极少的桂樱叶也会对身体系统造成巨大的伤害。"[51]他举了一个例子，1819年，在里士满（Richmond）一间寄宿学校里，几个孩子因为吃了桂樱叶调味的奶油冻而患重病。一位6岁女孩和一位5岁男孩陷入深度昏迷，其他两个小女孩则发生严重胃痛。三天后，所有孩子才康复。受了那么多罪，就因为吃了一块奶油冻！面对这种极其危险的愚昧做法，愤怒的恐怕不只是阿库姆一人。"你们的判断力和小心谨慎都到哪儿去了，难道说我们要相信那些在布丁和奶油食品中掺入危险配料的无知厨子的判断力吗？谁说只有疯子才会用毒药调味？"

除了疯子还有谁会用毒药调味？阿库姆自己给出了答案：恶棍。看看《论掺假》中给出的证据，看看"那些毫无道德可言的现代制造商们"打着童叟无欺的幌子都做着什么勾当。让阿库姆非常生气的是，那些厨师竟会如此疏忽大意，简直不可原谅。如果说因为错误地低估了铜锅和桂樱叶的毒性而让食客中毒只是疏忽，那么因受到赤裸裸的贪欲驱动而狡猾地投毒则无疑就是谋杀。"对于财富的狂热与永不满足，似乎是这个时代的重要特征，它不仅调动起每个人的才能，还产生了一种无法抵挡的创造力；在这个国家，财力的多寡是能否成为统治者的首要原则，只要能赚钱，甚至可以牺牲同胞的生命"。[52]只要能增加收益，这些人甚至会拿孩子的健康冒险。《论掺假》中，"有毒糖果"恐怕是最让人心寒的章节之一，里面写道：最大的弊端就是"商贩们常常在大街上公然出售对孩子们极有诱惑的劣质糖果"。[53]如果知道糖果是如何掺假的，现代母亲们恐怕会用咒骂恋童癖的可怕词汇来诅咒那些糖制造商。这些色彩鲜艳的糖果引得孩子们纷纷来买，但他们并不知道这些颜色对他们的小肚子可没啥好处。

> 这种称为糖豆的白色糖果，主要是用糖、淀粉和康瓦尔陶土（一种颜色非常白的管土）混合而成；而红色糖果的颜色通常是用劣质朱砂染成的。红色色素中通常都掺有红丹——一种有毒的红色粉末。其他颜色的糖果有时会用有毒的铜来着色。[54]

《论掺假》发行后，一位父亲写信给《泰晤士报》，说他买了一些五颜六色的水果造型的糖果请客，吃了这些糖后，家里人全都经历了可怕的胃痛，他只能"招待"大家去医院了。

糖果制造商出售这些有毒糖果，可一旦出了问题，他们就会声称自己对这种严重的副作用一无所知。有些糖果商虽然承认铅或铜是不好的，但是他们却声称根本不知道自己出售的商品中会出现有毒添加剂。但他们也不总是在撒谎。如果问阿库姆什么是世界上最可怕的事，他肯定会说：一种食品或饮品从生产到销售的过程中会有许多人经手，却没有一个人能对这种商品的质量负责，没有比这更可怕的了。在毫无人情味可言的庞大产业链中做生意，掺假会越来越猖獗。如果在农村做生意，掺假就是在冒险。比如说，你是一个在农村里卖牛奶的人，你和客户之间关系链很短。你认识客户，客户也认识你，客户就是你的街坊邻里。如果你给牛奶兑水，你就是在玩火，因为很快村里所有人就都知道你作假的事情了，你会被大家排斥。不过，假如1820年时你在伦敦这种大都市卖牛奶，你的客户永远不固定，就很容易玩点儿鬼花活。那些不容易腐烂的商品，比如茶叶、糖果、香料等就更容易作假了。由于生产者与消费者之间的关系链很长，因此很难找出究竟是谁在哪个环节做了肮脏交易。

的确，可能正因为这条供需关系链太长了，有时即便没有人掺假，产品也会被污染。阿库姆"长期致力于自己的专业"，在此期间，他有"充分的理由相信，绝大部分经销商，那些深受大家尊敬的经销商们，都曾向客户出售过绝对有毒的商品，商家早就被告知这些混合物是掺假的或有害的，但是他们照样宣称这些商品无毒副作用，或出售一些本不该销售的商品"。[55]在《论掺假》中，格洛斯特双料硬干酪（Double Gloucester cheese）的故事最令人吃惊。书中介绍了制造商如何使用一系列复杂的办法，用红丹给干酪上色。它之所以称为双料硬干酪，是因为在制作过程中乳酪是分两次加入的。这种彩色奶酪全部（有时不是）用胭脂树橙上色。胭脂树橙［现在被称作E160（b）］是一种从热带植物胭脂树的橙色果肉中提取出来的植物染料。虽然有些人对它过敏，但对其他人来说它是完全无害的。相反，红丹则是致命的。阿库姆复述了剑桥J. W. 赖特先生的故事：有一位绅士因为某些原因要在英国西南部某个城市的小旅馆中逗留一段时间。有一天晚上，他觉得胃部和腹部有一种非常痛苦但又难以形容的疼痛，同时伴有紧张感，并感到不安、焦虑、厌食。24小时后，他就没事了。然而没想到的是，4天后，同样的事情又发生了——在经历了一番痛苦、紧张与焦虑之后，他很快又恢复了健康。这时，这位先生想起一件事，两次发病前，他都让小旅馆的老板娘给自己做一份烤格洛斯特双料硬干酪吃，以前他在家时晚餐常吃这道菜。老板娘听到这个消息后，也觉得自己被冒犯了。怎么可能？她的硬干酪可是在一位很有名望的伦敦奶酪商那里买的。于是这位绅士第三次点了烤干酪，结果这一次又是难受得连胆汁都要吐出来了。看来他没有搞错，的的确确，就是硬干酪出了问题。这时女佣也插嘴说，有一只小猫吃了这种硬干酪的皮后也病得很严重。事情到了这个地步，小旅馆的老板娘不得不收回自己的傲慢态度，她请了一位化学家对这块硬干酪进行化验，结果是硬干酪中含有红丹。于是老板娘去找那位受人尊敬的伦敦奶酪商，奶酪商又去找制作硬干酪的那个农夫。农夫回答说，他一直是从一位旅行推销商那里购买胭脂树橙的，他们合作多年一次投诉都没有。但是他也提到，每次买回后，他都会请另一位供应商用朱砂（一种无毒染料）帮胭脂树橙润色。查了一大圈，最后才查清楚，原来是药剂师在出售的朱砂中掺入了红丹，这个药剂师以为朱砂只是用作"粉刷房子的涂料"，哪里想到奶酪中也会用到朱砂。由此阿库姆得出一个结论："由于商业运作流程迂回多变、环节众多，从而使得一部分致命毒物被掺入生活必需品中，在某种程度上，参与者们不认为让这些有毒的商品从他们的手中成功地流入社会是一种犯罪行为。"[56]

大家常常认为，刻意的劳动力分工是导致掺假行为的罪魁祸首。但是阿库姆对工业十分赞赏，因此当他看到制假者模仿正规生意的流程与运作方法时，就会心烦意乱，但是掺假这种事通常都是由邪恶的首脑人物操控，工人们通常都"不知道他们经手的是什么东西"。[57]"这是一个痛苦的思考，劳动力分工给这个正在蓬勃发展的国家带来了制造业，同时也掩盖了掺假行为，而且让掺假变得更加容易。掺假从一个关联的商业分支，逐渐衍生到许多不同的分支中去。特别是在大英帝国的大都市或大城镇里，要想抵制掺假商品，必须在这么多的迂回方式中找到出路，还要尽最大努力仔细检查并追踪制假源头。"[58]骗子们则千方百计地不想被捉住：

> 为了警惕地躲避那些爱打听的人，挫败税务官员的细致审查，

并确保掺假的秘密不外泄,掺假过程的环节会非常巧妙地在每一个操作人员之间被细分、再细分,加工时也会故意分别交给不同机构完成。比如,一个人负责将所需各种成分按照比例分配;而混合、调配各种成分就会交给另一个工人。到消费者手中的绝大部分都是经过伪装的商品,或是一些消费者稍不留意就不可能了解其实质的商品。[59]

我们就以酒类产品为例。善于骗人的酒商喜欢在酒中加入印度防己(cocculus indicus)的提取物(用这种植物的浆果熬成),这样可以让黑啤酒和麦芽酒更醉人。但是酒商没有告诉你它也叫作"黑汁",是制革或染色时用的,可不是用来酿酒的。

有些则是用天然物质掺假——比如 P. D.,即胡椒土。胡椒土掺假就是将胡椒直接倒在仓库的地上,然后将地上的污秽废物扫起来,掺在胡椒里。还有一种更恶劣的掺假方法,被称作 D. P. D.,即往胡椒里面撒土的缩写,就是把最肮脏最恶心的地面垃圾都掺进胡椒粉里。这种掺假没有什么技术含量,但也有一些方法的确相当复杂,也更令人愤慨。毫无疑问,很多消费者都喜欢买碾好的胡椒,这种想法本身就是错的,因为碾碎的可以掺假,而整块香料就没办法掺假了。制作假胡椒粒,有时候看起来倒是项技术活儿。首先,要将黑色的油饼(压榨亚麻子油后剩下的油渣)、普通黏土和一些辣椒(让胡椒粒有点儿辣味,这样消费者才会上当)掺在一起;第二步,将掺好的东西过筛,然后放进一个桶中来回翻滚,直到变成一个个的小颗粒。制作这些小小的假胡椒粒是个苦差事,做好之后,为了不引起消费者的怀疑,骗子们会把真的胡椒粒与大量假货掺在一起。依照标准,真胡椒粒大约只占 16%。如此大费周章,但骗子还是有的赚。当时劳动力很便宜,香料的价格却非常昂贵(当时 1 磅胡椒的售价为 2 先令 6 便士,1823 年开始降税),所以这种特殊贸易从来不缺人手。

假茶叶的制作过程非常复杂,堪称食品掺假艺术的顶峰。阿库姆详细地列举了许多这方面的事情。说是茶,其实根本不是,不过是些接骨木叶、岑树叶,更常见的是黑刺李叶,先将这些叶子煮过、烘烤、制卷、干燥，然后再染色，冒称上等中国绿茶。1818年，英国首席检察官对为数众多的茶叶骗子提起诉讼，这其中也包括杂货店主帕默先生。这位老兄从普罗特克和马林斯这对骗子手中购买了假茶叶。这两个骗子让一位名叫托马斯·琼斯的男子为他们收集黑刺李叶和山楂叶。琼斯根本不清楚他们要这些叶子做什么，至少一开始不知道。因为摘树叶太辛苦，于是他又转包给另一个男子，然后再以1磅2便士的价格将树叶卖给普罗特克和马林斯。接下来才是真正恶劣的行为。要将树叶变成类似红茶的商品，首先要将叶子煮过，拣出麦秸和荆棘，再将树叶放在铁板上烤干。接下来要用手摩擦树叶，好让叶子像茶叶一样的卷曲，然后用洋苏木（学名 Haematoxylon campechianum，一种豆科采木属乔木，产自西印度群岛，大量食用会引发肠胃炎）染色；煮叶子时加入醋酸铜（一种铜的醋酸盐，有毒），干燥后还要涂上一种有毒的混合物——由"荷兰红"染料与大量醋酸铜混合而成。为了将这一丑闻公诸于众，皇家检察官请陪审团成员设想一下，他们以为自己喝的饮品令人舒畅又富有营养，然而事实上，这些十有八九是用绕着伦敦城的树篱做的，罪犯的目的就是用这种最具危害性的方式欺骗大众。不用说，陪审团肯定裁定被告有罪。

从这起案件以及1818年所有与茶叶有关的起诉中可以看出，现实生活中茶叶掺假是多么普遍。在《论掺假》中，阿库姆还展示了黑刺李叶与茶叶的素描，让读者亲眼对比二者的外形。他写道，茶叶"薄而细长"，黑刺李则为卵形叶，"有一个圆头的尖"，而且叶片边缘的锯齿较少。[60]一旦将黑刺李叶卷起，再用醋酸铜将其染色，恐怕这二者的差别就很难分清了。除非你把它买回家，再将其弄湿，然后在一张白纸上摩擦叶片，这样可以去掉叶片上的染料；不过，假如白纸上有染料，就说明你已经被骗了。即使花高价也无法保证买到的茶叶就是真的。阿库姆想方设法从伦敦茶商那里搞到了27种"假茶叶"的样本，他将这些茶叶依照"最昂贵的到最常见的"顺序进行排列。

假茶叶的问题会影响整个英国社会。几个世纪以前，茶被视为相当女性化和贵族化的饮品；现在，茶的受众已经扩大到工人阶级。甜甜的茶不仅为劳动提供了动力，也推动着大不列颠的工业继续向前发展。妄图用黑刺李叶和醋酸铜来毒害这种劳动力是一件很严肃的事。我们该做些什么？国家立法会对自由贸易的神圣自由权干涉到什么程度？当然这个问题会引发激烈的争论，但是它涉及当时分歧最大的政治议题，涉及政府与商业、法律与自由之间的关系。

掺假与法律

这一时期的英国报纸常常有这样一种观点，认为掺假虽然令人遗憾，却是自由贸易的必然结果，而英国商业要想获得成功就必须仰仗自由贸易的力量。倘若采取控制措施，只会抑制市场的发展。所以，最好还是什么都不做，采取放任政策，坚持自由贸易。正如重农主义者所说：政府不应干涉贸易。阿库姆说道，"民意"认为，掺假只不过是另一种"商业手段"，因此对掺假的态度"不仅不像以前那么厌恶，反而将其视作一种正当的赚钱途径"。[61]针对这种情况，阿库姆向政府提供了保护商业、预防掺假的办法：

> 一直有人强烈要求，大不列颠的金融体系如此庞大，政府应该尽一切可能大量增加财政收入；为此，过去严格的法律法规，应予以放宽，大大小小的企业都要缴税，但征税对象的产业规模不同，征缴的税费也不同：鼓励大资本家缴税；大型啤酒厂和酿酒厂也是税收的主要来源。凡是商品质量没有经过严格审查的商家将被征收高额税费，设定国内货物税，即对一个商品的生产、销售、消费及售后服务进行征税，以保护消费者不受欺诈行为的伤害。[62]

"一旦售出，概不退换"的一个基本前提就是买主需自行小心，倘若买到伪劣食品，只能怪他们自己不留神。买到假货究竟是商家的错，还是消费者的错？在接下来的第三章里我们将进行讨论。阿库姆出生在威斯特伐利亚，那里有更浓重的干涉主义气氛，"购买者自己没注意"这个理由不仅违反宪法原则，也是不公道的。真要从国家利益出发，就应通过法律的强制高压手段，将大大小小的制假产业予以取缔。至于有人说揭露这些骗子可能会减少国家税收，阿库姆认为，"建立在欺骗上的税收一定是最不稳定的"。尽管他支持税收，但他在反对这场争论时提出的最强有力的理由，却是道义。用有毒物质将黑刺李叶染色后冒充茶叶，这么干就是伤天害理；法律本应该更严厉地打击这种不法行为，反而视而不见。这些事情激怒了阿库姆，于是他发表了他最引人瞩目的声明之一：

> 假货不利于公共健康，令人惊讶的是，刑法并没有更有效地对掺假行为予以强制取缔。一名男子在路上抢了别人几先令，就被判处死刑；而他在社会上兜售慢性毒药，却可以逃脱罪责。

当然阿库姆的说法也不是绝对正确。事实上，1783年，一名英国公民因在公路上抢劫被判刑，成为英国最后一个绞刑犯。阿库姆所要表达的观点是，没有受到法律制裁的制假者太多了，为了制止他们再次制假售假，政府必须出台相应政策，一旦发现有人在啤酒、茶叶等应征税物品中掺假，政府可对掺假者提起诉讼。但是当时英国并没有专门针对掺假的法律，现有法律很少有适用条款。阿库姆坚持认为，政府要采取更多的行动，前提是对现在没有进行审理的掺假案件设定相应罚款，并增加能够真正扩大税收的法律法规。

并不是所有人都支持阿库姆的观点。有些人认为税收是造成很多掺假的首要原因。如果不是政府贪婪，对进口货物征那么高的税，商贩们又怎么会用本土植物制作廉价仿制品呢？《泰晤士报》一贯赞成自由放任政策，1818年发生假茶叶丑闻时，它认为要想抵制食品掺假，政府更不应该过多干预。《泰晤士报》报道了阿库姆对假茶叶的厌恶，并评论说正是由于公众害怕制作黑啤酒时使用的有毒药材，他们才对茶叶这种温和型饮品给予了很多庇护。阿库姆则认为，"那些清醒的男人或女人们拒绝喝醉，作为惩罚，就要对他们下毒"，这种做法有失道义。大都市茶商出售的茶叶或多或少都有掺假，对此《泰晤士报》并不感到惊讶。1818年3月，一位匿名编辑这样写道：

> 这是不可避免的，是必然的，因为正宗中国茶的关税几乎是原价的100%。英国是世界上消费茶叶最多的国家。那些从来没有派过

一般海上商船到中国的国家,他们购买茶叶时,价格要低得多。我们还不至于幼稚到相信一个骗子会重视同胞的健康和享乐,更不会相信茶叶这种消费品会减税;但是我们希望立法者能具有一般的判断常识和普通算术能力,茶叶税率过高确实会降低其需求量,强迫掺假商品进入市场会带来令人满意的税收,但这些只会对假货制造商们有利。这一点首相皮特先生非常清楚。[63]

事实上,在小皮特担任英国首相期间(1783—1801)为了打击茶叶走私,曾大幅削减茶叶关税,由119%降至25%。尽管这一时期英法两国战争不断,所有食品都因稀而贵,可是这个政策却非常成功,大大提高了市场对茶叶的需求。然而,1815年《谷物法》(The Corn Laws)颁布,说是为了保障当时英国农民的生机,维持小麦价格,但从那时起手工制作的面包价格就居高不下。同时,茶叶、葡萄酒、香料以及烟草等奢侈品的关税也是一路飞涨。1820年,奢侈品关税已经非常之高,这无疑为伪造品创造了销路。

阿库姆撰写了许多著作,讨论"后法国战争"对于食品和饮品特别是对啤酒造成的影响。拿破仑战争期间,许多贸易航线被迫关闭,原材料价格飙升。"毫无疑问",阿库姆写道,这段时间伦敦的黑啤酒都淡而无味,只有加了"麻醉品"才会让"它们更醉人"。[64]他还描述了啤酒酿造工们穿的特殊夹克,夹克上缝有很多大口袋,每个口袋里都装着掺假要用到的各种东西——比如香料、颜料、麻药,等等。英法交战期间,阿库姆注意到英国酒商们会从国外进口一种从印度防己中提取的麻药。[65]这是一种可引起痉挛的毒药,含有一种名叫木防己苦毒素的成分,是一种苦味的强力麻醉药,现在多用于消杀寄生虫或麻醉鱼类。在那段时间,这种毒素被酿酒骗子掺入啤酒中,不仅可以使啤酒更醉人,还可以掩盖酿酒时没有使用足够的啤酒花和麦芽的事实。1819年布兰德(Blande)撰写的《化学手册》(Manuel of Chemistry)出版发行,书中提到印度防己的危险性。当时的啤酒酿造商们似乎已经知道这点,但照用不误。塞缪尔·蔡尔德(Samuel Child)在其撰写的《人人可自酿》(Every man his own brewer)中也承认印度防己是"具有麻醉效果的有毒物质,而且是非

"死神的登记簿",出自理查德·戴利《死神需要的东西》(*Death's Doings*,1826),图中一具骷髅正在策划各种恶毒的骗局。骷髅身后的墙上钉着一张纸,上面写着"阿库姆的清单",木桶上写着印度防己,这是制作假啤酒的原料之一。

法的;过量服用会对人脑产生有害影响";但他还是在书中介绍了用印度防己自酿黑啤酒的配方。

在英国,特别是在城市,人们喝酒就像喝水一样普通。啤酒已经成为一种家庭的基本饮品,假酒不仅是个严重问题,而且还影响到整个国家。当时英国假酒问题非常普遍。阿库姆在书中列举了很多起诉啤酒酿造商和酒馆老板的案例,他们以各种方式掺假,比如在烈性啤酒中掺入较淡的餐用啤酒。仅1813年至1819年,就有三十余名啤酒商因在酿造时接受并使用非法成分而被处以高额罚款。例如,约翰·考威尔因在酿酒时使用西班牙欧亚甘草及在烈性啤酒中掺入淡啤酒被罚款50英镑;约翰·格雷因在酿酒时使用姜根、鹿角片和废糖蜜被罚款300英镑；阿莱特森和亚伯拉罕因使用印度防己、芋达明及"啤酒增香料"被罚款630英镑。

这些检举揭示出，至少在啤酒掺假方面，虽然政府对消费者有提供保护，但远比阿库姆暗示的少得多。当时英国国会设立了保证啤酒安全的法律条款，其内容与1516年颁布的声名远播的巴伐利亚"纯净原则"（Reinheitsgebot of Bavaria）类似。英国国会下令在英国酿造和销售的啤酒中只能使用麦芽、啤酒花和水三种原料（后来加入了酵母），除此之外不能添加任何物质。药材商和食品杂货商出售掺假物质给啤酒酿造商，即便出售的是废糖蜜（用来让啤酒上色并增加甜味的深色糖浆）等无害物质，一经发现也将被起诉。法律还明令禁止使用焦糖给啤酒调色，或用明胶澄清啤酒。[66]酿酒行业还从未有过如此严格的操作标准。

当然，今天英国啤酒的酿造标准已经不像过去那么严格了。虽然现代英国啤酒中没有掺杂印度防己这样的有毒物质，但是依照阿库姆的标准，现在酒吧中出售的所有啤酒都算是"掺了假的"。如今法律允许在酿造啤酒时用焦糖调色，用氯化钾调味，用磷酸调整酸度，还可以加入其他添加剂和加工助剂。啤酒酿造商还可以选择包括硫化钙、苯甲酸钠在内的不下17种防腐剂。[67]在阿库姆看来，其中绝大多数物质都是没有必要的，当时的法律也赞同这点。通过啤酒的例子我们不难看出，1820年时的英国政府对于食品及饮品行业并未完全采取自由放任的态度，只是有所侧重。

阿库姆撰写《论掺假》一书时，英国食品贸易恰逢一个面临抉择的重要关头，因而他备受关注。当时，一种全新的、非人工操作的现代化贸易方式正在开展，同时旧的贸易模式也依然存在。一位历史学家说过，城市化进程剥夺了数百万人的经验，这些经验在前人看来可能很平凡。伦敦的一位街道清扫工在谈到蜂蜜时曾这样说过：他从来没吃过蜂蜜，但听说蜂蜜的味道"好像黄油与糖混在一起"。[68]阿库姆正确地认识到，在一个新的世界里，绝大多数基础食品的安全性会不断遭到打击。事实上，我们今天依然生活在这样的世界里。但阿库姆记得旧世界里许多没有掺假的食品的味道，过去从不掺假的酿酒商酿制的啤酒口感丰富、香味浓重、味道醇厚，[69]现在的啤酒不再是富有营养的饮品，而是一种耻辱。如今很多人酿制的啤酒不是变味了，就是掺了颜色，要么就是加了麻药。

阿库姆的耻辱

阿库姆撰写的《论掺假》轰动一时，但并未令英国法律有所改变。直到 1860 年第一部反食品掺假法案才被正式颁布，整整等了 40 年。这其中有很多原因，首先是，1820 年时英国媒体和政府对待食品掺假普遍采取不干涉的态度。当时大部分历史学家支持放任政策，这主要是受到古典经济学者与功利主义者观点的影响。虽然此前已经有社会主义者、宪章派成员与激进分子对此发起挑战，可是直到 1865—1885 年前后，这一政策才丧失其主导地位。[70]阿库姆与众不同，他是一个赞成国家干预的商人。其次是科学的发展状态：阿库姆的化学检测虽然比 1820 年时英国的食品检测法先进，但仍有其局限性，需要有更先进的方法取而代之。在阿库姆之后，法国化学家发现了更全面的食品化学检测办法，19 世纪 60 年代又出现了微观食品分析法。再次，这与阿库姆本人有关。1820 年，阿库姆取得了他一生中最伟大的胜利，新闻界为他打造了一个光辉形象，《欧洲杂志》称其为英国"最热门的化学顾问"；正是在这一年，他失去了一切，名誉扫地，最后不得不逃离了英国。实际上，阿库姆，这位骗子的克星，最后正因为自己所犯的小小的欺骗而被当局起诉。

1820 年 11 月 5 日，盖伊福克斯之夜（Guy Fawkes Day），大不列颠皇家科学研究院图书馆助理图书管理员斯图尔特先生发现阅览室中有数本图书被毁，各种书页及插图被撕掉。这些图书是阿库姆常常借阅的，怀疑目标马上就指向了他。与皇家科学研究院的关系对阿库姆的事业非常重要，因此他将自己撰写的第一本有关化学的著作捐献给了这里。后来，阿库姆虽然放弃了研究院的工作，但他仍是一位名誉会员，有权使用阅览室，还可以借阅大量藏书。11 月 5 日，阿库姆离开阅览室后，那名图书管理员仔细检查了阿库姆经手的图书，他非常肯定有些书页被撕去了。后来研究院的秘书命令他在紧挨着阅览室的碗橱上凿了几个窥视孔,12月20日,阿库姆被逮到现行。当天,管理员看到阿库姆从一册尼科尔森期刊上撕下了几页纸,然后慌慌张张地离开了阅览室。警察开出搜查令,彻底搜查了阿库姆的住所。经图书管理员确认,在阿库姆的住处共发现三十多张从图书中撕下的书页。尽管阿库姆否认说他撕的是自己的书,他还是被逮捕了,并被指控犯有抢劫罪。这起指控最终被一个明显偏袒阿库姆的地方官员驳回,该官员指出,书页一旦与书脱离,就成了"废纸",没有任何价值。不用说,研究院里的头面人物们自然对判决非常不满,于是找了一个新的理由起诉阿库姆,指控他"偷窃并带走总计价值十便士的两百页纸张"。

《论掺假》令整个伦敦为他欢呼,但是仅仅过了一个月,阿库姆就沦为千夫所指的"贱民"。大报小报都取笑他,一首题为"暗藏的危险"的打油诗四处传播:

> 他有什么罪?这个大骗子。
> 这事儿有啥可争的。
> 正如早报说,
> 偷书非偷是收藏。[71]

尽管阿库姆写书的速度快得惊人,而且他的作品都是些有益身体健康的好题材,但丑闻发生后,朗文(Longman)、赫斯特(Hurst)、芮斯(Rees)、奥玛(Orma)和布朗(Browne)等出版商马上中止了与他的合作。好在还有其他朋友帮忙,建筑师约翰·帕普沃斯(John Papworth)与出版商阿克曼陪同他上庭。为了不让阿库姆入狱,这两位担保人还支付了100英镑的担保金。

阿库姆的好友安东尼·卡莱尔通过《泰晤士报》致函研究院院长斯宾塞伯爵,恳请他能重新考虑并停止这种对科学人士的迫害。卡莱尔并没有否认阿库姆犯下了"非常严重的不正当行为",但他争辩说,阿库姆这是在仿效科学家威廉·尼科尔森(William Nicholson)。尼科尔森为了节省时间和避免麻烦,常常直接扯下书页。他坚持认为这二人撕书,是因为在他们眼中书远没有坩埚甚至锅碗瓢盆重要。此外,他还为阿库姆辩护说，他根本不知道自己的行为是一种道德败坏的表现，因为他从未接受过"高雅教育"。（言外之意就是说阿库姆不是英国人，尤其是他还有犹太人血统。）阿库姆无法为自己的所作所为做出"令人满意的解释"，卡莱尔对此深表遗憾，但他赞扬说阿库姆是一位"极具创造才能的人"，还是一位"天性淳朴，聪明率直"的科学家，因此恳请院长重新考虑。

可惜，一切都是徒劳的。1821年4月5日，法院正式开庭审理阿库姆一案。《泰晤士报》傲慢地评论说，研究院是如此宽宏大量，允许阿库姆在审理期间仍然可以保释，无须收押。但是阿库姆没有到庭，他无法承受这种耻辱，也无法接受不再受欢迎的现实，于是他逃回故乡德国，之后再也没有回来。53岁的阿库姆不得不重新开始，他在柏林的皇家工业学院担任工业化学与矿物学教授。1838年，69岁的阿库姆于柏林去世，他在德国完成的最后一项工作与食品掺假无关，而是研究建筑材料的属性。

事实表明，阿库姆一直没有走出被英国社会驱逐所带来的羞辱。因为1820年以后，阿库姆撰写的所有英文著作均以匿名或"慕卡"（Mucca）的化名出版发行。指控虽然撤销了，但他早已名誉扫地。很少有人能一夜之间从尽人皆知到销声匿迹。1822年，诗人约翰·汉密尔顿·雷诺兹（John Hamilton Reynolds, 1794—1852）在报纸上发表了一篇讽刺文，问道："阿库姆先生——唉！阿库姆先生变成什么样子了？"

阿库姆的离开使得英国的情况变得更加可悲，他再也没有机会从事打击食品掺假的工作。在《论掺假》中，阿库姆勇敢地点出食品掺假者的名字并羞辱他们，这点饱受争议。这些人中既有国会调查委员会成员，也有那些用"信得过"的宣传口号来掩盖掺假行为的恶棍。阿库姆发誓将继续对掺假商贩进行曝光。这激怒了掺假厂商，他们开始设计陷害阿库姆。他被起诉，是不是那些有权有势的利益集团捣的鬼？因为他们不希望阿库姆公开调查结果。科学历史学家C. A. 布朗在提及阿库姆的"秘密敌人"时写道："从古至今，改革家们的回报只有憎恨与辱骂"。[72] 1820年4月《论掺假》第二版出版，阿库姆暗示自己正在与掺假厂商进行秘密斗争。他在书中点名并羞辱那些骗子的做法让他遭到恐吓。对此，阿库姆抨击说：

> 有些人匿名向我传达了对此书的看法以及他们的咒骂，对此我没有什么要说的；但是他们可以放心，他们的做法绝不可能阻止我，无论掺假者在哪里出现，我将继续提醒人们警惕假货；我还要告诉那些埋伏在暗处准备袭击我的人，我的打假工作不会因此结束，我会将你们的罪恶行径告诉子孙后代，你们这些制售掺假食品、危害人身健康的流氓和不诚实的经销商们终将接受社会公益的公开审问，并被公正定罪。[73]

换句话说，只要阿库姆没有被打垮，他就会将自己全部的精力都投入到与掺假者的不懈斗争中去。难道说对他的指控真是那些邪恶势力干的吗？或许不是。尽管阿库姆的敌人很强大，但他们都是商人，并非科学家。地位卑微的助理图书管理员似乎也没有任何动机向法庭撒谎。

其实，在书中点名披露掺假厂商这件事，很符合我们所了解的阿库姆。就连他的朋友们也承认他是一个既冲动又急躁的人。读他的书就可以了解他这个人。阿库姆常常未经许可就从其他作者的书中擅自摘录整段文字，书中一再重复着一些低级的文字剽窃。有一次他甚至从《论掺假》的读者书评中摘录了一整节文字直接用在自己的其他著作中当作自己写的。事实上，他的大部分著作都是用别人的话拼凑出来的，可能只有当他忘记摘抄段落该在什么地方结束时才会加上一点儿自己的想法。将别人的观点放在自己的书里，这种做法也可被视为是一种掺假。与阿库姆痛恨的食品掺假者一样，他自己也是令人厌恶的文字造假者。恐怕这就是为什么阿库姆这么了解掺假者的心态。

即便这次指控并不是一个阴谋，但指控带给阿库姆的耻辱无疑阻碍了他与造假者的斗争。1820年12月，在决定阿库姆命运的那天，他撕下的正是帕芒蒂埃（Parmentier）的文章《巧克力的成分与应用》(*On the Composition and Use of Chocolate*)。一开始阿库姆并没有将巧克力列入《论掺假》的初稿，而是考虑将其列入修订版。帕芒蒂埃，法国科学家，深得阿库姆的喜爱，他认为巧克力既可食用也可药用。在文章中，帕芒蒂埃称赞巧克力能令人愉悦，同时也警告消费者要警惕假货。掺假者常用淀粉类物质装填巧克力棒或用其他办法掺假。他警告读者一定要当心那些吃起来有面糊味、闻起来有胶水味或是冷却后呈果冻状的巧克力，这表明里面掺入了淀粉类物质。如果闻上去有一种奶酪的味道，那么里面一定掺了动物油脂。如果沉淀后表面不平滑，出现颗粒，说明可可豆没有经过仔细筛选，或是其中掺入了劣质粗糖。如果尝起来有点苦，说明可可豆不熟；如果有霉味，说明可可豆已经腐烂变质。[74]不难想象，这段文字会让阿库姆的著作变得多么有趣。倘若他没有被捕，会开始着手分析伦敦的巧克力吗？我们永远不知道答案。

不过，阿库姆的离开的确是英国反掺假斗争中的一个重大损失。一方面，他是第一个系统化地反对掺假的活动家；另一方面，他的个人品质也引起了很大争议。他可能是一个有缺点的科学家，一个剽窃者，他的方法可能透着傲慢和凌乱，但是与他所取得的许多成就比起来，令他事业终结的丑闻显得那么微不足道。化学是一门耀眼的学科，阿库姆也拥有一种领袖的超凡魅力，公众为他而折服。揭露食品掺假不仅是他的乐趣，同时也源自他那伟大的道德严肃性。他对"隐蔽的危险"极度厌恶，因此他在政治上无所畏惧。相比那些骗子，阿库姆更关注在食品中掺入有毒物质的恶性事件，并认为这绝对是当务之急。最重要的是，阿库姆对食品抱有极大的热情与同情。阿库姆之后出现了许多推崇"纯正食品"的"传道士"，不过其中大多数人都将纯正与无菌相混淆。阿库姆却从未犯过这样的错误，他对毒药从未有过笑脸。他永远不会忘记，食品掺假不仅伤害了人类，也伤害了那些没有掺假的好食品：香浓的纯咖啡、有益健康的新鲜面包、浓稠的杏酱、威斯特伐利亚火腿以及麦芽啤酒，等等。

阿库姆笔下的欺诈世界，在许多方面都很像我们的现实。现在的政府同样不愿颠覆商业动力；科学可以揭露掺假也可以制造骗局；消费者与生产者之间的环节同样是那么遥远而曲折；同样也有不顾后果地靠牺牲他人健康赚钱的歹毒骗子。这就是为什么我们的故事要从阿库姆开始。在阿库姆之前，没有人能完整地描述出食品掺假是怎样影响每个社会阶层，又是怎样用一张由谎言、无知和毒物编成的大网将每一个人都牢牢地束缚的。不过话说回来，伦敦是一座喧嚣的工业化城市，但在阿库姆之前，在人们眼里伦敦的食品似乎没那么"糟糕"。

注释

1. See, passim. Accum, *Culinary Chemistry*(1821A).

2. Accum, *A Treatise on Adulterations of Food, and Culinary Poisons*(1820A), p. 14.

3、4. Reproduced in Accum, *A Treatise on the Art of Making Wine*(1820C), p. x, p. xxii.

5、6、7、8. Accum(1820A), pp. vi, iv; p. 31; p. 32; p. iii.

9. Reproduced in Accum(1820C), p. xxi.

10. Browne(1925).

11. See, for example, Cole p. 128; Browne(1925), p. 832.

12. Accum(1821B), pp. 22-23.

13、14. Rumohr(1993), p. 126, p. 116.

15. Hughson(1817), pp. 196-197.

16. Stieb(1966), p. 163.

17. Accum, *Chemical Amusement*, 1817, p. iii.

18. *The European Magazine*, June 1820.

19. Browne(1925), p. 839.

20. Browne(1925), p. 839, reminiscence of Silliman.

21、22、23. Browne(1925), p. 845, p. 847, pp. 846-847.

24. Hudson(1992), p. 61.

25、26. Accum(1820A), p. 21.

27. Filby(1934), p. 18.

28. *Philosophical Magazine*(1819), 54, p. 218.

29. Accum(1821B), p. 128.

30. Quoted, Browne(1925), p. 1031.

31. Accum(1820A), p. 14.

32. Accum(1821A), p. 59.

33. Accum(1820A), pp. 24-25.

34、35. Spencer(2002), p. 208, p. 246.

36、37、38. Accum(1821A), p. 55, p. 150, p. 309.

39. Accum(1820A), pp. 181-186.

40. Rundell(1818), p. 283.

41. Accum(1820A), p. 185.

42、43、44. Accum(1821A), p. 315, p. 27, p. 24.

45、46. Accum(1820A),p. 98,p. 100.

47. Accum(1821A),p. 4.

48、49. Accum(1820A),p. 218,p. 225.

50、51. Accum(1821A),p. 331,p. 332.

52、53、54、55、56、57、58、59、60、61、62. Accum(1820A),p. 31,p. 224,p. 224, p. 19,p. 210,p. 15,p. 20,p. 16,p. 172,p. 22,p. 23.

63. *The Times*,March 5th,1818,p. 3 column B.

64、65、66. Accum(1820A),pp. 126,116;p. 157;p. 123.

67. Patton(1989).

68. Spencer(2002),p. 263.

69. Accum(1820A),p. 148.

70. Taylor(1972),pp. 50-51.

71、72. Browne(1925),p. 1142,p. 1140.

73. Cole,p. 141.

74. Parmentier(1803),p. 181.

第二章

一箪饭，一瓢饮

"你们为何花钱去买那不足为食物的？"

——《以赛亚书》(55：2)

什么是面包？随便到一家大众超市看看，你可能会认为所有面粉制成的东西都可以叫作面包，有这种想法也情有可原。因为面包可能是又长又暄的热狗，或者是又圆又干的汉堡包；也可能是干硬如纸板的皮塔饼，或者松软随意卷折的玉米饼；也有可能是特别粘黏的量产面包，或者那些有着独特硬壳的农家面包。当然也可以在面包中随意添加干洋葱、巧克力等各种调料。如果不考虑食物的色泽、大小等因素，你买到的所谓面包，极有可能已经掺入了各种让你听了就倒胃口的添加物：乳化剂、面粉处理剂、大豆蛋白粉、漂白剂、调味剂，以及为了使面包吃起来更筋道而专门添加的反式脂肪；甚至标签上不曾列明的某些酵母或发酵剂。即便我们不能证实，在面包的制作过程中是否必须经过发酵、揉捏等工序，只要糕点制作单位使用柯莱伍德法快速发酵工艺（译者注：Chorleywood method，即在真空中大量使用氧化剂、酵母等加以高速搅拌的快速面包制作工艺），将所有原材料与添加剂进行迅速混合，做出的东西仍可自诩为"面包"。事情到了这个地步，厂商为了欺骗消费者更是无所不用其极。他们厚颜无耻地鼓吹自己生产的这些谷粉混合物，标签上不是写着出自"最新工艺"，就是注明源自"祖传秘方"。店家还会为面包添加各种人造的烘焙香味，你若受此诱惑解囊购买，绝对没人站出来拦你。当然，现在的消费者从来不会因为买到的面包里没多少面粉但水分和油脂却远远超标而提出抗议。他们大概从未想过去找那些伪劣面包生产商们算账，或是严厉地惩罚他们。所以，自然没有人逼着这些奸商吃下自己做的面包，或者在这些家伙的脖子上挂上袋子，袋子里装满倒胃口的白面包片，然后拉着他们游街。毕竟，这样的价格，你还能指望得到什么呢？正因如此，人们对伪劣面包一事，也就睁一眼闭一眼，习以为常了。

无论是从选材配料还是制作工艺，如今面包的各项标准均与昔日相距甚远。倘若让我们的列祖列宗看到，他们一定会奇怪这么难吃的东西怎么还会有人买？面包能流传至今，全要感谢磨坊主与面包师。无论是专业的面点，还是业余家庭自制，糕点烘焙都是一项技术活儿。

> 风吹啊吹，磨跑啊跑。
> 磨坊主在磨五谷；
> 磨好后交给烘焙师，用它做成大面包，
> 我们早晨才吃得饱。

无论是黑面包，还是白面包，其成分都有严格的标定。政府会干预并保证面包的质量。如使用劣质谷物，或在谷物中掺入豌豆、大豆等其他非准许成分，面包的质量定然下降，客人一旦吃出来，肯定会抱怨。早在18世纪，法国警方就对面包的标准有严格的规定：如一块面包重量要精确、不能有苦味、必须搓圆、经过充分醒发并以规定温度烘烤等。

过去的人们知道什么才叫面包。他们清楚面包是由面粉、盐、酵母和水制成的主食，而且后两者不能太多。然而，葡萄酒则不同。历史表明，但凡含酒精的东西与有葡萄味的东西混合几乎都可以叫作葡萄酒。有时甚至连葡萄都省了，就用葡萄干或别的什么代替，比如一些维多利亚时代的香槟就是用醋栗酿的。过去的葡萄酒里可能掺入了蜂蜜、铅甚至海水；或者兑了水或白兰地；甚至是用砒霜染的色，用辣根调的味。正如罗德·菲利普斯（Rod Phillips）所说："那些经过加热、煮沸、冷却的，或是兑了水，掺了东西，染了色的……它们都被称作葡萄酒。"[1]当时很难判断一瓶葡萄酒有没有掺假，因为对葡萄酒的定义实在是太模糊了。过去人们只知道某种葡萄酒很糟糕,但他们不知道什么才是好的,也不知道对葡萄酒来说具备什么品质才是最重要的。

如今,这种情况发生了戏剧性的变化。从 20 世纪初开始,葡萄酒的质量已经有了极大的提高。法律规定葡萄酒必须是"由新鲜葡萄发酵后的汁水制成的酒精饮品"。葡萄酒中可以添加以下两种东西:用来防腐的少量硫磺和用于调整酒精浓度的糖,但这两种添加物的剂量必须严格按照有关当局制定的法律法规执行。今天,市面上出售的葡萄酒都是用真正的葡萄汁发酵而成的,而且酒签上会注明酒精含量(当然好不好喝是另一回事)。有人说"今天商业化生产的葡萄酒远比此前任何一个时期的葡萄酒都更纯正、更值得信赖"。[2]过去,葡萄酒掺假是行规,现在则是例外。但是面包的情况则完全相反,正如过去人们不知道什么是好酒一样,现在的我们连什么是面包都不能肯定,更别说怎么判断面包有没有掺假了。

为什么会有如此的变化?为什么面包的质量(普遍)很糟糕而葡萄酒却(相对)那么好呢?通过回答这些问题,我们可以了解到,为了让大部分食品与饮品可以食用或饮用,消费者与生产者之间进行了怎样的长期斗争。

葡萄酒

与葡萄酒相比,面包是更天然的产品。过去的面包是人工烤制的,而葡萄酒是自然发酵的。因此大规模的现代化工业改善了后者的生产工艺,却断送了前者的生存空间。美酒是人与环境经过复杂的相互作用而产生的结果,投机取巧者是酿不出美酒的,因此只能在酒中添加各种有毒配料,提升酒的口感,从而掩盖他们之前犯下的错误。尽管古希腊人与古罗马人在诗歌中称颂"酒一样暗的海"(wine-dark sea),赞美酒坛,但是他们却酿造出一些非常恐怖的假葡萄酒。老普林尼(Pliny the Elder)也在《自然史》(*Natural History*)中大发牢骚:"葡萄酒中掺加了这么多毒物,还说是为了迎合我们的口味。让我们吃惊的是,这些东西全都有害健康!"[3]酿酒不是一种严谨的技术,古代葡萄酒制造商们也不能像他们的现代同行那样通过监测生产的各个阶段来让酒达到他们想要的味道。古时候只有万事俱备——甜美的葡萄大丰收加上精确的发酵，才有可能酿造出美酒。纵然有了上述条件，葡萄酒也常常会出错，需要后期加以"调整"才能入口。因此，正如老普林尼所说，在非洲为了让粗糙的葡萄酒口味更加柔和，人们会在酒中掺入石膏，而"这个国家的某些地区则掺入石灰"。换句话说，比起葡萄酒那粗糙的口感，希腊人应该更害怕掺入酒中的那些致盲物质：

> 为了让葡萄酒口感更柔滑，葡萄酒制造商们会在酒中掺入陶土、白垩粉、盐或者海水。在意大利的某些地方，人们甚至会掺入树脂沥青。通常在意大利及其周边地区，酒商们都会用树脂让葡萄酒变得更顺口。还有些地方则用陈酒酒糟或食醋软化葡萄酒。[4]

当然也有一些不仅绝对无害而且能让葡萄酒更美味的添加剂，最常见的就是蜂蜜。但是蜂蜜的量往往多得吓人；通常蜂蜜与酒的比例是1∶1。可想而知，没加糖的葡萄酒绝对是难喝得让人龇牙咧嘴的酸水。高卢人显然喜欢在酒里加入各种香料，比如百里香、迷迭香等。除此之外，老普林尼还提到许多奇怪的添加剂，比如芦笋、芸香、花楸果、桑葚、叙利亚角豆（味道有点像巧克力）、杜松子、芜菁（turnip）、海葱（squill）的鳞茎、桂皮、肉桂、藏红花，等等。我们很难分清楚这些东西究竟是用来掺假的，还是仅仅为了创新烹饪手法。我们不认为圣诞节的时候在葡萄酒中加入磨碎的肉桂、丁香、橙皮和糖是掺假（虽然葡萄酒的质量常常有猫腻），但掺入这些古老的香料显然是为了在酒的味道上欺骗消费者。古罗马农学作家科路美拉（Columella）曾推荐在葡萄酒中加入各式各样的人工调味料，但是他也曾忠告说千万不要在广告宣传中提及，"这样只会吓跑买家"。[5]

葡萄酒最大的问题就是很容易变质。古罗马时期的葡萄酒本质上只是含有酒精的果汁。当然也有例外，古罗马诗人尤维纳利斯（Juvenal）曾描写过一种封装在瓶中在地下埋了数百年的佳酿。据说这些酒从罗马执政官还留长头发时就埋下了，但是这些甘醇的葡萄酒只能说是个案。[6]

在古老的罗马葡萄酒中，博若莱新酿葡萄酒（Beaujolais Nouveau）是最美味醇厚的陈酿。从公元3世纪罗马法理学家乌尔比安（Ulpian）的著作中我们可以看出，古代葡萄酒酿造产业为什么衰退得如此迅速。依照他的说法，所谓"陈酿"就是去年酿的酒。他还建议酒商们应该想尽一切方法让葡萄酒尽可能地在地中海的阳光下多晒一下，至于这样做是否会影响葡萄酒的卫生则不在考虑范围内。此外，掺入树脂是导致当时葡萄酒味道不佳的主要原因之一，尤其是希腊葡萄酒。这些用树脂处理过的酒，味道与现代松香味希腊葡萄酒很接近。古希腊罗马人所用的双耳陶瓶，透气性很好，用它来盛酒，可以让氧气进入葡萄酒并与之发生氧化。酿造葡萄酒的人发现，如果在陶器内部涂上一层树脂，可以更好地保存酒；如果在葡萄酒中加入一点树脂，不管是粉末状的还是浓稠的液态树脂，都能延长果汁的储存时间。最后，希腊酒徒们都成了鉴定树脂种类的专家，据说叙利亚树脂的味道很像阿提卡蜂蜜，但树脂的主要用途还是防腐。不过，喝下一杯劣质松香味希腊葡萄酒的感觉就像整个人都泡在卡普林诺油漆里。

海盐也是一种防腐剂，不难想象，掺了海水的葡萄酒一定超级难喝。老普林尼抱怨说那些掺了海水的葡萄酒会"伤害人体器官，特别是胃、神经与膀胱"。[7]除了海水以外，还有一种更受欢迎的防腐剂——铅。恐怕任何防腐剂都没有铅的伤害大，但老普林尼却认为铅是无害的，当时有这种想法的不只他一个人。古罗马人认为，铅可以让葡萄酒更美妙。铅离子可以抑制生物活体的生长，从而延长葡萄酒变酸的时间，使其不容易腐坏。但有一点不太为人所知，铅的确可以让食品变得美味可

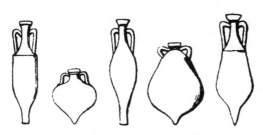

古罗马人使用的盛酒罐。

口。维多利亚时代的小孩们有咬铅笔、啃铅制兵人的习惯,这并不是弗洛伊德所说的口腔期滞留,而是因为铅。铅能满足人们对甜度的渴望,古罗马人就在酸葡萄酒中加入铅,让酒变得更甜。尤其是在葡萄浓汁或浓缩的香料葡萄酒中加入铅,或是将浓缩葡萄汁用铅制器皿煮开,会令葡萄汁的味道更甜美。科路美拉曾提到,"有人将葡萄汁放在铅壶中烧开,直到汽化掉 1/4 的葡萄汁,有时甚至会汽化掉 1/3",但是"如果能让一半葡萄汁都汽化,就会做出无与伦比的葡萄浓汁",但这种葡萄汁的含铅量非常高。[8]农学作家卡托(Cato)也曾建议在酿制葡萄酒时使用 1/40 的这种致命的浓缩葡萄汁。[9]卡托自己肯定没有这样做过,因为他已经意识到铅是一种有毒物质,可以引发头痛、疲劳、发热、不育、食欲不振、严重便秘和剧烈绞痛,严重的还会导致失语、失聪、失明、瘫痪、丧失控制四肢的能力,最终可令患者死亡。含铅的葡萄酒已经对罗马人产生非常可怕的影响,一位历史学家曾提出,致命的铅疾病可能是令许多富有的罗马人不能生育的原因之一,因为他们一直认为喝葡萄酒是有益健康的。

铅是一种慢性毒药,积累到一定程度才会发作。铅被人体吸收后,大部分会沉积在骨骼中长达数年之久。大多数食物中毒的潜伏期很短,许多人只吃了一顿饭就会有中毒反应。但铅中毒症状不一,而且需要经过一段时间才会表现出来。罗马帝国覆灭很久以后,人们仍然会在葡萄酒中掺入铅,一直延续到近代。由此反映出一个事实,如果不加入铅或其他防腐剂,"大多数葡萄酒都不稳定,即使没有长距离运输,也没有暴露在恶劣气候或温差很大的条件下,做好的葡萄酒也可能在一年之内就会变酸坏掉"。[10]葡萄酒引起的铅中毒甚至会引发一种小型传染病,特别是冷夏过后,葡萄酒的酸味诱使酿酒商掺入更多的铅,从而令其更有可能发生。这种疾病被称作铅疝痛(Colica Pictonum),当年这种恶性传染病曾令法国某小镇居民突然遭受重创。人们一直不明白铅与恐怖的疝气痛症状有什么关联。当时的医生们更倾向于认为是酸掉的葡萄酒引发了疝气痛,而不是用来中和葡萄酒酸味的铅。

当人们发现铅是始作俑者时,为时已晚。直到 17 世纪末,德国乌尔姆市(Ulm)一位名叫埃伯哈特·高克尔(Eberhard Gockel)的内科医生才发现在葡萄酒中掺入铅是很危险的做法。尽管后来人们不再用铅制器皿制作葡萄浓汁,但铅仍然是葡萄酒中常见的添加剂。此后的葡萄酒大多掺入了一氧化铅,即在精炼铅的过程中产生的一种泡沫或浮沫状物质,有时则掺入氧化铅或碳酸铅。到底怎样才能让那些葡萄酒制造者停止添加这些致命的添加剂呢?事实上,抵制葡萄酒掺假的法律早就已经出台了。1487年,乌尔姆市通过一项法律,要求所有旅馆业主必须宣誓店内出售的均为纯葡萄酒,不会掺入包括氧化铅在内的一系列添加剂。10年后,德国皇帝又颁布了一部诏书,严令禁止在葡萄酒中掺入碳酸铅等物质,但法律对制售假葡萄酒的处罚"格外地宽松"。[11]15世纪,德国法律规定对葡萄酒掺假者进行罚款、示众,还要将全部假酒倒入河中,但依然有人知法犯法。在当时的立法者意识到铅对人体的伤害有多大后,德国几个城市马上颁布法律明确禁止在葡萄酒中掺入一氧化铅,违法者将被关押并判处死刑。

17世纪90年代,高克尔医生偶然发现奸商们用铅"调校"葡萄酒。1694年圣诞节假期,可能受到欢乐节日气氛的感染,一些修道士也在饮食上小小地放纵了一下,结果乌尔姆条顿骑士团的高级教士和几位修道士都感到腹部绞痛难忍。他们叫来了高克尔医生,他首先想到要检查水井和厨房,结果并没有发现问题。他注意到没有喝葡萄酒的修道士都没有出现腹痛,后来又询问了一位生病的修道士,得知他在喝完一杯葡萄酒后就感觉身体发烫并且一直绞痛难忍。经过多方调查,高克尔终于从格平根(Göppingen)附近的一个经销商处拿到了葡萄酒配方。他发现酒中含有一氧化铅,铅马上成为主要嫌疑对象。为了确认是铅中毒,高克尔还做了一些实验,他在能找到的"最差最酸的葡萄酒"中加入一氧化铅后,这瓶酒就变成了"最棒最美妙的酒"。他用了一个词,原文是süsselectenlieblichen(德语),意即甘甜美味的最高境界,只不过再美味也改变不了它会引发可怕胃痛的事实。

然而,高克尔医生的发现并没有令含铅类酒精饮品完全消失。18世纪末,在英格兰西南部的德文郡里许多人都出现剧烈疼痛,因此这种病被称作"德文希疝痛"。这次疝痛是由苹果酒引发的铅中毒。苹果酒里的铅又是哪儿来的呢,人们对此见解不一。1767年至1768年,乔治·贝克(George

Baker）曾发表文章指出，苹果酒被污染是因为压榨机里含铅。然而，1778年，詹姆斯·哈代（James Hardy）却提出苹果酒里含铅不应该归咎于压榨机，而是因为德文郡的穷苦人用铅釉陶罐储存发酵的苹果汁，而苹果汁中的果酸又会溶解掉陶罐里的一些铅釉。这正好解释了为什么穷人易患德文希疝痛，因为只有穷人才会用铅釉陶罐，有钱人用的都是玻璃或石头餐具，相比之下更安全。

这次由苹果酒引发的铅中毒只是偶然事件。当然之前也出现过类似问题，是由于用铅粒清洗酒瓶造成的，但在葡萄酒中掺入大量的铅则是故意为之。1750年，大量变质的葡萄酒涌入法国，数量之多令税务督察大为吃惊。这些劣质葡萄酒是用来酿醋的，所以完全合法。正因如此，许多葡萄酒商为了能得到廉价的酒醋会将自己注册成食醋商，拿到酒后再用一氧化铅润色，然后当作真正的葡萄酒出售，牟取暴利。[12]更明目张胆的是，1795年出版的《艺术与贸易的重大秘密》（*Valuable Secrets Concerning the Arts and Trades*）一书，公然推荐用甜味剂改变葡萄酒：只要加入"1/4品脱的上好酒醋与一氧化铅使之饱和"就可以。[13]你可能会觉得奇怪，铅早就被证明是一种有毒物质了，可为什么还有人支持在葡萄酒中掺入铅呢？1820年阿库姆在《论掺假》一书中认为，这是因为"似乎没有其他已知的方法能迅速挽救酿败的葡萄酒"。于道德方面：

> 葡萄酒商们劝服自己说，出于这一目的而使用微量的铅是完全无害的，葡萄酒中不会残留任何铅原子。化学分析则证明事实完全相反，用铅净化白葡萄酒有很大的危害。[14]

在阿库姆看来，葡萄酒制造商或经销商凡是"图谋为使用这种危险物质而诡辩的，等于在欺诈罪上又多了一条谋杀罪的指控。那些消费者将薪酬都贡献给了他们，他们却故意在这些消费者中散布疾病与死亡的种子"。[15]

阿库姆的宣传可能有助于减少在葡萄酒中掺入铅的情况，一旦开发出可靠的化学检测方法，制造商和经销商便很难再这样做。1818年，一位名叫奥尔菲拉（Orfila）的科学家列出了9种检测办法，例如"由于这些葡萄酒中的氧化铅必然饱和,所以用向阳植物酊剂检测时根本不会变红",[16]但酒商们的掺假手段也在不断翻新。酿酒这门艺术喜欢笼罩在神秘色彩中,那些被隐藏起来的商业秘密往往都是违法的。一位文艺复兴时期的评论家抱怨说,酿酒商是"一种暗夜巫师,午夜当所有人都入睡时,他催动魔法与咒语,借着夜色的掩护,将一桶东西倒入另一只桶里。他只需在一杯已经变味的、失去颜色的波尔多干红葡萄酒中随意掺入一点红葡萄汁,就可以让这杯陈酒焕然一新"。[17]无独有偶,两百年后的 1797 年,《闲谈者》(*Tatler*)杂志也提到:

> 在这种城市,的确有一个化学工作者兄弟会。他们在地洞、山洞以及黑暗隐蔽的地方工作,以免被人看到或监视他们的秘密。一些"地下贤哲"受雇每天将各种东西转化成酒精饮品。他们通过不可思议的药物和配方,制作出所谓来自法国丘陵和山谷的最上等的精选葡萄酒,并在伦敦街头出售。他们还用黑刺李仿造波尔多葡萄酒,用苹果汁冒充香槟酒。[18]

这些"地下贤哲",也被称作葡萄酒酿造者,几乎可以用任何东西酿造葡萄酒,欧洲各地都有他们的同行。19 世纪,西西里种植者因在葡萄酒中加入白垩的恶行而闻名。加入白垩不是为了防腐,而是为了澄清并改善葡萄酒的颜色。[19]但这样做使得外国买家失去了对西西里葡萄酒的信任,他们宁可花高价购买没掺东西的葡萄酒。换句话说,要想强迫大家为那些额外的东西付款,这些东西也要符合标准才行。19 世纪 70 年代,由于葡萄酒欺诈事件明显增多,使法国葡萄园遭受严重打击。[20]为了最大限度地提高产量,葡萄酒制造者们开始两遍、三遍甚至四遍地反复压榨葡萄,最后压出的葡萄汁淡得像水一样。随后为了造成品质优良的假象,他们用品红给葡萄酒染色,但品红中含有剧毒元素——砷。

从乔叟(Chaucer)时代起,葡萄酒的口碑就一直令人担忧,那些售卖赦罪符的人力劝说:

> 我告诉你,不要喝酒,无论红酒还是白酒,

尤其是他们提供的西班牙葡萄酒；
也不要在鱼街和咸普塞街买酒。
那些来路不明的葡萄酒令人怀疑，
要我说——酒里掺了其他东西。
自然生长地？——它们生长在周边地区。[21]

直到 20 世纪初才出现了一种更为严格的法国葡萄酒分类体系，葡萄酒酿造业也开始采用更现代的技术手段，然而这一切不仅没有遏制葡萄酒掺假，反而使其愈演愈烈。掺假的方式有很多，最常见的是以次充好。早在 19 世纪 50 年代，法国波尔多（Bordeaux）地区的人们就运用化学的魔力，从各种人工药剂中提取出上好干红葡萄酒的芳香。[22]然而在 15 世纪时，造假所用的都是些比较基础的化学品——如上文提到的"鸡蛋、明矾、树脂以及其他可怕而有害健康的东西"。不管用什么，都是为了润色不能饮用的葡萄酒。[23]

对这些欺诈行为的管制情况又如何呢？造假者们总是千方百计地逃避惩罚和禁令。早在 802 年，查理曼大帝（Charlemagne）就颁布过打击葡萄酒掺假的法律，这恐怕是世界上最早的反葡萄酒掺假法。[24]的确有人说过，"先有了掺假的葡萄酒"，所以才"必须制定葡萄酒法"。[25]14、15 世纪，各种葡萄酒法纷纷出台，其中许多法案都是地方政府制定的。1364 年，一位名叫约翰·彭罗斯的葡萄酒商出售伪劣葡萄酒，伦敦市市长判定他喝下自己售卖的有害葡萄酒，再将剩下的酒从头顶浇下，最后"永远取消他在伦敦市卖酒的资格"。[26]但如果约翰是在伦敦以外的地方出售伪劣葡萄酒，市长根本不会管他。同样也是在 1364 年，法国阿尔萨斯科尔马镇（Colmar in Alsace）镇议会指控一名客栈老板在葡萄酒中掺入水、白兰地酒、硫磺、盐及其他成分。[27]有关当局不止一次地想要制止掺假的做法。1419 年，一位名叫威廉·霍罗德的人因使用劣质陈旧的西班牙葡萄酒伪造上好的纯罗姆尼葡萄酒，以及在酒中加入月桂粉和其他有害粉末而被判有罪。[28]与之相似，1415 年波尔多镇的旅馆主们被召集到市政厅，他们被告知如果再出现用其他葡萄酒冒充波尔多葡萄酒的事情，违法者将被处以枷刑，并被逐出本镇。[29]

英国在 14 世纪时才真正制定详细法规以保护葡萄酒消费者。1372 年 11 月 8 号，爱德华三世颁布法令，规定所有掺假及储存状况不佳的葡萄酒都不得拿来与其他酒混合。[30]爱德华三世还规定每个客人都有权利亲眼看着他的葡萄酒从木桶中盛出，并禁止旅馆主在酒窖门口悬挂门帘。同时还规定新酒和陈酒不得混在一起；一家旅店甚至不可以同时存放新酒与陈酒。销售加斯科涅、拉罗切利和西班牙葡萄酒的人不得同时销售莱茵葡萄酒。

这条法令规定得非常明确。可为什么没有效果呢？为什么阿库姆还要在 1820 年抱怨"人造葡萄酒"——酿酒者们在"波尔图葡萄酒"中加了葡萄干酊剂提味；将酒瓶塞子染成红色使它们看上去好像与红酒接触了很长时间；并在口感较差的葡萄酒中加入收敛剂，使其有"一种不加修饰的微酸味道，完美的颜色与独特的香味"。[31]原因之一在于葡萄酒特别容易掺假，与啤酒不同，葡萄酒是奢侈品，是进口品。19 世纪时，骗子们尤其会以茶叶、香料等珍稀食品作为诱饵行骗。

在 21 世纪之前，尽管掺假不断，葡萄酒不仅没有名誉扫地，反而魅力不减，甚至成为健康的象征，这多少有些令人费解。部分原因在于，并不是所有葡萄酒都品质低劣。如果赶上好年景，丰收的葡萄饱满又成熟，法国勃艮第（Burgundy）或意大利基安蒂（Chianti）两地的葡萄酒酿造者们一定会酿出几瓶好酒。即便他们不明白正在做的事情里蕴含着什么科学道理，但是凭借数百年的酿造经验，那些酿酒世家一定可以用优质葡萄酿出恰人又健康的红酒。但正如我们已经看到的，如果葡萄的品质不够好，问题就会出现，即便是有名望的葡萄酒商也会依靠化学手段对葡萄酒的口感、香味、颜色等进行调整。

有时候，葡萄酒的名声也只是相对的。18 世纪上半叶时，人们对于杜松子酒的疯狂简直难以阻挡。1726 年，仅伦敦一地就有 6287 家销售杜松子酒，而其中大部分都掺入了松脂和硫酸。相比之下，此时的葡萄酒看起来好像健康得多。如果说葡萄酒掺假很常见，那么烈酒掺假就更加普遍了。纵观蒸馏史，掺假是惯例，并非个案。这个行业总是充斥着稀释剂、人造调酒剂及掺假者。他们从芜菁中提取白兰地，或用绿矾"改良"烈酒。[32]在那个人人皆为杜松狂的时代里，就连穷人都想花上一便士喝上几杯。在利益的驱使下，无论是合法酒商还是黑市酿酒者，都开始用他们能拿到的所有粮食和调味品伪造杜松子酒。葡萄酒只是偶尔有毒，可即便是纯正的杜松子酒也是一种毒药。反杜松子酒运动的支持者们称其为"妈妈的毁灭"——它让女人堕落、男人失控；喝醉的护士还会将杜松子酒掺在牛奶里喂给孩子。[33]英国甚至尝试于1736年颁布法案取缔杜松子酒，但后来失败了。和这种用杜松子蒸馏出的烈酒相比，葡萄酒似乎很温和。亚当·斯密（Adam Smith）在《国富论》（*The Wealth of Nations*）中提到，自己十分羡慕欧洲那些饮用葡萄酒的国家，在他看来，这些国家的国民远比英国人冷静得多。

历史上许多英明的人都提出，英国人最好饮用用本地水果酿制的果酒，而不是购买价格昂贵还经常掺假的外国葡萄酒。休·普拉特爵士（Sir Hugh Platt），伊丽莎白一世的廷臣，恳请人们不要再拿进口"混合葡萄酒"毒害自己，而是改喝罗伊斯顿葡萄酿制的英式天然果酒。[34]本土化果酒也是阿库姆的最爱之一。此举并不能完全杜绝假酒，因为在葡萄酒的原产地——法国和意大利——也有假酒出售。事实上，只要葡萄酒的酿造过程不稳定，就会出现大量酿败的葡萄酒，它们会被无情地制成假酒。如果不能制定值得信赖的葡萄酒酿造规范，即便政府制定了若干法规，其奏效的机会依然很渺茫。

1833年红酒专家赛勒斯·瑞丁（Cyrus Redding）写道，"检测掺假葡萄酒最好的办法就是对好葡萄酒的标准了若指掌"。[35]他认为英国消费者的味觉已经被酒精弄得麻木了，根本尝不出酒的好坏。他们尝不出波尔多葡萄酒什么时候被稀释了，也喝不出干红已经换成了假货。波尔多的葡萄酒商们非常清楚，英国人根本喝不出这酒里有什么猫腻，所以只要是销往英国的，他们就掺入10%的Benicolo——一种非常廉价酒精度又高的劣等葡萄酒。[36]可是，渐渐地，法国消费者的经济状况也每况愈下，葡萄酒的品质也变得非常糟糕。大量新物质被应用到酿制过程中：硫磺可以让酒稍有一点苦涩刺口的感觉，明矾可以调整葡萄酒的颜色，水杨酸可以停止发酵，硫酸铁则可以让酒的口感更顺滑。[37]当时的人们很难一下子搞清楚究竟什么才是判断葡萄酒好坏的基本标准。以前，只要品尝一下味道就能判断，然而这些新的化学物质却令这些传统标准统统过时。[38]随后，到了19世纪80年代，葡萄根瘤蚜来袭。这种以葡萄根茎为食的小蚜虫毁掉了法国250万公顷的葡萄园。不仅如此，一些地方的葡萄还出现霉病。甚至有人说，正是葡萄根瘤蚜导致在19世纪80年代中期"葡萄酒掺假的情况明显增加"。[39]缺少真正的葡萄，意味着葡萄种植者不得不铤而走险。他们从希腊到马赛进口了大量的葡萄干酿制成酒，贴上商标冒充真正的法国葡萄酒。那些"葡萄酒"里根本没有葡萄，都是用化学品、糖和水兑成的。

葡萄酒酿造者和法国政府都承认他们迫切需要制定新的酿造规范，以定义什么才是真正的葡萄酒，专门针对葡萄酒掺假的新法律陆续出台：1889年，葡萄干酿制酒被取缔；1891年禁止酒类"灰化"（chalking，禁止在酒中掺入石灰、石膏）；1894年，禁止售卖掺水或用其他酒勾兑的葡萄酒。[40]法国化学家路易斯·巴斯德（Louis Pasteur）让人们认识到，掌握科学方法才是防止葡萄酒掺假的可靠途径，根本不用恳求那些骗子高抬贵手。19世纪60年代，巴斯德证明许多微生物都会导致葡萄酒在发酵时出现不同的错误：比如，降解甘油会导致酒的味道太苦；多聚糖则会让葡萄酒缺少醇厚感。他认为，"酵母制成葡萄酒，细菌则破坏它们"。这句话成为现代葡萄酒酿造学的基础。巴斯德的细菌学可能要花上几十年时间才能完全应用于葡萄园，不过至少在当时为科学酿酒提供了切实可行的手段。

1905年，针对葡萄酒质量问题法国政府颁发了一条新的法律，规定必须是用新鲜葡萄酿制的产品才可以成为葡萄酒。这只是一个开始，当时市面上仍有许多带有欺骗性的葡萄酒。用本地葡萄酒贴牌冒充产自勃艮第等著名产区，类似的案件时有发生。归根结底，假酒问题的解决不是因为各国出台了禁令，而应归功于葡萄酒酿造标准的提高。法定产区葡萄酒体系（简称AC）的出台，促使葡萄园不断改良葡萄品种和酿造技术，并于20世纪20年代酿造出著名的教皇新堡葡萄酒。AC体系正式启用却是在1935年，对酿造过程的每个阶段都制定了非常详细的规则。从根本上说，法定产区葡萄酒是一种地理控制体系，例如，波尔多葡萄酒，表示此酒必须用波尔多地区原产的葡萄酿制。除规定葡萄产地外，AC体系对葡萄品种、剪枝与培训方法、酒精浓度以及所用葡萄的质量都

印有 AOC 标识的红酒标签，证明这瓶红酒选用的是法定产区的葡萄，并符合质量控制体系的各项严格规定。

进行了规定。

  AC 体系一开始也遭遇了困境。试图定义哪个地区允许生产哪种葡萄酒无疑会引发痛苦的争吵，比如在香巴尼（Champagne），人们甚至因为旁边的奥伯地区（Aube）能否被允许生产真正的香槟而引发暴乱（1927 年香槟区的名号制度才得以确定）。尽管这个体系僵硬刻板且独断专行，但大多数葡萄酒制造者还是被这种新制度所吸引。因为这个制度不仅保护他们不被讨厌的模仿者侵害，还可令产品保持较高的市场价格。比起执行简单的禁止掺假令，高层次的整顿更需要 AC 体系——法国伪造品抑制处会进行抽样调查，以确保梅多克红酒的确选用梅多克地区生长的葡萄酿造。AC 和 AOC 标识现在已经从酒类延伸到其他食品，它们是质量的保证，除了避免消费者买到假货，还可向消费者普及商品知识。

  在过去的 30 年里，红酒消费观念发生了转变。1976 年，酒评家罗伯特·帕克（Robert Parker）（曾是一名律师）制定了他著名的百分制红酒打分体系。当时在英美两国，喝红酒只是少数人的追求。到了 2006 年，新的研究预测表明美国的酒消费量将在 3 年内超过法国。大多数红酒喝上去都很一般，如果用帕克的百分制来打分，它们的分数可能都不高。尽管如此，许多消费者依然可以参考打分规则知晓上好的葡萄酒应该有怎样的口感。感谢美国的帕克，英国的休·约翰逊（Hugh Johnson）和杰西丝·罗宾逊(Jancis Robinson),感谢他们的努力,还要感谢《杯酒人生》(Sideways)等影片。如果没有他们,你成不了品酒专家,不知道白苏维翁(Sauvignon Blanc)喝起来会有醋栗的芳香,也不知道西拉(Shirza/Syrah)有巧克力的甜美。这些红酒知识看起来好像没什么用,可事实上大有作为。杰西丝·罗宾逊指出:"假冒变得越来越难,可能以前不关心红酒价值的消费者们如今已经变得越来越老练,越来越关心红酒的内在品质。"[41]20世纪50年代,曾出现过一系列假酒案,这些"优秀"的酒商先买上一大木桶葡萄酒,然后用这些散酒冒充勃纳(Beaune)红葡萄酒、博若莱(Beaujolais)干红或勃艮第葡萄酒等名酒,客人买哪种就冒充哪种。[42]但在今天,我们很难想象还有人制售假葡萄酒可以逃脱处罚。

赛勒斯·瑞丁说得没错,"检测掺假葡萄酒最好的办法就是对好葡萄酒的标准了若指掌"。有人认为红酒掺假完全是过去才有的事情,这可能太天真了。红酒的酒精含量已经从上世纪80年代初的12%上升到现在的14%,许多人担心这可能导致人们对红酒的依赖,特别是在西半球。红酒可能比他们预想的更醉人,也让人醉得更快。但另一方面,至少酒精含量在标签上都有注明。

红酒界仍然会定期爆出丑闻:2005年,南非葡萄酒生产商KWV生产的两批白苏维翁葡萄酒添加了人工增香剂;[43]2006年,著名的博若莱干红葡萄酒生产商乔治·杜伯夫(George Duboeuf)被指控使用了非博若莱地区生长的葡萄,他继而提出上诉;[44]1985年的奥地利防冻剂丑闻则更为严重,有100位奥地利葡萄酒制造商被指控使用一种名为二甘醇的化学防冻剂增加葡萄酒的甜度。[45]转年又发生了意大利甲醇案,数加仑廉价意大利葡萄酒中掺有甲醇,造成二十多人死亡。之后一种新的手工酿酒产业在意大利迅速兴起,渐渐消除了人们对这一丑闻的记忆,这让人稍感欣慰。过去发生丑闻时人们只会讨伐企业领导层,因为底层从业者不会预谋掺假。而现在,一桩丑闻很可能会督促所有从业者更好地执行行业标准。总之,目前的葡萄酒质量更纯正,标签上注明的内容也更诚实,可能也比以往任何时候都更美味。

所有这些改进都发生在过去的几百年间,但这仅仅是全部葡萄酒消费史的一小部分。饮用者们一直渴望人们更关注他们的权利而不是只看重销量。没有可靠的葡萄酒质量检查方法，只能耐心地寻找更好的葡萄酒，但往往是徒劳的，因此他们转而寻求准确、无掺假的酿造方法。葡萄酒有时很可怕，甚至会危害人体健康，对此有人抱怨，但也有人愿意买。这听起来有点儿像伍迪·艾伦（Woody Allen）在电影《安妮·霍尔》(*Annie Hall*) 中开的玩笑。一个人说："这儿的东西太难吃了。"另一个回答："是啊，而且给的还这么少。"因此那些购买葡萄酒的消费者希望自己能掌握全部的检测方法。

度量衡

遭受不公正待遇，肯定令人不快。就像给了你 1 品脱啤酒，可全是酒沫；或者你花了 1 公斤的钱却只得到 1 磅李子（1 磅等于 0.453 公斤）；或者你离开商店才发现买到的是残次品；要不就是你摔了一跤，刚刚向你展示的新鲜浆果不见了，变成了一篮子烂果子。这时你心中肯定充满窘迫与愤怒。你会自找麻烦吗，你会冒着以激烈争吵告终的风险回到商店与卖家对峙吗？还是说你会觉得自己无能为力，只会把愤恨搁置一旁呢？这种令人进退两难的局面由来已久，缺斤少两是最古老的饮食欺诈。商家都有三杆秤：重的是买东西时用的，这样可以多买进；轻的是卖东西时用的，这样可以少卖出。还有一杆分毫不差的秤是自己用的，用来知道真实重量。潜在的不诚实的卖家一直是法律最早关注的问题。

1215 年，英王约翰（King John）与反叛贵族们在兰尼米德(Runnymede) 签署和平条约——《自由大宪章》(*Magna Carta*)，确立了人身保护权原则，千百年来它一直被自由主义者当作宪法审判的基石来崇拜。但事实上它一团糟，是多种实践与思想的产物，没有充分确立任何原则。如果说宪章内容关系到自由，那么它对自由的关注远不及它对如何公平度量麦芽酒与葡萄酒的关注。宪章 35 条规定："全国应有统一之度量衡。烈性麦芽酒与谷物之量器标准，被命名为伦敦夸特。"在这个乏味的宪章背后是各种强大政治力量的结盟：一方面是消费者为能用诚实的方法度量食品和饮品而斗争,然而必败无疑;另一方面是英王在寻找一种标准化措施,并以此作为传播法治、规范商业以及将海关征收的全部营业税纳入国库的方法。建立规范的度量衡是良好统治的首要目标,但谈何容易。

征服者威廉曾下令全国要使用加盖他私人印章的统一的重量与长度度量衡(这是一种盎格鲁撒克逊人的度量衡),这成为他征服新帝国的标志。但各地在度量衡的使用上仍有很大差异,同是1磅谷物,约克市和黑斯廷斯就有很大不同。尽管政府试图完全统一,但总有一些地方仍坚持使用本地区的标准。凯尔特时代,每个部落都根据各自族群的特殊需要定制不同的度量体系,即使到了威廉时代一些地区仍然坚持这种态度,甚至两个相邻的村落在测量啤酒时都不尽相同。当然,疏忽在所难免,有报告记载,"曾有人认为某位酒馆女老板缺斤短两,她马上被丢进了村子的池塘,结果却是场误会,原来是两地的度量衡不同"。[46]

即便是国家度量标准也是在一定范围内浮动的。重量单位基本上是由谷物和银钱决定的,最基本的重量单位是一粒大麦的重量,后来变成一粒小麦的,但小麦重量更轻一点。古罗马使用的古伊特鲁里亚度量衡中,1磅等于4210颗大麦,但折算成小麦粒数就增加了。撒克逊国王奥法(Offa,756—796)为了让重量单位能与他发行的新的银便士一致,提出了铸币磅,即1便士等于1斯特林白银,20枚银便士等于1盎司(450粒小麦),12盎司等于1磅(5400粒小麦)。随着时间的推移,还制定了不同的重量单位以测定不同的东西。如1羊毛磅等于6992粒小麦,称重谷物的1塔磅等于5400粒小麦,而1金衡制磅等于5760粒小麦。今天我们使用的英制常衡中1磅等于7000粒小麦。更复杂的是,大多数与大不列颠有贸易来往的地方,如苏格兰、法兰西、佛兰德斯、德国汉莎、意大利,都有自己的度量衡。同是1磅,德国北部使用的商业磅等于6750粒小麦,古伊特鲁里亚(Etruscan)等于4210粒小麦,撒克逊等于7680粒小麦。1197年,英王理查德一世颁布了新的度量衡,却造成混乱。由此可见,国王要想统一度量衡不能走捷径。国王虽下令要求英格兰使用统一的度量衡,但却没说使用哪种。《大宪章》至少规定谷物的重量单位为伦敦夸特(等于8蒲式耳),但却没有提到葡萄酒和啤酒的度量标准。

正如中世纪在不断进步，英王也试图通过标准化让度量衡变得更有效。1266 年，英国曾出台法令规定面包和葡萄酒的准确重量，同时还规定英国便士必须是"圆形且边缘光滑的硬币，重量应为 32 颗麦粒"。

当时英王对打击制假售假行为有着浓厚的兴趣。1380 年，英格兰、威尔士及苏格兰三地颁布进口葡萄酒度量新规则。英国国会下令英王的收税官们仔细检查所有进口酒桶的长度、大小、高度等，并严惩拒绝检查者。[47] 1389 年，理查德二世下令所有违法度量衡必须被烧毁。这是为了防止商人们"匆忙修复违法度量工具，待通过政府审查后，再将它们伪造成各地偏爱的度量工具"。[48] 为了逃避检查，商家们无所不用其极。比如容器做得比法定尺寸大，然后安装一个夹层，在夹层中装入东西，待检查过后再将夹层拆除。即便没有故意篡改，过去的度量衡标准也会因为损耗而降低，远没有以白金和黄金为标准的现代度量衡来得精确。木质的度量衡会被虫蚀；以铅、铁或黄铜为标准会氧化，还会因天气情况而膨胀或缩短。[49]

监管度量衡成了所有市镇官员最基本的职责之一。[50] 首先，由英王或国会制定度量标准，然后下达给所有郡，再由郡至每个市镇，市镇将其张贴公示，最后（从 1266 年起）派出 6 位合法执行人收集个体商贩的度量工具并检查，看是否合乎标注。同时法律还规定，各地必须清楚登记重量或量度工具所有者的姓名。[51] 如在重量上掺假，将被处以枷刑。重量管制也用于食品，最主要的就是面包。有句老话说，一个面包师死后，你称一称他，肯定缺斤少两。各国政府一直努力避免面包分量不足或价格不公，英国政府的主要职能之一就是规定面包重量，限定面包成分，许多国家都有类似规定。政府不光要解决面包的数量问题，更要解决质量，确保面包师做出合格的面包。

面包管制

1266 年，亨利三世执政 51 年，颁布了著名的《面包和麦酒法令》(*Assize of Beard and Ale*)。尽管修修补补，它依然被英国法律保留了六个世纪之久，直到 1822 年——《论掺假》出版后两年，这项法令才废除。[52]

这项法令不仅规定了面包的重量、价格、成分等，还根据粮食市场的价格波动对一条面包的大小、价格进行了规范。例如，如果1夸特小麦卖12便士，那么一条标准的维斯特（wastel）面包（价值1/4旧便士），重量必须达到6.8金衡制磅，以防面包师牟取暴利。我们看到的烤面包不仅仅是一种贸易，更是一种公众职责。《面包和麦酒法令》要求面包师们必须用固定重量的面粉做出固定数量的面包。他们不能心血来潮乱改配方，但也要根据社会的不同经济需要依法调整产品。

1266年颁布的《面包和麦酒法令》中提到了7种不同的面包：维斯特是给有钱人吃的白面包，标准最高，其重量取决于谷物的市场价；科奇特（cocket）与维斯特很像，但它所用的面粉要稍逊一筹；塞缪尔（simnel）是一种大块面包，只有有钱人才买得起。全麦面包（panis integer）才是普通百姓吃的。穷人吃的是用粗糙的未过筛棕色粉制成的特瑞特（Treet）面包或"家庭面包"。更穷的话，你只能吃一种名叫"普通小麦面包"或叫"马面包"的东西来折磨你的胃了，这种面包是用磨剩下的渣滓做的，价钱只有科奇特的一半。

马面包可能不好吃，但至少不是假的。《面包和麦酒法令》制定得非常详细，对面包师和面粉进行严格管制。如果你是伦敦的一名粗磨粉面包商，依照法令，你不得销售其他的精细面包，因为单凭一时兴趣做出的面包是很危险的。伊普斯威奇市（Ipswich）有四种面包店：第一类（似乎是技术最好的）允许烘烤上等的科奇特、维斯特和特瑞特；第二类只能出售塞缪尔和特瑞特；第三类只允许出售全麦面包和二等科奇特；最低等的只能出售全麦面包和普通小麦面包。这样，无论消费者是富是穷，他们的利益都能得到保障。

现如今，超市面包几乎全是无名氏。如果你买到了一条坏面包——味道不对或火候不够，或是印着外国字儿的腐烂发臭的面包，你会向谁投诉呢？千万不要找那些烤面包的人，他们的职责已经少到和那些机器操作员没什么分别了。表面上能负责的是那些整天待在办公室从来没碰过酵母和面粉的客服经理们。您可能会得到一些象征性的货币补偿，但是您永远不能揪出到底是谁做了这种东西并要求他对此负责。事实上，现如今没人会对食品质量负责。相比之下，中世纪的面包都能责任到

一份中世纪手稿,上面记录了《面包法》的相关规定。

人。面包师必须在出售的面包上加盖自己的印章,所以一旦有人违反法令,很容易就能查到是谁家卖的面包。这些印章标明了谁家的面包特别棒,谁家做生意不光彩,谁家面包有掺假,谁家面包短分量,或是谁家面包的面粉对不上。法令还规定,面包店只能出售老板或店内雇员亲手做的面包，不得通过其他中间人销售面包。[53]此外，所有面包师和磨坊主还要接受执行官、市长乃至来自其他市镇的官员每年四次的检查，这些措施的确强有力地抑制了很多弊端。

  尽管有这些管制，但仍有一些面包师明知故犯。16世纪一位作家抱怨面包师说，这些面包是"穷人怨，富人嫌"，"尊敬的市长和郡治安官大人……每天都从你店外经过，称你面包的重量，可所有这一切都不能让你做一个诚实的人"。[54]法院记录显示，指控面包师出售劣质面包的案子数不胜数。几乎所有面包师都会缺斤少两，相比之下掺加有害物倒还在少数。伦敦人似乎专爱挑面包师的毛病。面包师第一次被逮到作假，将被游街示众，囚车会从同业工会会所出发，穿过伦敦最脏的街道；掺假者坐在车里，脖子上挂着他做的伪劣面包。第二次掺假者，会被关在囚车里游街，掺假者戴着木枷，被围观群众奚落。如果哪个倒霉蛋第三次被抓到，他的烤炉不仅要被拆除，还要被迫发誓永远不在伦敦城从事烘焙。[55]随后几个世纪，其他市镇往往会对此宽大处理。15世纪时南安普敦曾规定一经发现将没收全部违法面包，并处罚款，但与其他地方相比，这种惩罚已经相当仁慈了。

  过去至少人们普遍知道面包的成分，可如今几乎没几个人能说得出来。有人说这是因为我们很幸运，除了面包还有许多其他东西可吃，大可不必仔细检查面包里有哪些可疑成分。相比之下，我们的祖先则完全依赖这些面包生存，他们必须了如指掌。过去大多数人都对面包师和磨坊主心存疑虑，面包店的价格也相对较贵，大多数贫困家庭都在家中自己揉好面团，或自己烤制，或用市镇里的公用烤炉烤制，或者拿到面包店代烤。不信任面包师，可以自己烤；但不信任磨坊主，就没辙了。磨坊主本应为整个农村公社服务的，可他们却趁此机会克扣他人，囤积更多粮食。有一首古老的民谣名为《迪伊河边的磨坊主》，歌中说道：磨坊主说"我谁都不在乎，不在乎，只要没人看着我，我就不在乎做手脚"，这些人往往被视作恶毒的骗子。

  大革命之前的法国也是一样，正因为磨坊主和面包师的工作关乎民生，所以总被妖魔化，当然这样的描述常常有失公允。"18世纪时，市场或商店里如果出现伪劣面包，对巴黎市民而言是莫大的侮辱与威胁。这是一种社会犯罪,也标志着社会在崩溃"。[56] 为什么说面包质量差是社会崩溃的标志呢?因为 18 世纪的巴黎就像中世纪的英国一样,面包烘焙处于法律的高度监管之下,出现伪劣面包就标志着这个社会的基本法律与秩序被破坏。与英国一样,法国面包的最大问题也是缺斤少两。一位历史学家曾做过这样一个统计,仅仅是被巴黎的面包师们克扣掉的面包就能养活几千户家庭。[57] 因此,巴黎出台了严酷的监管体系。法国哲学家狄德罗曾讲述过这样一个故事:一位土耳其法官碰巧听到某个面包师卖的面包分量不足,他说道:"我去他的面包房,拿他的面包来称,发现分量

图中表现了一位出售假货的商人当街受到惩罚。 该图出自一份 17 世纪的波斯手稿。

不够。他的烤炉还烧得红红的，于是我把他丢了进去，我的事业也因此毁了。"[58]虽然不像土耳其法官这样残忍，巴黎法官仍会严惩那些违法者。如果消费者认为买到的面包缺斤少两，可以拿给监察员检验，如果情况属实，法院会处以相应罚款。如果面包师不能立即缴纳，就可能会直接被判入狱，烤炉也会被拆除，最高两年内不得开店；如果他们是在市场上摆摊，则摊位不保。通常，面包师们都会遭受监察人员的胁迫与嘲弄，而且不能反驳，因为他们的声誉都在这些人手里捏着。

许多面包师都认为这种执法体系非常不公平。依照法律规定，面包师必须记录每条面包的重量。但是法律同时还规定，面包师不得在销售时用秤称面包的重量。面团放入烤箱以前与烤后的重量是不一样的，很大程度上全凭面包师的估计，在这种情况下要做出重量分毫不差的面包简直太疯狂了。1743年，巴黎面包师向警察署长递交了一份集体请愿书，指出面包烘焙的的确确是一种非常不稳定的过程，现行法律似乎指望他们能控制自然界中"4种最至高无上的元素"——土（也就是面粉）、气（也就是把面团发酵到适当的松软程度）、水与火（也就是烤炉的温度，这绝不可能保持一种绝对常量）。这是不可能的，他们请求法律允许用秤称量面包的重量，依此定出价格，而不是遭受诽谤中伤与经济破产。但直到几百年后——1840年，政府才出台相关法令允许面包师用秤称重。[59]

化学家帕芒蒂埃有力地声援了面包师，他坚持认为，就面包而言，重量不足并不一定意味着欺诈。即便是科学家，也不能保证每次烤出的面包重量都完全一样。他还注意到，一些谨慎的面包师，为避免因缺斤少两被搞到破产，不得不在面团上多分一点额外的"红利"——一条4磅重的面包要多加10盎司的生面团。有时一个尚未烤制的湿面团竟然比一个烤出硬皮的面包重得多，过分执著重量反而会破坏面包的质量。打击缺斤少两的最终结果可能事与愿违。

法国大革命期间，曾有一伙巴黎人威胁说要吊死一名面包师，因为大家谴责他卖的面包分量不够。在他们看来，黄油、奶酪、红酒可能意味着享乐，而面包意味着生活，每一盎司都至关重要。也许他们能容忍大规模的红酒掺假，但面包哪怕有一点差池都会被看得好像世界毁灭一样,因而对面包师的态度要比对其他食品商刻薄得多。

克扣面包分量可能为人不齿,不过破坏面包的基本成分才是真正恶劣的行为。这不仅会引发骚乱,甚至会导致饥荒。

饥荒食物

总有谣言说面包里掺了灰烬或沙子,但工业革命以前出售的面包相对来说都比较纯正。在研磨得比较差的面粉里会掺有杂质颗粒,面包师偶尔会将不新鲜的旧面包磨成粉后再揉进新鲜面团里;[60]但通常面包里只有面粉、酵母、盐和水,还是可以信赖的。可在某些特殊时期——年景不好并且粮食短缺时,面包掺假的情况就会很严重。但此时掺假的往往不是卖家,而是那些自制面包的消费者们,这种面包也被称作饥荒面包或代用面包。

自古以来,饥荒总会让人们铤而走险地去消费那些以往并不熟悉的食品。[61]首先,农民们会吃掉平日里不会宰杀的动物,比如驴、骡子等等;然后是那些已经坏掉或是没有营养的谷物,比如已经发芽或腐烂的,这类东西吃下后会让人反胃;倘若饥荒仍在继续,就只能去寻找平常动物们吃的东西,比如橡子、野豌豆等等;如果饥荒还没结束,就只剩下最后一招了,在人吃人之前,最后能吃的就是那些根本不算是食物的东西。古希腊名医伽林(Galen)曾写道,小亚细亚居民在饥荒时不得不吃下"嫩枝、树上的嫩芽、植物的藤蔓、鳞茎以及难以消化的植物根茎"。[62]当饥荒情况恶劣时,英国农民就不得不用豌豆、黄豆、大米、小米等东西对面包进行"创新"。1596年休·普拉特爵士出版了《应对饥荒的各种新方法与人为补救办法》(*Sundrie new and artificial remedies against famine*)的指导书,里面提到的第一种办法就是祈祷,在祈祷失败后还有各种避免饥饿的小窍门:例如用南瓜制作价廉味美的面包,将欧洲防风草做成甜饼,咀嚼甘草以缓解口渴与饥饿。[63]书中还提到很多古老的办法,比如一种用碾成粉末的梨树叶做的面包。但有时吃这些饥荒食物会让人丧失理智。皮埃罗·坎波雷西(Piero Camporesi)曾描述过中世纪时意大利的农民因"吃掺有其他东西的面包"而集体昏迷。[64]野菜有时会让人产生各种麻醉反应：比如吃了毒麦（darnel）面包会产生奇怪的醉态，要么极其兴奋，要么异常失落，还会头晕脑涨，拼命地想用脑袋撞墙。

哪里有饥荒，哪里就会有各种用来充饥的"面包"，至今如此。俄罗斯作为一个农业国家的时间远比其他欧洲国家长，在这方面也特别有独创性。每当粮食短缺，政府就会派发代用面包，一直延续到20世纪。19世纪90年代，喀山大学的一项研究表明，"饥荒面包"曾掺入过以下东西：秸秆、桦树和榆树皮、荞麦壳、苋菜、橡子、麦芽、麸皮、马铃薯、马铃薯叶、扁豆、酸橙树叶、峨参等。[65]有时还会掺入谷壳、稻草和黏土。通常这些会和家里剩下的普通面粉掺在一起。粮食越匮乏这些东西掺入的比例就越高，有时甚至高达50%。但这还不是最糟的，即便是这些食物有时也得花高价才买得到。比如1磅苋菜的零售价可能是20—70苏联小铜板。价格高还是其次，关键是这些面包会对人体造成致命影响。以苋菜面包为例，苋是一种很常见的长在菜地里的杂草，做成面包吃下去后会觉得口渴难当。不仅没什么营养，还会让人觉得四肢酸痛，虚弱无力，根本没法下地干活。[66]麸皮面包也是俄罗斯人非常厌恶的代用面包，19世纪80年代在斯摩棱斯克省（Smolensk）很常见。观察员普希诺伊（Pushchnoi）曾说过：

> 麸皮面包，顾名思义是用未去麸皮的黑麦做的，将磨碎的黑麦粒与麸皮直接掺入面粉中，再按惯常的方法制成面包。这种半熟的大面包，里面尽是细小的麸皮，吃下去就好像针扎一样，但味道还不错，很像普通面包。但说到营养……当然，这种东西哪儿还有什么营养。它最大的缺点就是难以下咽，如果强咽下去，你会觉得喉咙非常不舒服，而且一直咳嗽。[67]

体质虚弱的人，根本消化不了这种夸张的食物。相比之下，用真正的小麦烤制的面包简直就是神赐的美食。

但别以为只有在粮食短缺时面包才会引发各种挥之不去的恼人不安，事实上，即便粮食只是轻微短缺，面包质量仍然很好，人们也会惴惴不安。含铅的葡萄酒不会让消费者特别恐慌，但对粮食的合理担忧常常会演变成一种集体性的疯狂。有人说，所谓"粮食恐慌"不过是那些"健康、富有、安逸的中产阶级们"不想沉溺于无瘟疫、无战争的世界里，自己编造出来的假想问题。[68]粮食恐慌其实全都是杜撰出来的。在报纸出现以前，这些恐慌的传播速度可能没有那么快。即便在那些经常发生饥荒的国家，人们也没有习以为常，依然害怕听到粮食短缺的消息。[69]在英国，总有人定期抗议面包师出售的面包不纯，终于在1757年引发了一次大疯狂。

"面包门"事件

1756年，丰收前的几场大雨把麦田都淹了，英国小麦歉收，质量也差了很多，人们纷纷抱怨烤不出好面包。[70]为了应付这一局面，英国国会制定了统一的面包标准，并要求加盖大写字母S。新面包多了很多麸皮，价格也便宜很多。以现代人的口味来看，这种面包既好吃又健康，但在当时人们并不喜欢，他们想要那种比白人还白的面包。正如1753年贺加斯描述的："人们不吃全麦或黑麦面包，除非它们和凝乳一样白。"[71]这一年虽然年景不好，可英国人依然很挑剔。只有一种办法能用劣质面粉做出凝乳一样白的面包，那就是加入明矾。这是一种三价金属双硫酸盐，如硫酸铝和其他硫酸盐（钾、钠、铵）的结合，常被用作收敛剂、止血剂、催吐剂等等。从中世纪开始，明矾就是纺织业不可或缺的重要成分。此外还有多种用途：外部除臭剂、止血剂、防腐剂、固化剂，还可以硬化明胶，或作为面粉改良剂与增白剂使用。自文艺复兴起，面包师就已经开始使用明矾了，加入的唯一目的就是增白。穷人一直渴望能吃上精细的白面包，这是上等人的面包，更有绅士派头；反之，黑面包则是社会最底层的代表。一些观察家曾描述说，17世纪时一些穷得叮当响的人，却在市场上四处游荡，一心只想得到用最上等的白面粉制作的面包，他们认为黑麦面包根本不值得吃。[72]1683年终于有一个名叫特伦（Tyron）的人站出来呼吁说全麦面包是一种纯天然、易消化的食品，吃白面包"不利于健康，既不符合自然规律，也不合情合理"。[73]可惜没人听得进去。

要想做出便宜的白面包，唯一的办法就是使用劣质面粉，但这样不仅颜色发灰，还没有蓬松感，完全破坏了白面包潜藏的地位含义。明矾可以将二级面粉变得更轻、更白、渗透性更强，价格也更便宜。18世纪时，这种做法更加普遍，于1756年和1757年达到顶峰。这两年粮食减产，质量也下降，面包师不得不加入更多的明矾，导致面包心很扎嘴，吃起来还有苦味。一位客户不高兴地说："这种面包很难闻，好像没烤熟，吃起来一点甜味都没有。"[74]当时到处都有非常糟糕的面包，在一些心怀不满的消费者眼里，伦敦的面包全是假货，他们推测面包里一定含有各种令人震惊的成分，其中以明矾为首。《毒物检测与可怕的真相》(*Poison Detected or Frightful Truths*) 是第一本抨击面包师的匿名小册子，出版于1757年，有可能是彼得·马克姆（Peter Markham）博士撰写的。他声称："我们的面包，是各阶层各年龄段的人都要食用的基础食品，里面却掺杂了最有害的物质。"[75]他甚至谏言英国首相要防止"那些在英国备受尊敬的人"被伪劣面包毒死。[76]他认为：

> 和冲动欲望下的秘密诡计相比，与伪劣面包相比，所有令人悲痛的恐怖事件——地震、洪水、暴风雨、饥荒、闪电、火山喷发、有毒的或凶猛的动物、有害植物等，它们对人类生存的破坏力还算小的。[77]

作者指出，明矾是一种危险物质，会导致胃灼热，长期食用会使得消化道两端出口闭合，"它产生的腐蚀性结石会封住乳糜管，使得每一块结石在胃里融合并变得坚硬。由于很难被消化，结石会和肠道中的排泄物聚合在一起形成坚实块体，造成肠道阻塞"。书中还声称，明矾事实上是"一种人类粪便的提取物"，"即便是最厉害的胃也经受不了这种令人恶心的混合物"。[78]除明矾外，作者认为面包中还掺有白垩和石灰，这会让面包闻起来有少许腐臭的碱味。这还不是最糟的。"面包里还掺有一种成分，你听了会吓一跳，它有可能会对人体健康造成更大的伤害"——这就是地下挖出的一袋袋老骨头，或是从停尸房偷的骨头，"藏尸所成了收集污秽的好地方，而这些脏东西最后都掺进了活人吃的东西里"。[79]1757年曼宁（Manning）博士撰写的《面包本无瑕，烘焙太虚假》(*The Nature of Bread Honestly and Dishonestly Made*) 也大肆谴责面包师为了增加重量而将骨头碾成灰掺入面粉中，不同的是，他认为这些骨头是从垃圾堆里捡的。[80]

当然，这条控告存在很大争议。1758年，马利·柯林斯（Emmanuel Collins）出版了《觉察谎言》（Lying Detected），书中认为，指控面包师从藏尸所偷死人骨头来做面包根本是无稽之谈。"一个人早点吃下的奶油小松糕里可能碰巧掺了他亡父的鼻骨"，简直就像童话。[81] 他甚至还引用了童话《杰克与豆茎》中巨人唱的歌谣：

> 呦，咦，嗯
> 我闻到了一个英国人的血液，
> 我不管他是死还是活，
> 我都要将他骨头磨成粉做成面包吃。

如果面包师真在面粉中掺入了骨灰，"烤箱里面应该是在煮东西，而不是烤，而且如果真是这样，他们卖肉汤岂不是更省事"。[82] 不过也多亏了这些荒谬指责，"震惊的群众们坚信他们的面粉里掺了死人骨灰，认定面包师和磨坊主都是不实之辈"，[83] 人们总算行动起来抵制掺假面包了。

至于指控说在面包中掺入"数量相当多的"白垩和石灰，则更不太可能发生。化学家亨利·杰克逊（Henry Jackson）非常厌恶《毒物检测》的作者散布谣言，扰乱民心："他用一些根本毫无价值的理论和虚构想法恐吓平民百姓说面包里存在有毒物质。"杰克逊指出，如果用白垩与石灰来增加面粉的重量，数量会非常庞大，"这样做出来的面包恐怕连狗都不吃"。[84] 就算真这样做，客人马上就能吃出来有颗粒，"这种荒谬可笑的替代品根本不会增加面包师的利润"。[85] 慎重起见，他还做了一系列实验，发现在生面团中掺入白垩与石灰后几乎不可能揉成团。这个结论被掺假史学家弗雷德里克·菲尔比（Frederick Filby）博士在20世纪再次证实。他先用面粉（10盎司）、水（$6^{1/4}$盎司）、酵母（1/2盎司）以及盐（1/4盎司）制作了第一个面包，大家吃得津津有味。[86] 做第二个面包的时候，菲尔比将其中2盎司的面粉换成了2盎司的熟石灰，烤好后面团变成了原来的两倍，黏黏糊糊，略带黄色，还有一种令人反胃的味道。烤制时间是普通面包的两倍，分量却轻1盎司，就像"一只扁扁的螃蟹长着一副硬硬的水泥壳"。第三个面包,他加入了1盎司白垩,效果虽不像"石灰面包"那么差,但也让人难以下咽。换句话说,这些替代品丝毫起不到任何积极作用。曼宁声称,1756年时的面包颜色发黑、易碎、很硬而且很脆,于是人们指责里面掺有骨灰和石灰等物质。但了解烘焙的人都知道,即便没掺过任何不当成分,面包也会出现上述问题。发黑可能是因为麸皮放多了或者酵母质量不好,易碎和发硬可能是发酵时间过长或过短,或和面的水过热。面包皮很脆或许说明面和软了。尽管没有任何证据,但关于面包师用死人骨头做面包的谣言还是传了几十年。菲尔比博士提出,这可能是由于各个时期都曾在某个磨坊主或面包师家中发现过骨灰的缘故。"毋庸置疑,磨坊主或面包师的确在用骨灰,可根本不是掺在面粉里,而是用来填补磨石上的裂缝和孔洞的"。[87]

问题又回到明矾上了。面包师的辩护者们承认有些的确使用了明矾,但也指出明矾里根本不含人类的排泄物。出现这种误解,一定是因为制作商在提取明矾时常会用到人的尿液。在火山地区,明矾多以天然石晶体的形态出现,但在英国的一些火山地区,明矾是从一种名叫页岩的沉寂岩层中提取出来的。提取时必须用到碱,陈腐的尿液含有硫酸铵,是一种碱性溶液,而且方便易得。从制作面包的角度考虑,尿的确不是什么美味的东西,但也不构成排斥明矾的理由。纵观人类历史,少量饮尿对人体并无害处:富有的古罗马人为了洁白牙齿曾用尿刷牙;印度和中国的部分地区很早以前就有尿疗法。更重要的是,不管制造过程如何,在面包中掺入明矾的剂量是否足够引发危险?

作为一名医生,曼宁博士注意到,1756年8、9月的时候,英国出现了泛发性大瘟热,症状为习惯性腹泻,他从未见过"这么多强壮有力的人患病"。[88]这是不是由面包里的明矾造成的呢?即便杰克逊否认明矾像《毒物检测》中说的那样有害,但也不得不承认对某些儿童来说它确是一种泻药。[89]在面包问题上,虽然消费者没有直接食用明矾,但吃的却是稀释后的。彼得·马克姆博士曾在1758年做过一个计算:一袋面粉的标准重量是5蒲式耳,依照比例每袋面粉里会加入8盎司明矾,最多能烤出350—360磅面包。根据18世纪时的粮食定量要求,一位成人如果每天都食用掺了明矾的面包,相当于每天摄入0.6—1.2克明矾。这个量其实很小，是否会引发危险有待商榷。但 1756 年有证据显示，面包中明矾的含量在不断增加。大家都吃了毒药，但明矾对孩子的影响比成人要严重。阿库姆指出，有些医生将许多儿童易发病归结为吃了伪劣面包，而另一些则认为面包"绝对没有害处"。[90]

1758 年，英王下令禁止在面包中掺入明矾，但禁令颁布后面包师对明矾的依赖却变本加厉了。1851 年，亚瑟·希尔·哈塞耳（Arthur Hill Hassall）对伦敦部分地区出售的各种面包进行了抽样调查，几乎所有采样面包都掺有明矾，其中一种还打着"绝对纯正，不含明矾"的广告。[91]英国的面包是怎样被污染的？又是为什么被污染的？这其中无疑存在各种经济原因：除了定期出现的小麦短缺，18 世纪末 19 世纪初政府还不断对谷物价格施压，面包师们只能偷工减料。英国人总担心自己在面包里会吃出虚构的骨头，然而真正悲哀的是，他们对一切面包都不相信了。1756 年英国经历了灾难性的粮食减产，转年亦如此。《汉弗莱·克林克》（斯摩莱特著）中写道："不是不知道面包里掺有明矾，但和全麦面包相比，这种要白得多，所以他们牺牲了自己的味觉和健康。磨坊主或面包师为了能靠这份手艺养活自己，不得不毒害他们和他们的家人。"在掺明矾的问题上，买家也"同样有罪"。[92]如果不能满足客户吃白面包的需求，面包师们就只能关门歇业。甚至有一位评论家说：黑面包味道太差，根本没人会买。[93]就这样，掺假的白面包逐渐成为当时面包师的烘焙标准。

多年来，面包法令反复修改，终于在 1822 年被废除。《毒物检测》曾批评政府没有制定严厉的法律法规，如果所有面包只能在一个公用烤炉里烤制，这座烤炉恐怕得建在热那亚（Genoa）！[94]1819 年，另一位匿名评论家也提出，应授权一些有能力的人对市场上出售的面包进行分析检测。[95]事实上，在英国曾经出现过专门从事食品质量分析的人，可惜他们属于封建世界的贸易行会。面包的例子表明，光靠食品法是不够的，除非由烘焙专家来制定，因为只有他们清楚如何强迫商贩服从。现代红酒之所以崛起，部分原因在于人们对红酒质量的专业知识不断提高，而当时人们对烘焙知识的掌握却捉襟见肘。但之前的英国的确有人对此了若指掌，这些专业知识是从中世纪时操纵欧洲商贸的各大行会机构中流传下来的。

行会：良好食品的保证

马克思在《资本论》中指出：

> 在英国，面包掺假和卖低价面包的面包业主阶层的形成，都是从十八世纪初发展起来的。那时，这一行业的行会性质刚刚消失，而资本家以面粉厂厂主或面粉代理商的面目，出现在面包房老板的背后。

人类永远是贪婪的，尽管旧的行会体制做了很多工作，但低价竞争仍然加剧了面包掺假的局面。

1307年到1509年，伦敦面包师分为做白面包和做黑面包两个行会。如果有个别面包师的面包质量很差，那么人们不会认为是他个人有问题，而是质疑整个同业行会。通常，入会意味着昂贵的会费和繁忙的生意，面包师都不希望为一点蝇头小利而被逐出。从11世纪开始，同业行会就管辖着欧洲城市里绝大部分的贸易。每个行会都非常在意他们的名誉："不仅是假冒伪劣产品，只要被怀疑是假货就会被严格剔除在外。"[96]对于产品也有严格的规定：例如必须按照准确的名称出售；意大利普利亚地区生产的油中不得掺入法国马希地区生产的；鱼贩子不得用海藻让不新鲜的鱼变得新鲜。[97]行会还规定，"严令禁止出售坏肉、不新鲜的鱼类、臭鸡蛋，或可能是庸医用病人的血催肥的猪，违令者将被罚款或开除"。[98]在保护传统食品和保证食品质量方面，行会都做得很出色。在法国的缅因市（Maine），屠夫的摊位上不允许展示牛肉，除非有两名证人证明他牵来的是一头活牛。[99]在法国的波瓦第尔市（Poitiers），屠夫们必须接受体检和精神检查，以确保他们没有患结核病、坏血病、口臭或精神病。英国各商业行会也出台过类似规定，违法者将被逐出商会。

行会体制的出现，确实严重打击了商品欺诈。但行会成员等级森严，地位高的享有很多特权，成员们为了争夺在某个地区的销售权而无休止地争吵：面包师总是与糕点商口角不断，厨师与做芥末的争执不休，卖鹅的与鸟贩子各持己见，等等。[100] 18世纪时，法国之所以花了很长时间才成立餐饮业，部分原因在于卖热汤的与烧羊蹄的两个商会之间展开了旷日持久的争吵。因为行会通常会垄断某一个市镇的生意，所以他们很少有改革与创新的动机。

不是每一个商贩都隶属于行会，有许多自营屠户和面包师。他们宰杀自己家养的猪，将猪肉制成香肠、熏肉或猪排。还有一些商贩出售的是奶酪、水果等非必需品，他们的行业更缺少组织性或其他许可文件。此外，还有那些在城市里进进出出的非正规食品商贩，逃避行会管辖、属性模糊的调味料制造商或厨师，以酿酒为副业的玻璃工家眷们或是靠卖鱼赚点外快的马车夫，等等。[101] 有时他们也会被取缔，1424年约克郡曾颁布法令规定："任何工匠的妻子都不得在公共商店中烘烤或烹煮用于销售的家禽，除非她们能证明自己有能力胜任。"[102] 现在有法律保护我们免受不良咖啡馆或餐馆的伤害，过去的行会就如同现在的法律。

中世纪时，行会和法律都认为食品不仅仅是一个行业，更是一份责任。地方法令不只是防止伪劣食品被售出，更要确保制造优良商品，并卖给那些需要它们的人。为了确保在困难时期穷人不会挨饿，一些规定行业会由政府直接管辖。比如，佛罗伦萨地方政府垄断盐业；罗马市政府则独霸该城市的水产品供应。还有各式各样的针对特定食品供应者的限制，以防这些人出于私利囤积或独占某种食品。例如，为防止面包师垄断粮食供应，1497年约克郡曾颁布法律，每天正午之后面包师们才能在市场里购买粮食。一般说来，行会的利益与消费者是一致的。消费者希望获得质量保障，而行会则希望通过提供保障来获得声誉。过去，行会组织会或多或少地保障入会者的销售情况。行会与行会之间有很大的差别，更确切地说，行会的工作是尽可能地发掘制造其特殊产品的秘密——无论他们生产的是肉饼还是金戒指——然后戒备地看守着这些秘密，向全世界保密。

在如今的商业社会里，许多食品制造商都认为，企图通过政府改善粮食供应的想法是消极的，侵犯了自由贸易。然而在封建社会，政府和行会的目的是一致的。行会成员组成了一个个小集群，负责监督食品及饮品生产，打击各种不法行为。英国食品质量逐渐下降（早在莎士比亚时代就已经开始走下坡路了），反映出行会体系很容易被腐蚀。相比之下，法国行会一直是自治自辖，一直持续到法国大革命爆发。尽管法国人会周期性地对面包表示绝望，但一些行会思想仍被保留至今——伟大的法式面包是法国人共同的骄傲。这种观念，正如阿贝·加利亚尼（abbé Galiani）所说："面包并非商业的组成部分，而是政府管理的组成部分。"[103]算起来，英国食品作为商业的组成部分已经有数百年的历史了。后来自治行会让位给缺乏贸易约束管理的杂货铺，后来杂货铺又一跃变身为20世纪的超市。具有讽刺意味的是，曾几何时，"杂货商"的工作就是专门杜绝食品掺假。

食品警察：啤酒测试员、胡椒商与杂货商

在法国，有一群被称作 langueyeurs de porc 的特殊官员。他们的工作就是检查猪的舌头，查看它们有没有得麻风病的迹象，保护消费者免受病猪肉的侵害。[104]中世纪后期英国出现了一种专门检查啤酒质量的人，他们被称作"conner"。1377年英国首位啤酒测试员于伦敦正式走马上任。他的职责是检测每一位啤酒制造者或酿造商生产的啤酒，如果某一家喝上去比平时稍差，他有权降低这种啤酒的售价。尽管法律明令禁止行贿，但酿造商仍然经常试图贿赂，好让他们的啤酒有个好等级。啤酒测试员禁止因"收礼、许诺、熟知、仇恨或任何其他原因"改变他们的意见。如果发现啤酒变味、太淡或不卫生，啤酒测试员必须如实反映。[105]除啤酒检测员外，当时还出现了专门从事反掺假工作的人。欧洲各地都出现了测量者与核验者公会，专门负责防范度量衡欺诈。在法国，有一家 mesureurs 行会，专门从事桶、罐等容器的校验工作。在英国，还有各式各样的产品检测员，如胡椒商、香料商、精选员、杂货商等等。

第一家有记载的胡椒商行会名为 Gilda Piperarorium，即胡椒贩子的秘密，成立于1180年。[106]行会成员不仅是胡椒商，他们还经营各种干货或香料，如糖、干果、明矾等等。胡椒商是由英王挑选出来有着特殊荣誉与责任的人，胡椒行会是唯一授权保管英王法定砝码的行会（后来成

为筛查商品、检测假货的场所），因为在所有食品贸易中胡椒是最享有声望的。胡椒不仅可以撒在食物上提味，还可以用来缴纳税费、充抵租金，甚至可以当嫁妆。胡椒的价格大体上相当于英国经济的晴雨表。"胡椒总是比其他任何香料更能对贸易产生影响。"[107]还有一个事实，盐相对较纯，胡椒则常有掺假。老普林尼曾写道，早在公元1世纪，商贩们就将亚历山大芥菜籽和杜松子掺在胡椒中鱼目混珠。

作为英王过磅员的胡椒商和香料商们突然出现在各种史册中。1285年，在爱德华一世执政时期，曾规定"国王所用之砝码必须保存在伦敦商业区里一个可靠的地方，或是分别放置在两三个甚至四个地方"，还规定，凡是商贩所用的称重范围超过25磅的磅秤须由过磅员用英王之砝码验证。他们均要向英王发誓，绝不谎报。英王砝码有很多种：通常伦敦齐普赛街上的香料商们称的桂皮、姜等香料的重量都不大，所以称之为"小东西"（古语中也称为"les stoils choses"），只能使用国王的小秤砣，最大承重为12盎司；国王的大秤砣（又称the Gros Beam）是给索帕巷的胡椒商用的，因此胡椒商行会也被称作Grossarii，意思是用Gros Beam的人。[108]1345年，胡椒商与香料商联合成立了圣安东尼兄弟会，兄弟会是依照索帕巷交界处的一座教堂的名字来命名的。[109]1373年，这个势力强大的兄弟会改名为食品杂货公司（mestres de la Compagnie de Gr'ssers）。

在此之前，他们就已经获准负责所有香料上市出售前的精选与清洁。这些精选员曾被认为是"公共食品与健康的第一监护人"，[110]要对胡椒、生姜、肉桂等进行一系列的等级筛选，检查香料是否掺有沙砾、树叶、小树枝或其他杂质，还要凭感觉和经验判断香料的真假。[111]将陈旧的香料与新香料掺在一起是违法的，为了增加重量而将藏红花、丁香、生姜等弄潮也属于违法行为。每种药材或香料在伦敦码头上岸后，必须先经过精选员检验，合格之后方可销售。1380年，英国曾颁布文件，严令禁止出售那些"不纯净"的食品杂货，除非这些商品经过"专门的杂货精选员的检验"。[112]

和啤酒测试员一样，精选员也必须宣誓他们要廉正诚实：

> 你必须发誓会诚实地履行自己的职责，在伦敦商业区内，不偷

窃、不挪用、不非法或不诚实地转移你所负责的商贩家中或其他地方的任何一部分香料。尽可能多地摊晒、精选并清洁所有香料、药材及商品，并保证公正、真实、不偏不倚地根据你的经验进行判断，不用考虑任何人。[113]

精选员自身的形象就是打击欺诈的前哨兵。在 17 世纪早期，精选员的工作曾遭到英国主要香料进口商——东印度公司的抨击，它们企图逃避筛选。精选员抗议说，"那些精选商品以及香料与药材的所有其他消费者，其利益将不可避免地遭受侵害，他们及其产业都将受到不正当的对待与欺骗"。[114]精选员们说他们从事预防欺骗与滥用已经有 300 年了，东印度公司寻求免检的做法是错误的。冲突在所难免，像东印度公司这样的大企业最终会削减精选员所属公会的权利。18 世纪末，随着香料行业的系统化，掺假行为比精选员监管的时候要猖獗得多。

事实上，精选员的所作所为并不仅是出于责任感，他们可以以此获得优厚的报酬。以 17 世纪的价格计算，他们挑选一袋胡椒可以得到 2 先令的报酬，挑选 100 磅肉豆蔻可以得到 3 先令 6 便士……[115]这种挑选工作属于强制性垄断行业，贪污腐败在所难免。英王詹姆斯一世（1566—1625）就曾接到过无数起对精选员的投诉——他们没有彻底审查商品就在木桶上盖章，来自荷兰的香料已经经过挑选了但是英国精选员还要重新挑选并再次收费。1613 至 1614 年间，有许多人谏言英王说精选员们不胜任工作，依照惯例，他们负责监督药材以及香料的质量，但他们似乎没有能力判断药材的纯度，因而药材经销行业的腐败越来越普遍。检查香精油有没有掺假需要的是化学分析，而不是精选员。1617 年，《药剂师宪章》(Apothecaries' Charter) 颁布，食品精选员的监督职能被逐渐削弱。

防止食品和饮品掺假，国家干预的主要动力在于保护国库，而不是拯救广大市民的胃。精选员的权利被削减之后，再没有人会正直地保护食品消费者的利益并打击掺假了。直到 19 世纪 50 年代，英国国会才出台反掺假法案。具有讽刺意味的是，在同一时期，食品杂货商已然从质量监督者变成最糟糕的肇事者。19 世纪时，没有哪个销售集团可以信任。我们的故事也从抵抗食品掺假变成与两面派食品杂货商的争斗。

注释

1. Phillips(2001), p. 41.

2. Phillips(2000), p. 32.

3. Pliny(1968), Book XIV. 130, Vol 4, p. 273.

4. Pliny(1968), Book XIV:17, Vol 4, p. 197.

5. Quoted in Cato(1933), pp. 48-49.

6. Juvenal(1984), satire 5.

7. Pliny(1968), XXIII, pp. 45-46.

8. Columella De Re Rustica XII, pp. 19-21.

9. Cato(1933), pp. 48-49.

10. Phillips(2000), p. 34.

11. Eisinger(1982), p. 298.

12、13. Filby(1934), p. 140, p. 146.

14、15. Accum(1820A), p. 82.

16. Filby(1934), p. 145.

17. Drummon and Wilbraham(1939), p. 47.

18. Cited, Accum(1820A), p. 76.

19、20. Loubère(1978), pp. 73, 166.

21. Quoted, Phillips(2000), p. 32.

22. Fielden(1989), p. 21.

23. Filby(1934), p. 131.

24. Eisinger(1982).

25、26、27. Fielden(1989), p. 4, p. 165, p. 6.

28. Filby(1934), p. 130.

29. Fielden(1989), p. 19.

30. Fielden(1989), pp. 5-6.

31. Accum(1820A), p. 79.

32. Filby(1934), p. 158.

33. Dillon(2004), passim.

34. Drummond & Wilbraham(1939), p. 47.

35. Redding(1833).

36. Loubère(1978), pp. 252-253.

37、38. Stanziani(2003),p.128.

39. Loubère(1978),p.166.

40. Stanziani(2003),p.137.

41. Robinson(1999),p.4.

42. Fielden(1989).

43. Atkin & Lee(2005).

44. Catchpole(2006);Shaugnessy(2005).

45. "Austrian wines",*New York Times*,October 22nd,1986.

46. Haydon(2001).

47、48、49. Zupko(1977),p.26,p.27,p.36.

50. Studer(1911),p.xxi.

51. Zupko(1977),p.36.

52、53. Studer(1911),p.xxi,p.xxvi.

54. Drummond and Wilbraham(1939),p.40.

55. Studer(1911),p.xxvii.

56、57、58、59. Kaplan(1996),p.2,p.475,p.471,p.479.

60. McCance and Widdowson(1956),p.32.

61、62. Garnsey(1988),p.28,p.29.

63. Platt(1596),p.1.

64. Camporesi(1989).

65、66、67. Smith & Christian(1984),pp.347 ff.

68. *The Observer*,February 15th,2004.

69. On the long history of fears of food,see Ferrières(2006).

70. Jackson(1758),p.12.

71. Drummond & Wilbraham(1939),p.222.

72、73. McCance and Widdowson(1956),pp.23-24,p.26.

74. Manning(1757),p.4.

75. *Poison Detected*,p.6.

76. *A Letter to the Right Hon William Pitt*,1757,p.22.

77. *Poison Detected*,pp.3-4.

78、79. *Poison Detected*,pp.8,16.

80. Manning(1757),p.12.

81、82. *Collins Lying Detected*,1758,p.37,p.19.

83. Drummond & Wilbraham(1939),p. 226.

84、85. Jackson(1758),p. 8.

86、87. Filby(1934),p. 99,p. 101.

88. Manning(1757),pp. 3-4.

89. Jackson(1758),p. 14.

90. Accum(1820A),p. 106.

91. Drummond & Wilbraham(1939),p. 349.

92. Jackson(1758),p. 13.

93. McCance & Widdowson(1956),p. 32.

94. *Poison Detected*,p. 54.

95. Quoted,McCance & Widdowson(1956),p. 32.

96. Renard(1918),p. 34.

97. MacKenney(1987),p. 18.

98、99、100. Renard(1918),p. 33,p. 38,p. 33.

101、102. Swanson(1989),p. 17,p. 22.

103. Quoted,Kaplan(1996).

104. Renard(1918)p. 55.

105. Patton(1989),p. 9.

106. Whittet(1968),p. 801.

107. Toussaint-Samat(1992),p. 493.

108. Filby(1934),p. 24.

109. Whittet(1968),p. 803.

110. Filby(1934),p. 25.

111. Shipperbottom(1993),p. 247.

112. Filby(1934),p. 27.

113. Filby(1934),p. 30.

114. Shipperbottom(1993),p. 251.

115. Filby(1934),p. 28.

第三章
政府芥末

> 我们要面包，却得到一块石头；我们要咖啡，却得到菊苣根粉末；我们要菊苣根粉末，却得到烧胡萝卜和马肝粉；我们要杏仁油，却得到氢氰酸，只是增加一点风险就可以增加享受甜点的乐趣。
>
> ——《泰晤士报》，3月3日，1856年[1]

为什么人们能容忍掺假这种事情？1868年，乔治·艾略特（George Eliot）在小说《菲利克斯·霍尔特》（*Felix Holt*）中回答了这个问题。此前一年，《第二次改革法案》颁布，英国150万工人拥有了投票权。此前，英国政府成员曾就工人阶级是否具备行使公民权所必需的聪明伶俐以及良好的行为举止而展开激烈的争论。霍尔特虽然希望民主改革，但大多数老百姓显然"既不聪明，也不具备高尚的道德"：

> 任何国家都有多数派，他们拥有绝大多数的智慧与美德。我们绝不会容忍不良行为、商家的谎言与欺诈，更不会容忍有毒的掺假商品、零售作弊以及政治贿赂等胆大妄为的行为。作为多数派，我们有能力制造舆论。在获得公民权以前，我们一直抱怨并反对说：如果我们的抱怨和抗议一直是对的，如果只有我们才能分辨什么是善什么是恶，如果大多数工匠、工厂工人、矿工及所有劳动者能够做到灵巧、守信、有良好的判断力、吃苦耐劳、审慎严谨（我看不出如果没有这些素质何来智慧与美德），作为听众，我们应该用其他阶级的种种恶行来羞辱他们。

霍尔特告诫他的工人阶级听众，要利用一切能把握住的机会，但从他的话（或者说是乔治·艾略特的）里可以看出，即便他们大声呼喊，以嘘声抗议，在没有公民权以前也很难抵制假货。获得投票权以前，他们要忍受的不仅仅是伪劣食品，还有许多他们不喜欢的事情。

越来越多的人认识到，正像阿库姆所说，掺假非常普遍，但没有出现大规模抵制掺假商品的运动。当时对假货的商业防御措施可以说滴水不漏，但掺假行为依旧猖獗，这让阿库姆非常遗憾，好像他从未写过《论掺假》。英国政府对老百姓饮食安全的漠不关心就连法国人都感到不齿。法国社会批评家常常谴责英国人是摇摆不定的阿尔比恩（albion，译注：英格兰或不列颠的蔑称）里背信弃义的居民——伪善！在政治策略方面，统治阶级认为工人阶级没有能力履行投票责任，他们就像要求独立的小孩子，可根本搞不清楚自己到底想要什么；然而在经济方面，他们却认为工人阶级能够对食品安全做出成熟而老练的判断。这是一种"买方需小心"的文化，这种文化将巨大的责任强加到那些甚至连最基本的民主权利都不具备的劳苦大众身上。

如今则恰恰相反，不是买方小心，而是卖方要当心。随着新千年的到来，英美两国的餐馆都呈现出一种奇怪的新趋势。如果你点了一份牛排并要求做成三分熟或五分熟，接下来你可能会发现，桌上多了一张纸要求你签署一项法律声明，声称该餐厅对您所要求的以三分熟或五分熟的形式烹调出的肉类的安全不负任何法律责任。这份免责声明虽然惹恼了许多不耐烦的食客，但它不过是在试图让买卖双方恢复平等关系，同时也提出了一个问题：究竟谁该为顾客吃的食物负责？餐馆老板们常常备感压力，既要应付环境卫生人员，又要应付吹毛求疵的顾客，还要应付政府的各种官方文件，因此他们试图能将一点点责任转嫁到消费者身上。

行会体系的崩溃留下了一段监管真空期，维多利亚时期的英国政府自然难当重任，除了干预并查封严重污染的肉类，管制茶叶、咖啡等重税商品外，历任政府一直采取不干涉政策。媒体在食品掺假案发生后会对之进行报道，引起公众的注意，但他们无力确保消费者不买到伪劣食品。卖家更不可能承担这个责任。当时就有人指出每当商店店主被指控有掺假食品时，他们会竭尽全力地掩盖自己，并以公众"喜欢这东西"或公众"愿意购买"作为自己不诚实行为的托词。² 那么，究竟该由谁来承担抵制假货的责任呢？只有消费者个人了，而他们最不具备干预的能力。

魔鬼杂货商

在阿库姆之后，英国食品销售商的名声越来越差，最差的莫过于杂货商。他们与精选员相互勾结，密谋策划欺骗客户，成了险恶的骗子。1851 年，英国《笨拙》(*Punch*) 杂志写道："杂货商们，在巧克力中掺入了大量的砖粉，是他们趁着大家早餐前喝晨酒的工夫偷偷地从拱顶上抠下的。"³ 旁边还专门配了一幅题为"伟大的药糖生产者"的漫画：一个令人毛骨悚然的骷髅正把砷和熟石膏混合在一起冒充糖果再递给年轻人。切斯特顿（G. K. Chesterton）于 1914 年发表了《反对杂货商之歌》，他的看法代表了 19 世纪时的大多数人：

> 为了一个秘密与一个标记，
> 上帝创造了邪恶的杂货商
> 人们会故意避开这可怕的商店
> 也不在小客栈里吃饭……
> 为了赚钱
> 他将阿拉伯半岛的沙子当作糖卖给我们；
> 他把店里都清扫过，并将扫出的尘土
> 当作镇上最纯的盐来卖；
> 他还在罐头里面塞满有毒的肉。
> 女王最可怜的子民们，
> 几千人因为吃了这些而死亡，
> 为什么他还能笑得如此开心。

然而当这首诗面世的时候，认为杂货商是魔鬼的观点早已过时了。在 20 世纪最初的几年里，有明确的证据表明，糖里不可能掺入大量沙子却不被发觉，那只是大众的想象而已。即便是在杂货商掺假情况最严重的维多利亚时代末期,人们发现盐就是盐,里面从未掺入过任何垃圾。事实上,和 19 世纪相比,在切斯特顿写作的年代,英国的食品掺假事件已经少了很多。我将在本章解释为什么会出现这样的变化,大家会看到一个不快乐的怪人为打击食品掺假做出了怎样的不懈努力。

19 世纪初至 50 年代是魔鬼杂货商真正的全盛时期,在这期间,伪造、掺假、缺斤少两是例行不变的"老三样"。尽管客户有诸多怀疑(并且不断被阿库姆证实),但却几乎无能为力。除胡椒外,中世纪时的杂货店或一般商店主要销售面粉、糖、各种香料、奶酪、黄油、熏肉、咸鱼以及茶和咖啡。一些贵重的散装商品中常常会掺入两倍甚至三倍的假货。研磨好的咖啡粉质量更是糟糕,里面会掺入菊苣根粉末。但这种粉末其实很贵,因此常常被烤过的小麦或黑麦粉、烧焦的豆子、橡树子、饲料甜菜、锯末或是用烤过的干萝卜与欧洲防风草研磨的粉末等代替,以此降低成本,之后还要用焦糖对其进行修饰。将生姜与大量的米粉和椰子粉

"约翰,你在糖蜜和牛奶里兑过水,在糖里掺过沙子了吗?"
"弄好了,先生。"
"弄好了你就可以去祈祷了。"
上面这幅漫画表明大家都相信杂货商会在糖里掺沙子。然而亚瑟·希尔·哈塞耳经过分析发现这次大家冤枉了杂货商。

掺在一起，可以减少姜的辛辣味，磨成姜粉后再与辣椒粉掺在一起；辣椒粉中也常常掺有大量米粉，或研碎的芥菜皮、锯末，等等。如果你幸运的话，会买到用姜黄染色的辣椒粉，倘若不幸的话，买到的就是用红铅染色的。

之后，那些肆无忌惮的杂货商们相互勾结，用尽各种卑劣手段克扣分量。一位贝克郡的杂货店老板，他是个严厉的卫理公会派教徒，同时也是一个骗子。他的学徒正是从他这里学会了生意里的花招。[4]杂货生意的首要原则就是：尽你所能逃脱处罚，尽其可能骗走客户的钱。"你必须让客户以盎司为单位买东西"，这是他老板的口头禅。杂货商靠低价销售确保客户不流失，特别是像熏肉这类商品。现代超市的经营者们也以同样的方式出售牛奶、面包这样的"价格敏感商品"。首先，你要估计客人在购物时能承受怎样的欺诈，然后在称重时在每件商品上都加一两盎司。如果客人来买糖，老板会告诉学徒，称重时"要故意让糖溢出一些在秤上，这些糖就粘在秤盘上。每次客人买1磅糖，杂货商至少亏秤1/4盎司"。"在干酪店打工的时候，如果没把秤盘弄湿总是会遭到老板的责骂。放黄油的秤盘必须弄湿，这样会比较沉。我们会在装黄油的秤盘中装

1866年，英国的杂货铺。

满水或装一部分水,并谎称是为了防止黄油粘盘,这样每次会被克扣半盎司的重量。"[5]当时英国也有备受尊敬的杂货商,他们从不亏秤,并且尽最大努力保障所售商品没有掺假,但同行的欺诈行为给整个行业带来了坏名声,这肯定让他们非常痛心。

在伦敦,如果你有钱,可以去皮卡迪利大街上的福南(Fortnum)百货购物,也可以到位于苏尚广场的克洛斯与布莱克维尔(Cross & Blackwell)商场血拼。[6]对富人来说,这可是英国商店的第一个黄金时代。橱窗里展示着盛放在精致容器中的各种奢侈品,煤气灯将橱窗装点得犹如梦幻一般。除了出售各种基础食品外,福南与梅森(Mason)百货还出售装有冷鸭、龙虾沙拉、松露烩乳鸽及香槟的高档野餐篮,就连英国女王伊丽莎白都买过这里推出的牛肉浓汤。此外它们也为伦敦西区的许多绅士俱乐部提供食杂商品。同时,你还可以在克洛斯与布莱克维尔商场买到鹅肝、意大利面以及各种蜜饯水果、巧克力、果酱、果汁、香精、油、食醋,还有25种腌渍泡菜和40种酱汁。正像1844年弗雷德里希·恩格斯(Friedrich Engels)(这个德国人的名字传入英国后并没有改成弗雷德里克)所写的那样,"在英国的大城镇,每一样东西都能买到最好的,但是要花不少钱"。[7]这些大商场里出售的东西并非绝对没有掺假,但其总体质量绝对大大优于伦敦杂货商的平均水平。因而食品掺假总是会对经常光顾后者的穷人产生更多的影响,这一点令人悲伤。

贫穷与假货

如果你是一个相当富裕的第一世界公民,又很在意自己吃的东西,你可以为自己创造一种相当丰富且纯正的饮食条件。你可以到农贸市场,直接从菜农手中买到顶着花骨朵儿的新鲜碧绿的瑞士甜菜,蒸熟后滴上几滴非过滤橄榄油,再撒上一点洁净无瑕的海盐;你可以买到有机放养的鸡,喝到无农药的当地产苹果汁,还可以花4英镑买上一条最好的非漂白的自然发酵面包。如果你没钱,要么自求多福,要么小心谨慎,否则很容易吃到掺假食品:肉里很可能被注射过激素和水;面包很可能经过了漂白并加入了酶制剂,而且通常没什么营养;肥肉很可能是氢化过的；果汁太贵，所以你的孩子只能喝掺了色素和甜味剂的南瓜汁。就算你住的地方附近有家很好的粮食合作社，或者你租了一小块菜地自己种菜，或者你肯花时间从某个亚洲杂货商手里购买大袋的有益健康的小扁豆或大米，但和有钱人买到的东西还是存在差距。有钱人不用大费周章，然而对大多数穷人来说，想要吃到纯正的食物永远是件难事。

更糟糕的是，19世纪40年代的英国，食品掺假已经到了肆无忌惮的地步，穷人又特别穷，即便价格再低也负担不起。当时记者亨利·梅修（Henry Mayhew）曾走上伦敦街头，亲自观察穷人的工作生活，获得了第一手资料，撰写成一系列报道刊登在《晨报》（*The Morning Chronicle*）上，而后又出版了《伦敦劳工与伦敦穷人》（*London Labor and London Poor*，1815年）。梅修撰写的那些最令人震惊的报道都与伦敦穷人阶级可怕的食品状况有关："当我们想到商家缺斤少两，想到供应商品的质量时，应该马上意识到他们欺骗穷人的做法是多么残忍。穷人所得的报酬已经很低了，相比之下他们购买的所有东西的价格无疑都非常高。"[8]他们不得不经常光顾一些街边摊贩、流动商贩，或是那些沿街叫卖水果和蔬菜的小贩，价格虽低，可欺诈的程度却更高，他们会明目张胆地克扣买家，卖给穷人的1磅食品事实上可能连一半重量都不到。梅修写道，那些商贩号称自己卖的是正当食品，可事实上全都来路不明，"在英国这已经构成情节相当严重的犯罪"。[9]当然，街边小贩出售的东西也不都是差的。夏季时分，在大都市的农贸市场上，自家种植的各种完美水果和蔬菜也曾给梅修留下深刻的印象：一捆捆的豆瓣菜、粉红色萝卜、芦笋、花椰菜、李子、醋栗、草莓、悬钩子及黑醋栗等。可惜即便是这些很好的食品，卖到穷人手里也会掺假。比如，街边小贩们卖的李子都装在1夸脱的容器中，表面看是好的，可底下全是烂的，一把樱桃说是1磅实际上只有5盎司。穷人们不得不容忍这种欺诈，他们大概从不曾拥有自己的称量工具，而且再没有比街边小贩更便宜的商家了。

穷人们干上几个钟头才能拿到一点少得可怜的钱，却被骗走了一大半。恩格斯在《英国工人阶级状况》中气愤地写道，工人只能在周六下午拿到一周的薪水，所以只能在周六下午5点或晚上7点才能到市场上去买食品。"等到工人来的时候，最好的东西都卖光了，即使还剩下一些较好的,他们大概也买不起。他们买的土豆多半都是质量很差的,蔬菜也不新鲜,干酪是质量很差的陈货,咸肉发出油脂的腐臭味,肉又瘦又陈又硬,都是老畜的肉,甚至常常是病畜或死畜的肉,不仅不新鲜而且多半都腐烂了"。[10] 鱼贩子会将杂鱼留到周六晚上再卖,他们会利用烛光让已经变黑、发臭的鲭鱼看上去又好又新鲜。[11] 在英国北部地区一些街头商贩甚至会用红颜料润色鱼鳃,因为鲜红的鱼鳃是新鲜的标志。[12] 出售病肉与臭奶酪时,商贩们会用到一种名为"抛光"的狡猾手段,即在已经腐烂的陈货上摆上一些新鲜的货色:在陈肉上放一层新鲜的肥肉,先切掉陈干酪的表面部分再铺上一层新鲜的干酪。在曼彻斯特市,工厂的工人有时会买上一个椰子周末宴客。在购买椰子这种奢侈品时,一般都会先摇晃椰子看看椰汁是不是满的,于是可恶的卖家会四处找寻那些已经没有椰汁的酸臭的老椰子,打个眼往里面灌水,最后再用一块和椰子壳颜色接近的黑色软木封住洞眼。缺德的商家还会将橘子煮过以增加重量,弄得闪闪发亮再拿去卖。等到人们发觉时,为时已晚。

许多工人选择在晚上 10 点或 12 点时购买食品,因为此时价格最低,但他们也意识到这是因为它们全都腐烂发臭了。

> 星期日完全停市,星期六晚上 12 点钟所有的商店都要关门,所以周六晚上 10 点到 12 点的时候,商店就把那些不能保存到星期一的货物以想象不到的低价卖出。但是这些到晚上 10 点钟还没有卖出去的东西,十之八九到星期日早晨就不能吃了,而最贫穷的阶级星期日的餐桌正是用这些东西点缀起来的。工人们买到的肉常常是不能吃的,但是既然买来了,也就只好吃掉。[13]

肉类检查员会定期检测市场上出售的肉类,发现并没收被污染的肉。一个肉商就被没收了 64 只肚子里填满了馅料的圣诞节吃的鹅,它们"没有及时在利物浦卖出,运到曼彻斯特的市场上时鹅已经腐烂了,散发出强烈的臭气"。[14] 事实上,病肉是少数受到英国法律制裁的食品之一。一旦发现有动物生病,动物会被处死,病肉将在警察的监督下熬煮销毁,以免有人不慎食用。1844年8月，从玻尔通镇上的一家代理商处共查出26根变质火腿，这些火腿被公开焚毁，代理商也被罚款。

尽管有法律的干预，但出售劣质肉和腐烂肉的事情仍在继续。部分原因在于出售廉价的劣质食品是一种黑市经营，买卖双方会共谋对抗法律。今天你走在大街上，如果有人说他能以一个难以置信的低价卖给你一瓶"设计师"香水，你肯定明白这不是偷来的就是假货。但是如果你买下了，不管是以什么方式，都是和骗子沆瀣一气。或许你会说，正品商店里卖的高价香水才是真正骗人的玩意儿。一种与这种想法类似的社会风气也在操控维多利亚时期的英国食品市场。不管买卖双方以什么样的方式进行交易，买家必须要明白，那些出售便宜货的卖家很可能不太老实。

19世纪40年代，在那些非常贫困的城市中，食品买家与卖家很亲近，但又互不信任。那些卖食品给穷人的商贩，大部分自己也是穷人。卖咖啡的小贩，他的生活可能也没有什么保障，为了维持生计，他会毫不留情地从穷苦工人身上赚取每杯咖啡大约1.5便士的利润。为此，他只能将咖啡冲得很稀，典型的做法是用10盎司咖啡粉冲出5加仑的咖啡（相当于22.75升），甚至勾兑菊苣根粉末。还有些商贩将客户视作敌人，当成可怕的螺丝钉，认为客人几乎不怎么花钱还常常砍价。一位小商贩告诉梅修，他们经常不得不以成本价出售。"人们身上都没钱——他们是这么对我们说的。如果说他们是穷人，那我们就更穷了。"[15]在这种贫困经济下，一点点欺诈可能更像是个人正义——是他们为了自身生存而收取的一种弥补性收入，也是为了对客人施加一点报复。维多利亚时期的鱼贩子们总是对不同的客人使用不同的秤：如果是吝啬的买家，他们反而更可能亏秤而且"总是会嘲笑他们"。[16]如果遇到比较慷慨或不爱找麻烦的客人，他们则会用实打实的分量回报对方。但是通常这些小商贩会对所有客户都低价销售，这是留住客人的唯一办法。只有卖得便宜才能与对手竞争，"除非价格实在没得再砍了，否则我们会想尽一切办法让自己的商品价格低于对手，这是我们谋生的手段"。[17]

无论卖家怎么归咎于经济形势，降价销售都是一种有害他人的犯罪行为，直接影响到穷人的健康。残忍地减价只会把掺假食物强加给救济院、监狱、医院及其他公共机构里的那些最穷的人,因为只有报价最低的竞标者才能获得合约,因此不可能不在食物中掺假。[18]1850年德鲁伊特机构发生了大批乞讨儿童死亡的丑闻,原因是这些孩子吃的燕麦片中被掺入了大麦粉,大麦粉不仅没什么营养而且还导致可怜的孩子们出现呕吐、腹泻等症状。1852年又发生了同样的丑闻。这些案件引起了人们的公愤,一位作家称大麦粉掺假是对穷人的一次赤裸裸的、无情的抢劫,"但凡还有点儿良心或人性的人绝对会痛恨这种打劫穷人的做法"。不管是卖给穷人,还是卖给那些吝啬的客户,只要有交易必定会有掺假,这在当时的英国几乎已经成为一种惯例。真正的秘密是,为什么英国政府会允许这种不断掠夺穷人的行为继续存在下去呢?

1850年的英国,某种程度上可以说是世界上最繁荣的国家,也是最自鸣得意的国家,可为什么在这样一个国家里,人民会生活得如此糟糕呢?

英国的骗子

1855年一位匿名评论者在谈到掺假问题时抱怨说,"世界上没有哪个国家的商业像英国一样有如此普遍的不道德行为,并且还操作得如此成功"。[19]仅伦敦一地的假货甚至比整个欧洲大陆的假货还多。[20]伊莱扎·阿克顿抱怨说,作为一个拥有农业和商业优势的国家,英国本应该以其"纯正、精良的面包"而闻名,然而事实并非如此。[21]英国的食品掺假为何如此猖獗呢?英国是一个出类拔萃的商业自由国家,这是事实,但是英国糖果商用铜和醋酸铜染色糖果却能逃避惩罚也是事实,这二者之间有直接关联。[22]除非自由贸易影响到国家视若珍宝的财政收入,否则英国政府不认为食品销售需要国家干预。正如《商业日报》的编辑西蒙斯(Peter L. Simmonds)所说,英国财政部故意默许那些"掺有菊苣根粉末的咖啡,混在一起的桂皮和肉桂,掺在一块的野生肉豆蔻和栽培肉豆蔻等各式各样的混合物与掺假货"在市场上出售,但是"一旦涉及茶叶、烟草、鼻烟及其他重税商品的掺假行为,财政部就会表现出'最义正词严'的愤慨"。[23]

英国政府对假货采取不干涉政策并非纯粹出于玩世不恭，而是认为真的没有选择的余地。半数以上的英国人都支持经济放任政策，市场就是上帝，它会提供一些不可思议的均衡作用。19 世纪初，为了顺应经济发展，许多旧的垄断行业与关税制度都被取消了。在《面包与麦酒法令》废除后，英国国会不仅没有制定更开明的规章制度，反而决定袖手旁观。也就是说无论消费者与面包师之间发生了什么都与国家无关，自由贸易是最好："自由竞争很可能创造更多的利润……面包师们可能会比在各种规定与限制下经营获得更多的利润。"[24] 然而，实际情况是，《面包与麦酒法令》的废除"使得烘焙业成为当时最萧条，从业人员过多且最不赚钱的行业之一"。[25] 根据旧法令条款，市场上的面包价格一直是固定的，这为面包师这个职业提供了一定的安全保障。1851 年，巴黎的面包师总人数被限制在 601 名。在奉行自由贸易政策的英国，仅伦敦一地，官方登记的面包师就有 2286 名（非官方数字可能高达 5 万名）。[26] 他们或许得到了贸易上的自由，但价格竞争愈演愈烈。为了让自己的面包胜出，伦敦的面包师们不得不尽可能地降低面包中各种成分的质量。诚实就等于自杀，一位面包师委员会的证人评论说，"面包师要想存活下去，首要条件就是欺骗公众，然后就是在 12 小时干完 18 小时的活儿"。[27]

一位已经在伦敦确立了自己地位的法国化学家阿方斯·诺曼底（Alphonse Normandy）控告教堂街上的一位面包师，他在买来的面包里居然发现了闪闪发光的明矾粒。他说，相比之下，在法国人们很难容忍面包掺假：

> 在法国，面包掺假的情况很少见。一旦发现，掺假的面包师会被立即叫到监督处罚机构；如果是初犯将被罚款，情节严重的话初犯者也会被判处七至十天的监禁或类似处罚。如果被告属于再犯，他将被取消作为一名正式面包师的资格，他虽然可以作为一名临时面包师被雇用，但是永远没有正式面包师的资格，或者将被判处在城里示众；事实上，这么一来，这个面包师的事业也就毁了。[28]

在欧洲大陆，食品掺假已经尽人皆知。在英国，掺假者只会承担金钱上的损失或缴纳一点罚款而已。[29]然而，法国和比利时的法律与执法官对这些犯罪则要严厉得多。根据普鲁士地方法的规定，"凡发现有人故意销售损坏食品、变质食品或销售混有有害添加剂的食品，应被判处永远不得从事同类行业"，"从穷人身上骗取的一切违法所得也将被全部充公"。[30]

1848年，化学家约翰·米切尔（John Mitchell）大为吃惊地说：英国"恐怕是唯一一个没有法律的国家，或者说是唯一没有有效法律的国家。英国没有任何法律能保护公众不受掺假食品的伤害"。[31]与英国一样，19世纪时，曾为保护产品质量做出大量贡献的行业体系也在法国消失了（行会制度最终被雅各宾派取消），但这一角色由法国政府继续扮演。拿破仑颁布的《法国民法典》（Civil Code）中规定："没有巴黎警察局长的批准，任何人都不得在巴黎开设面包店。凡面包师要辞去其工作，必须提前六个月通知。"[32]之后历任法国政府都延续了这一规定。在法国，出产好食品的责任自然是落在生产者身上，但国家会监督生产者的一举一动。相比之下，英国政府则将大部分责任转嫁到个人消费者身上。19世纪40年代，一台设计用菊苣根粉末制造假咖啡粉的机器被授予了专利技术，后来人们采用同样的原理制造出了子弹。[33]政府恐怕永远不会给印制伪钞的机器颁发许可证，但为什么造假机器可以获得许可呢？伊莱扎·阿克顿认为，这是因为许多英国人对食品和饮品的真实情况都选择"视而不见"。[34]他们自然不会对食品掺假提出必要的改革手段，但英国政府也是一样熟视无睹。

19世纪中期的法国则与众不同。与其他几个欧洲国家一样，法国也有健康管理委员会——卫生议会（Conseil de Salubrité），他们会派出七名专家成员监督市场、工厂、公共娱乐场所、面包店、屠宰场、肉铺、药房。[35]之后，法国于1851年通过了第一个禁止食品掺假的一般性法律，将食品掺假视为对私人财产的侵犯，并等同于商业欺诈。与英国权力机构不同，法国人的态度是："保护食品质量不仅可以促进国家生产力的提高，还可以维护本国产品的声誉。"[36]法国的新法律将食品掺假定义为一种严重的"道德问题"，不仅仅是一种轻微的经济侵权，更是一种严重犯罪。[37]法国明令禁止糖果、药糖、蜜饯、点心或酒使用任何矿物质色素，必须使用以植物色素为主的安全色素。例如糖果染色时所用的黄色素是用藏红花制成的,而红色素则是用胭脂虫制成的。糖果蜜饯不得使用以各种矿物质上釉或染色的包装纸,所有糖果店和杂货商必须在糖果包装上印上自己的名称与地址。[38]如果商家出售用有毒物质染色的糖果,卖家须承担个人责任。"然而在英国,"一位消费者抗议说,"在这个我们喜欢称之为文明中心的国家——各种毒物在街上公开出售,商店橱窗里随处可见。"[39]

这并非危言耸听。1831 年,奥肖内西(O'shaughnessy)博士,作为医学杂志《柳叶刀》(The Lancet)的代表走上伦敦街头,他收集了大量甜点、夹心糖、小糖果的样本进行化学分析,发现红色的糖果往往是用铅或汞染色的,绿色的糖果用的色素中多含铜,而黄色糖果则多含有藤黄(藤黄是远东地区生产的一种树脂型色素,如不慎服用会引起腹泻。现在的佛教徒多用藤黄将僧袍染成特殊黄色并用这种黄色象征太阳)。除藤黄外,黄色糖果还会用毒性更强的黄色铬酸酯或铅铬黄染色。那些给自己的宝贝孩子购买糖果的家长们其实是在拿孩子的生命冒险。他通过检测发现,10 颗红色糖果中,有 2 颗使用了无害的胭脂虫色素,还有 2 颗用的植物色素中含有半有害的铝元素和石灰。剩下 6 颗分别使用了红色氧化铅,朱砂和铬酸铅,每颗都可以给小孩子造成难以根治的重金属中毒。[40]英国人偏爱甜食,儿童更渴望拥有那些有着梦幻色彩的糖果。维多利亚时期的糖果店里有各种糖果:

> 在伦敦一些客流来往频繁的大道上,如托特纳姆法院路、杭兹迪奇大街或商业大街、白教堂大街等地,糖果店总是尽可能营造得格外惹人瞩目;店里总是点着很多煤气灯,橱窗里摆满各种糖果,其中许多糖果都有着鲜艳的颜色和稀奇古怪的造型。有时糖果会被做成诱人的羊排,或是薄薄的培根片造型;或是做成老少咸宜的洋葱和马铃薯造型;以及鸡蛋、牡蛎、香肠面包、羊前腿、梨和鲭鱼等深受年轻客户喜欢的造型。[41]

所有这些糖果的颜色都有可能导致食用者失明。当时的英国报纸上经常报道糖果中毒事件:1847 年 9 月,三名成人和八名儿童在吃完彩色糖果

《笨拙》杂志登载的一幅漫画,图中一个小女孩正在向杂货商购买有毒糖果。

后出现恶心、呕吐等症状,被送往马里波恩救济院救治。[42]转年,《北安普敦先驱报》报道了多人由于食用了牛奶冻上装饰的一些绿色糖渍黄瓜而中毒,一名男子因此死亡,等等。英国饮食文化显然出现了可怕的问题,这种文化总是不厌其烦地制造出各种奇形怪状的不能吃的东西。

一位匿名英国作家指出,"在自由放任政策下,保护公众的唯一办法就是通过各类出版物明确地介绍检测掺假的方法"。[43]1850年,英国出现了大量揭露掺假产品的公开读物,但绝大多数都语焉不详,介绍的检测手段也很不科学,并没有收到很好的效果。

公众宣传与科学

在那段时间里,报纸上充斥着矛盾的食品恐慌,上一周还在宣传"多吃含油多的鱼类,因为鱼油含有珍贵的 Omega-3s 基本脂肪酸",下一周报纸的标题就变成了"过多食用含油多的鱼类会造成汞中毒"。渐渐地,你对食品恐慌已经疲沓了,报纸天天在制造恐慌,很难区分到底哪条是危言耸听,哪条又披露了真相。

1830 年,《致命掺假与慢性中毒;瓶瓶罐罐中的疾病与死亡》(*Deadly Adulteration and Slow Poisoning*;*or Disease and Death in the Pot and Bottle*)出版,用的是"欺诈与罪恶的仇敌"的署名。这位匿名作者显然不是科学家,不仅没有给出确凿的证据,反而肆意散布谣言、胡乱指控。与阿库姆不同,他并没有点名批评那些假内行和卖万灵药的商贩,使用恶毒方法欺诈的内科医师以及有罪的食品商贩,[44]而是将事实与幻想混淆在一起,读者难辨真假。他写道,许多马铃薯卖家为了增加重量,会将马铃薯泡在水里,[45]他还抱怨说怎么有那么多女性将致命的化妆品抹在自己脸上,这倒都是实话。不过,他也提到,过度饮酒的人会死于"自燃",因为酒精进入人体后会对人体产生一种"超自然"的惩罚,这就是胡说八道了。[46]这种危言耸听、夸大其词的做法非但不能遏制掺假行为的扩大,反而是一种鼓励。《致命掺假与慢性中毒》一棍子打倒一片的做法,实际上是给所有食品制造者都定了罪。知道在食品中掺假是许多杂货商的普遍做法,并没有任何帮助,作为一个消费者,你要知道的是,某某杂货商究竟是邪恶奸商之一,还是一个例外的诚实商家。更重要的是,散布这些耸人听闻的谣言只会让理性的英国绅士产生一种错觉——不必杞人忧天。即使在维多利亚时代,那些坚决反对食品掺假的著名人物可能也会觉得,"在食品掺假这个问题上,媒体只是从字面上理解了那些耸人听闻的作家得出的结论,就跟着他们一起抱怨……事情往往被严重地夸大了"。[47]

1848 年,约翰·米切尔在描写英国商品的掺假行为时毫不夸张地将其比作"成长的恶魔"。他撰写的《论伪造食品与检测它们的化学方法》

(*Treatise on the Falsification of Food and the Chemical Means Employed to Detect Them*),可以说是阿库姆一书的继续。米切尔为自己的每一个主张都找到了证据,并证实了阿库姆对假货提出的大多数指控。此外,他还在书中加入了一些自己设计的实验:比如检测牛奶中是否掺水、面粉、杏仁奶、树脂、白垩或姜黄等物质;检测所谓最好的巧克力中是否掺有面粉和马铃薯淀粉,或是否含有令人作呕的澄清的羊板油。[48]与阿库姆一样,米切尔认为,"先进的化学方法,为查处假货提供了更加坚定、更加明确的检测办法,也为掺假者创造了更多的制假机会"。[49]在他看来,处境不容乐观,他说"几乎所有物质……都是为了掺假、降低标准或粗制滥造"。[50]

事实上,从19世纪开始化学家就已经发明了许多用于食品和饮品分析的新技术,以改进旧的检测技术。米切尔也提到无数的新工具和新方法,比如舒斯特(Schuster)发明的碱浓度测量器,这种水滴型容器可以检测啤酒与葡萄酒的PH值;盖鲁萨克(Gay-Lussac)发明的酒精比重计,用来测定饮品酒精含量;还有用来测量钾盐纯度的钠量计和谢瓦利埃曾用过的氯量计与醋酸比重计,等等。19世纪20年代,盖鲁萨克发明了容量分析法,即把试样制成溶液,滴加已知浓度的标准溶液,根据所用标准溶液的体积,可计算出被测成分的含量。19世纪30年代,有机化学的诞生,让许多食品可以进行更为精确的化学分析,并细分为不同的组成部分。米切尔引用了一位名叫让-巴提·仲马(Jean-Baptiste Dumas)的法国化学家对面粉成分的分析结果,面粉中包含蛋白、纤维素、酪蛋白原、麸酪素、淀粉及葡萄糖等成分。[51]比色法也有一些新的发展,现在同样的试管中可能含有不同的溶液,有已知的,也有未知的,然后以白背景为参照进行比对。荧光计也同样发生了变化,用它可以检测不同溶液的荧光性。有了以上这些检测,可以很方便地在藏红花等颜色鲜艳的香料中挑选出那些纯度高的部分。

关于掺假,有两件与这一系列化学创新有关的事值得一说。第一件,英国几乎没有从事化学分析的人,相反法国却有着丰富的人才储备:如盖鲁萨克、仲马、戴克若赛勒斯(Decroizelles)、沃奎林(Vauquelin)、贝鲁兹(Pelouze)、佩利戈特(Peligot)等人。[52]第二件,新的化学方法在某些检测任务上的确大放光彩，比如测试白兰地的酒精含量，或是检测食品中是否加入了某些矿物质。但如果你想知道牛奶纯不纯，这些化学检测方法恐怕难以奏效。米切尔承认这是个难点，"很难检测到牛奶中是否掺有水，因为纯牛奶的密度是变量"。假设掺入的比例相当小，那么就无法绝对肯定地检测出牛奶是否掺水。同样，在检测昂贵的咖啡粉与廉价的菊苣根粉末的混合物时，也会出现同样的问题。在菊苣根粉末的溶液中滴入硝酸银不会产生沉淀，反之如果溶液出现沉淀，说明是真正的咖啡。但是如果将二者混合，混合物里有咖啡，用硝酸银检测时依然会出现沉淀物，因此这种检测方法有很大的不确定性。1847 年，查尔斯·伍德爵士（Sir Chales Wood），这位支持自由放任政策的英国财政大臣（现在人们记得他主要是因为当年他一直将英国的贫困救济保持在一个尽可能低的水平）曾对英国国会下院提出，三位著名化学家向他报告说"无论是化学检测，还是其他办法，都无法检测出咖啡中是否混有菊苣根粉末"。[53]伍德的推论是，如果化学连咖啡和菊苣根粉末都检测不出来，那么它还能检测什么。

科学家们想尽一切办法，证明伍德的推论是错的。问题在于，食品科学家一直在沿着错误的方向寻找。因为仅凭化学分析是无法解决的，还需要一件科学仪器，令人费解的是，食品分析家们竟然都或多或少地忽略了设备的问题，直到 19 世纪 50 年代，显微镜的出现才打破了瓶颈。然而最早使用显微镜进行食品检测的并不是化学家，而是一位医生，他就是伟大的并且稍显荒谬的亚瑟·希尔·哈塞耳医生——"反掺假的倡导者"。[54]

显微镜下看食品：亚瑟·希尔·哈塞耳

当哈塞耳医生回首他那漫长而忙碌的一生时，说道："在那些日子里，人们常对我说，'啊！显微镜是一种不错的消遣，但是它有什么用呢？'这些人想不到，许多极为重要的事实表明，显微镜未来将会成为一种人所共知的工具。"21 世纪时显微镜几乎成为所有化学研究的基础，然而在 19 世纪 40 年代的时候，它只是化学家眼中的"科学玩具"——

娱乐功能胜过其实际功用。植物学家和生物学家从17世纪起就开始使用复合显微镜，探测诸如蜜蜂的性别等神秘事物。然而哈塞耳是"第一个全面而系统地运用显微镜进行食品掺假检测的人"。[55] 就打击某些掺假而言，化学分析确实很实用，如要检测食品中的"有机添加剂"，它就无能为力了，只能靠显微镜。哈塞耳提及，"几乎在每一种消费商品中都存在的大量掺假货"，没有显微镜的话，就"不可能被发现和曝光"。[56]

作为一名军医的儿子，哈塞耳性格拘谨，甚至有些神经质。他留着浓密的连鬓胡子，鼻子很大，嘴唇很薄，从不轻易表露出任何情绪。在他撰写的166页的自传中从未提及自己结过两次婚，反而浓墨重彩地描写了童年时吃了猪血布丁后的反应。但他的性格中也有积极的一面，他

亚瑟·希尔·哈塞耳（1817—1894），在维多利亚时期，他专门从事打击制假者的工作。金属版画中的哈塞耳时值45岁。图中，哈塞耳身后有一尊小雕像，其造型寓意假货（蟾蜍代表着假货）被科学刺死。

有着强烈的道德义愤，这使得他对欺诈与谎言有一种本能的厌恶。1850年，哈塞耳以健康状况不佳为由从诺丁山医院退休，那一年他才33岁。哈塞耳认为生活本身就够折磨人了，医生的工作更是雪上加霜。自从感染风寒并发展成胸膜炎后，哈塞耳的身体就没有真正好起来，因此他和第一任妻子搬到了圣詹姆斯，并在房子里为自己配备了一间不大的实验室，用来进行"化学与显微镜研究"。幸好他有这样的爱好，否则英国食品的历史恐怕就要改写了。

退休之前，哈塞耳经常走过伦敦的大街小巷，他很难不去注意商店橱窗里陈列的琳琅满目的消费品和成分提示牌。哈塞耳总是会本能地注意到介绍商品外观或成分的提示牌有很多错误，报纸也经常抱怨"市场上出售的研磨咖啡粉质量很差，对咖啡粉纯正与否有诸多怀疑"，于是他决定"亲眼观察一下这个东西"。[57] 首先，他必须先了解纯咖啡粉和纯菊苣根粉末分别在显微镜下都是什么样子：

> 我开始着手在显微镜下研究纯咖啡豆、未经烘烤的咖啡豆、经过烘烤的咖啡豆，以及用烘烤之后的咖啡豆磨成的咖啡粉分别都是什么样子。我也采用同样的方法，对生菊苣根和烘烤过的菊苣根进行了研究，收集了一些非常有价值的数据。我发现，无论是焙烧、部分碳化，还是变黑，都不可能破坏美丽的细微构造与组织，而这些正是咖啡豆与菊苣根的组成成分的一部分。[58]

在显微镜下，咖啡豆与菊苣根的区别就像白垩与奶酪那样明显。纯咖啡粉看上去就像一块块的蜂窝碎片，而纯菊苣根粉末看起来有点像捣碎的黄瓜，因为里面有许多乳白色的胞囊或细胞。[59] 现在哈塞耳可以毫无疑问地断定，咖啡粉样品中是不是有掺假了。哪怕只掺入了少量的菊苣根粉末，他都可以通过显微镜检测出来。

接下来，哈塞耳在伦敦的几家店铺分别买了一些咖啡样品并进行检测，结果是几乎所有样品都存在着各式各样的重大掺假，而且"有些咖啡除菊苣根粉末外还掺有一些别的东西"，在显微镜下可以看出其中含有相当多的烘焙过的小麦、黑麦、豆类和焦糖。"这些虚假的混合物在销售时

哈塞耳通过显微镜观察到的掺有菊苣和小麦的假咖啡的结构图。

用了最夸张的名字,但包装上写的成分表绝对是错的。"[60]哈塞耳详细描述了他的发现,并于1850年8月2日在伦敦植物学会前朗读了一篇题为《咖啡掺假》的文章。[61]一周后,《泰晤士报》就哈塞耳的发现发表了一篇重要文章,从行医行业中退休的哈塞耳一下子成了一个相当重要的人物。

受此鼓励,哈塞耳开始着手研究其他食品。[62]首先他选择了焦糖,焦糖是一种晶体而非有机体,其结构与咖啡完全不同。当时老百姓普遍相信杂货商为了增加糖的重量会将沙子掺入其中。19世纪时,曾有一个笑话以各种版本在英国流传。笑话说,一个杂货商问他的伙计:"你在糖蜜和牛奶里兑过水,在糖里掺过沙子了吗?弄好了你就可以去祈祷了。"[63]哈塞耳通过显微镜发现,所有检测样品中都没有发现沙砾,所以他的结论是被指控在糖里掺沙子的杂货店老板很可能是被人诽谤的。但这并不表示他推荐大家吃焦糖,里面虽然没有沙子,却有很多"活的或死的螨虫,处在各个生长和发育阶段的虱类动物",这也就解释了"为什么杂货店伙计都患有一种疾病,而这种病又被专门命名为杂货店员痒病"。[64]除非焦糖的制作过程中没有任何污染,否则哈塞耳还是建议人们改吃白糖。

与以往那些反掺假运动的支持者相比,哈塞耳最大的优势在于他有一台冷酷无私的显微镜。可即便如此,他又如何保证这场对食品丑闻的

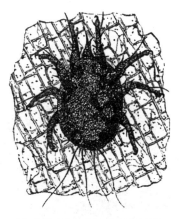

图为哈塞耳在焦糖中发现的糖螨。它是造成杂货店员患有痒病的元凶。

指控能够有始有终，而不会像阿库姆那样半途而废呢？哈塞耳的科学工作之所以能贯彻始终，是因为他与一场毫不留情的而且被完美执行的宣传活动结合在了一起。成功的荣誉不应授予哈塞耳，而该归功于托马斯·沃克利（Thomas Wakley）——一位颇有远见的《柳叶刀》杂志编辑。

点名羞辱与民族健康

就在哈塞耳的显微镜造成轰动的时候，托马斯·沃克利（1795—1862）已经花费了数十年时间寻求英国食品的改革之法。1821年8月，沃克利新婚不久就在家中遇袭，房子也在这次事件中被烧毁。然而保险公司却指控他纵火，因为他为房子买了高额保险。同年早些时候有五名政治极端主义者被绞死后，他们的尸体还被砍了头，坊间谣传说沃克利就是那个负责砍头的医生。迄今为止，我们可以收集到的有关沃克利医生的谣言，没有一条是真的。1821年沃克利就纵火案一事成功起诉保险公司，并获得全额赔款。这次经历却让他对继续行医产生了动摇。当原本很有前途的医生生涯被这些可怕的谣言破坏之后，这位终身"激进分子"，创建了医学周刊《柳叶刀》。

第三章 政府芥末

托马斯·沃克利（1795—1862），《柳叶刀》杂志创始人兼编辑。该杂志为哈塞耳的科学研究提供了必要宣传。

"lancet"一词有很多含义：在医学领域，它是柳叶刀，一种用来切割的手术刀，也是一种双刃刀，正如《柳叶刀》杂志的两个目标——停止废话与终结疾病；同时它还是一个不太为人所知的建筑术语——哥特式尖拱窗，作用是使光线进入室内。从一开始，《柳叶刀》的目标就是成为一本集启迪性和批判性于一身的杂志。沃克利相信正确的宣传方式所引发的热情会产生良好的效果，所以他的目标是将《柳叶刀》杂志打造成一本以普通大众为受众的刊物，向每一个阻碍英国健康发展的敌人发起猛攻。他认为，健康问题不仅仅是个人的事情，需要整个社会的关注。为了使医院统计数据公开化，医疗企业更公开、更专业、更民主，《柳叶刀》发起了一系列运动，对冒牌医生、不称职的大夫、不适当的穷人救济制度、军队里无情的体罚制度等等予以抨击，毫不留情。广义而言，沃克利赞成公共健康，所以《柳叶刀》杂志有必要将有害的掺假食品作为前沿抨击的目标。

1831年，沃克利雇用了刚从医学院毕业的奥肖内西，让他在伦敦街头收集分析用的彩色糖果样品。上文提到的那本危言耸听的《致命掺假与慢性中毒》让沃克利产生了两种想法：一方面直觉告诉他里面说的许多事情都是真的，但那个匿名作者无法无天的腔调，没有确凿证据就乱发声明的姿态，不精确的研究态度，着实让人讨厌。这样只会引发"流行性恐慌"，唯一能阻止骗子们犯罪的方法就是"公众谴责"。[65] "只抨击抽象的恶行，不具体公布掺假人名单，这种做法虽然安全，但往往不会有任何结果。"[66]沃克利和奥肖内西的确试图在《柳叶刀》杂志中发表文章披露有毒糖果，并公布那些糖果商的名字和地址，希望以此打击那些违法糖果商，并敦促政府必须有所作为，然而政府一如既往置若罔闻。

当哈塞耳公布了有关假咖啡的革命性发现后，沃克利兴奋异常，显微镜这一科学工具会为他的宣传机构注入新的活力。他马上写信给哈塞耳，信中说：

> 除非您能公布销售虚假商品的当事人的姓名和地址，无论结果好坏，都要公布，否则就难以对他们一贯的"好形象"造成任何影响。不用冒多少风险就能揭发那些卖假货的商人，您觉得这可能吗？[67]

尽管哈塞耳向来谨慎小心，要"拿自己拥有的一切——科学的、专业的声誉去冒险"确实令他担心不已，但他还是勇敢地回答沃克利："是的，我相信有可能做到。"于是二人马上达成合作协议。哈塞耳将不具名地为《柳叶刀》撰写一系列文章，公布那些在伦敦到处可以买到的食品及饮品的抽样分析结果，并披露贩卖假货的店铺名称和地址。这些文章要频繁出现，并且要尽可能地涉及种类不同的食品与饮品。沃克利负责承担费用和法律风险，而"拍板砖"的活儿则由哈塞耳来干。哈塞耳和助手亨利·米勒先生，一个负责买东西，另一个"如有必要则充当证人"，证明商家的确销售过假冒产品。离开商店后，他们会在商品包装纸上写下商店的名称、卖主姓名、购买时间、商品成本，和两个人名字的首字母缩写，以确保不会出错。从1851年到1854年，很长一段时间里《柳叶刀》杂志都是每周公布检测报告，后来变成两周一次。这是一项艰苦的工作，特别是对那些意志力薄弱的人来说。为了得到足够的食物样品，不管天气好坏，无论春夏秋冬，哈塞耳和米勒都不得不频繁地夜访伦敦那些破旧的商店，"呆呆地等候在一个地方或是四处游走，不到午夜12

点,不冻得彻骨,绝不回家"。[68]

这样的含辛茹苦让掺假第一次成为经过统计的事实,而不仅仅是轶事。四年多来,哈塞耳分析了超过 2500 份食物样品。他发现,在这些样品中假货占大多数,只有极个别是纯正样品。[69]他不像早先的作家那样含糊其辞——肉桂"可能经常的"或"时不时地"有掺假,而是绝对肯定地说,在他检测过的 19 份肉桂样品中,只有 6 份没有掺假,有 10 份掺入了西米粉、面粉、竹芋粉等填充物,而且假冒肉桂的售价并不都比真货低。公众被严重欺骗了。[70]与那些危言耸听者也不同,哈塞耳会勇敢地讲出什么是真的——他曾宣布自己检测的 12 份肉豆蔻样品都是真的。一般来说,盐没有假货;但不论花多少钱,他在整个过程中也找不到一份没掺假的芥末。这本锋芒毕露的出版物毫不留情地揭露了各种食品的掺假行为,一周接一周,目的就是动摇英国公众舆论的冷漠态度。沃克利死后,哈塞耳非常有风度地表示:食品掺假问题受到重视主要归功于他的同僚沃克利先生的"道德勇气",他"大胆地迈出了这史无前例的一步",是他将商贩的名字和地址刊登出来(沃克利一生都因为自己得到的荣誉没有哈塞耳多而怨恨在心)。[71]一位同时代的人指出:

> 这本杂志将奸商的名字公之于众,引起了巨大的骚动,就算有人拿着枪在贫民窟里扫射,就算有人在大白天搬起石头砸人,也难以企及。这些丑闻的传播速度远比光线穿过一片 1/4 英寸厚的透镜的速度快得多。世人惊讶于国人的丑陋,惊讶于 1001 种违法物质或多或少地进入了每一样食品中,而他们却要为掺假买单。[72]

从阿库姆开始,人们对假货的态度已经发生了转变,卫生与公共健康已经排上了正确的政治议程。在维多利亚时代,人们对不卫生的饮食深感震惊,并希望有所作为。1836 年到 1842 年,英国出现了前所未有的流行性霍乱、伤寒与流感。1842 年,埃德温·查德威克(Edwin Chadwick,1800—1890)发表了一份名为《关于英国劳动人口卫生状况》的报告,披露了工人阶级生活在垃圾丛生、排水不良的卫生环境中,这与他们的高发病率与死亡率是密切相连的。转年,英国成立了城镇健康皇家委员会；1848年，英国政府效仿欧洲大陆成立了卫生总局，并任命查德威克担任委员长。对公众健康的新狂热令福音派基督教徒与无宗教信仰的功利主义者结成同盟，他们对英国的下水道产生了兴趣。"自由放任"慢慢变成了一种带有侮辱性的贬义词汇，不再意味着自由，而是代表了自私自利和对有害事物漠不关心的态度。[73]努力改善国民健康似乎不再遭到不必要的干扰，而且成为唯一合理的事情，或者说是符合基督教义的事情。

到了1850年，"卫生"已经成为民众最强烈的愿望，这也反映在沃克利为他和哈塞耳的合作计划所起的名字上——卫生分析委员会。哈塞耳发表的每一项关于掺假的报告都被冠以这个并不实用的抬头。在第一份检测报告出来之前，《柳叶刀》杂志就做出一个重要声明：

> 人们现在普遍认为，未受污染的空气和纯净的水对维持健康生活来说必不可少。为此，我们已经任命了卫生局与下水道委员会。[74]

《柳叶刀》杂志提出：他们"会对伟大首都伦敦及其附近地区的居民供应的各种食品和饮品的现状进行一系列广泛的并且有积极意义的调查"。很明显，下一步就是解决掺假。

早期《柳叶刀》进行了很多戏剧性的调查，其中之一就是关于伦敦水质。消费者们都知道，这几十年水龙头里流出的水大多都不干净，可他们无力证明。尽管有一些化学测试方法，但科学家们几乎也无能为力。1828年，英国皇家内科医学院的威廉·赖博（William Lambe）博士也曾写道，普通百姓喝的大多数饮用水都是致命的，但他没有具体说明为什么会有毒，含毒量是多少。我们不难断定，那时普通老百姓喝的都是死水或已经腐烂发臭的水。大量的水污染会对眼睛造成难以觉察的影响，如果水中含有严重的有机污染物，哪怕只饮用了极少量也会导致死亡。哈塞耳开始着手用显微镜研究伦敦的水质污染问题，他采集了所有主要城区（包括切尔西区、朗伯斯区、沃科斯豪尔区、汉普斯特区、伦敦东区以及肯特郡等地）的水质样品，在显微镜下发现了以前从未有人怀疑过的杂质。年轻时哈塞耳曾研究过淡水藻类，他在泰晤士河中发现的这些生物可不怎么迷人。

供水系统发生了污水渗漏,意味着饮用水中充满了"由各种死的或活的有机物、动物以及植物组成的大量污染物"。[75] 1850年,哈塞耳出版了《伦敦及周边地区供水的显微镜检测结果》,书中用全彩插图展示了他在伦敦饮用水中发现的各种令人作呕的有机物。英国《笨拙》杂志用卡通漫画对他的发现进行了夸张的表现,画中一滴伦敦水中充斥着可怕的骷髅、海龟、各种人形细菌和墓碑。事实上,现实情况与画中的恐怖情形并无二致。哈塞耳发现西米德尔塞克斯的饮用水中感染了形如螃蟹的数不清的微生物、水藻以及真菌等等,但为该地区供水的公司仍声称他们的水"四季清亮,终年无垢"。[76] 水污染不仅是水质本身有问题,"当时伦敦人饮用的牛奶、啤酒及各种含香精的物质中大多都掺有泰晤士河水或其他被污染的水"。[77]

不用说,自来水公司自然不喜欢被点名羞辱。为了应对指控,伦敦南渥克区和沃科斯豪尔区的自来水公司抗议说,公司拥有全套过滤系统而且从未接到任何投诉。对此《柳叶刀》回答说:"投诉当然有!但投诉这些垄断行业的董事们会导致什么后果呢,他们很可能会在答复中暗示他们准备完全切断该地区的供水!"不管是否有投诉,显微镜已经证明这

根据哈塞耳在显微镜下的发现,1850年《笨拙》杂志刊登了一幅漫画,画中表现了伦敦饮用水中潜藏的可怕物质。

两个地区的水中满是传播疾病的生物体，是伦敦地区最差的水。1851年，英国政府责成哈塞耳作为证人参与调查国内自来水公司，这让可怜的哈塞耳焦虑不安。法庭上，自来水公司聘请的精明律师团对他极尽羞辱，其中一名律师甚至小声地冲他喊道："哈塞耳博士，你是个大骗子！"这个幼稚的把戏令生性敏感的哈塞耳大为失常，40年后他甚至还在为这个蔑称耿耿于怀。在成功地刺激完哈塞耳后，律师提出质疑——哈塞耳说收集的水样不卫生，那么他用来装水样的瓶子难道就干净吗？哈塞耳向法庭保证装水样的瓶子都是干净的，律师逼问说"难道是你将这些瓶子弄干净了吗？"哈塞耳回答说："是的。"于是律师乘胜追击对哈塞耳说："如此说来，你就是个洗瓶子的！"[78]

的确，这些律师很会打击对手，他们肆意取笑哈塞耳，让他焦虑不安，但他们永远改变不了哈塞耳通过显微镜发现的真相。哈塞耳自豪地说，从1815年到1854年，他们点名羞辱制假者，但几乎没有收到过律师信，"有那么一两次，当事人只是威胁说要提起诉讼，但法庭正式受理的只有一次。"[79]哈塞耳夸口说，这证明他公布的报告结果非常准确。骗子们越是想逃脱责任，哈塞耳越会让他们看起来荒唐可笑。《柳叶刀》这次打假活动中最聪明的运作方式之一就是借用商业广告营造的谎言打击广告中的"完美商品"。

广告与法规

如果产品广告上同时附带有一个相应的反击广告，会不会让消费者耳目一新呢？比如干酪类零食商品的包装上可能写着"含钙，有益儿童骨骼发育"，同时在广告语下面用大写字母写着"产品中还含有饱和脂肪、盐和色素，这些东西对儿童健康没有任何好处。顺便说一句，所有干酪制品都含钙，不仅这种低劣的产品有"。当然这种事情是绝不可能发生的，但哈塞耳用一种轻描淡写的手法戳穿了食品市场的谎言。

当时的英国没有任何法律规定食品包装上必须表明产品的真实成分。哈塞耳揭露产品应有的成分是为了让报告更有可看性。哈塞耳的做法非常简单，在揭露产品包装上应该标注的真实成分以前，他会先引述厂商所使用的那些不切实际的广告语。哈塞耳一次又一次地通过实例证明，卖家口口声声说自己的产品是"真品"，其实只是"货真价实"的假货。所谓"纯正芥末""纯正辣椒""保真木薯粉"等，全是假货。哈塞耳在参观一家店铺后写道，他在托特纳姆法院路110号的鲍利商店买了一包"上等白胡椒"，店员推荐说"这种品质很纯正，绝对没得挑"。但检测后发现这不过是"掺有细黑胡椒面和大量小麦面粉的假货"。

哈塞耳非常清楚自己在做什么。他承认自己生活在伟大的广告时代的第一纪，而且他明白自己的工作就是诚实地记录下发生的一切：

> 现在的商人会广泛借助新闻媒介的力量，但很大程度上都是自吹自擂。宣传各种食品及饮品的招贴、传单和广告，比比皆是。做广告没什么不对，但是新闻媒介应该揭露掺假犯罪，并且提供对抗掺假的手段或成为披露掺假的克星。[80]

一些极其可耻的广告在"纯正"这一概念上耍花腔。比如，主教门街156号的詹姆斯·鲁宾逊咖啡馆，就竖立着一个巨大的布告牌：

> 纯正咖啡——绝无掺假！
> 本店认为，我们有义务提醒我们的朋友和市民，目前一些杂货商正在通过不公平与不公正的手段在他们的咖啡中掺入磨碎的烤豆子、磨碎的狗饼干、菊苣根粉末以及诸如此类的东西。
> 建议大家向声誉好的杂货商购买咖啡。

这则广告实际在暗示消费者，他本人就是声誉好的杂货商，然而事实是他出售的咖啡中"掺有大量的菊苣根粉末"。[81]

越是无关紧要的食品，利润就越是夸张。《柳叶刀》公布的调查报告显示，维多利亚时期人们疯狂购买的谷粉类食品，尤其是那些给病人食用的。用热水或热牛奶将这些粉末冲开就变成一碗不可思议的稀粥，对于整天担心胃痛的人们来说，这类食品解决了所有问题。这类谷粉类食品价格很高，市场上很多人都在销售，人人都在荒谬地夸大自己产品的功效，每一个商家都坚称别家销售的谷粉类食品是假货，除了蛇油再没有其他有效成分，而只有他们自己的产品才是货真价实的。其中沃顿公司推出的 Ervalenta 牌谷粉，是当时最突出的品牌之一，该产品坚称：

> 该食品富含各类营养，备受好评。服用本品可根本治愈习惯性便秘（大便秘结）、消化不良、痔疮，以及因肠功能或消化器官而导致的各种疾病。无需服用任何药品，无需依靠任何其他人为方法的帮助，本品可令您的肠胃恢复自然功能与活力。这款产品功效非凡，千金难买，是当代名医与知名分析化学家们公认的不同寻常的治疗食品。

这款谷粉价格昂贵，1 磅的罐装产品就要卖 2 先令 9 便士。相比之下，1850 年 1 磅面包的成本价仅为 1.8 便士。[82]购买谷粉时，商家还建议搭配该公司生产的 Melasse 牌糖浆，1 瓶要花 1 先令。如果真如宣传的那样，那贵也值了。Ervalenta 牌谷粉在广告中强调其可以令人恢复完美健康，同时还严重警告消费者说："市场上销售的 Revalenta 牌谷粉是一种卑鄙的伪劣产品"，而 Ervalenta 则"值得信赖并深受消费者喜爱。其他品牌的谷粉食品制作过程令人恶心，冲出来的东西黏稠粘连，更适合拿来做猪食"。广告中还说："有些人将扁豆粉误认为是'Ervalenta 牌谷粉'，沃顿公司特此声明，这是两种完全不同的商品。"但哈塞耳在显微镜下观察到，Ervalenta 牌谷粉中除了法国小扁豆粉、磨碎的麸皮以及类似印度玉米的淀粉状颗粒物外，根本没有任何特殊成分。那种"Melasse"糖浆不过就是普通糖浆。唯一独特的东西就是产品的价格和华而不实的包装。

沃顿公司的主要竞争对手，杜巴利公司，在市场销售过一款名为 Revalenta Arabica 的谷粉。这款食品的招贴画上用大写字母冠以"揭穿欺骗病人们的残忍骗局"的标题，并抨击道："有 50 个不同的骗子团伙"靠销售"由豌豆、豆类、小扁豆、印度玉米和麦片组成的廉价混合物"为生，因此很担心消费者买到假冒产品。"这些伪劣产品还采用与 Revalenta 十分类似的名字，如 Ervalenta、Arabica 食品、小扁豆粉、小扁豆专利粉等名称"，许多病人的健康已经被"假冒产品严重地破坏了"。[83]杜巴利公司声称自己的产品能比 Ervalenta 牌谷粉提供更多的健康保障。除了驱除胃痛，该产品还可以赶走：

> 心悸、神经性头痛、耳聋、头脑中出现的噪音、耳鸣，缓解身体各处的疼痛，消除慢性炎症及胃溃疡，消除皮疹、淋巴结核、肺结核、浮肿、风湿病、痛风、怀孕引起的恶心及呕吐。吃过本产品后，还可以缓解晕船症状；消除情绪沮丧、健脾，改善一般性虚弱、瘫痪、咳嗽、哮喘、焦虑不安、失眠的症状；食用本品还可以改善不自觉地脸红、颤抖、憎恶社会、学习成绩上不去、妄想症、丢钱、眩晕、脑充血、精疲力竭、精神忧郁、莫名的恐惧、优柔寡断等行为。本产品让你生活不再悲惨，让你不再有自杀的念头。

一顿早餐居然可以让你不再优柔寡断？你肯定会怀疑，这是不是广告词撰稿人和消费者们开的玩笑？这个招贴想方设法地撇清 Revalenta 牌谷粉与小扁豆之间有任何关联，广告词撰稿人坚称小扁豆难以消化，会导致各类神经性疾病，还可以令人病入膏肓。杜巴利公司强调，Revalenta 牌谷粉从未掺加过小扁豆，而是含有"一种非洲植物的根茎，有些像金银花的根茎"——让这种想法见鬼去吧！据哈塞耳分析，Revalenta 牌谷粉其实就是小扁豆粉和大麦粉的混合物。

在与欺诈广告商们的斗争中，第一回合毫无疑问是哈塞耳取得了胜利。1855 年，英国专门成立了调查掺假食品及饮品的国会委员会，哈塞耳被指定为第一证人。1851 年，《柳叶刀》发表的第一份分析报告为反掺假运动吸引了很多新成员。约翰·波斯盖特（John Postage, 1820—1891），这位伯明翰外科医生对哈塞耳报告中披露的真相了解得一清二楚，他年轻时曾在一家杂货铺当过伙计，学会了如何掺假。成年后，他全身心地投入到打假运动中，甚至自己掏钱印制宣传册子。为此，波斯盖特还招募了乔治·孟兹（George Muntz, 1794—1857）和威廉·斯科菲尔德（William Scholefield, 1809—1867），这两位是激进的伯明翰下院议员。后来成立的调查掺假食品及饮品的国会委员会，正是由斯科菲尔德领导。

在这个主要由激进主义与自由主义政治家们组成的国会委员会面前,哈塞耳可以畅所欲言了。他宣读了所有他知道的掺假物品的清单,并且详细说明了检测方法和手段。这次他知道他所说的话可能会对法律造成影响。他甚至带了一些彩色糖果和蛋糕交给委员会过目,让他们亲眼看看这些色素是如何粗制滥造。这些色素中包含铬酸铅、红铅、普鲁士蓝和亚砷酸铜,"只要吃下其中一块蛋糕就足以令人产生暂时性精神紊乱。如果一个孩子习惯于一次吃下两三块这种蛋糕的话,可能会导致非常严重的伤害"。[84]哈塞耳提供的生动证据显然给委员会中的头面人物留下了深刻的印象,同时委员会还对他提出了一个诱导性的问题——"依照现有的社会情况,你是否认为买者自慎原则应该变成卖者自慎原则呢?"换句话说,"买家当心"是否应该变成"卖家当心"呢?哈塞耳毫不犹豫地给出了他的答案:"是!"[85]

在询问了科学家、医生、药剂师、店主和商人等诸多证人后,委员会报告说:"我们无可避免地得出如下结论:掺假货已经大行其道。"[86] 1860年,英国终于通过了第一部一般性《抵制假货法案》,这在很大程度上要感谢哈塞耳和《柳叶刀》杂志所做的宣传,同时还要感谢波斯盖特和斯科菲尔德所领导的政治活动。如今在英国有意将掺假货当作纯正货来卖,终于是违法行为了。该法案还使得地方当局有可能任命食品分析员。

这部法律曾被誉为是"以买方利益为框架制定的第一部律法",它将"买家当心"变成了"卖家当心"。但不幸的是,新法在实施过程中几乎不能发挥作用,因为该法案只是允许地方当局检查食品,但并未强制。全英国只有两个地区的地方政府不怕麻烦地强制执行新法规定。另一个问题是,仅以是否是故意为之来定义掺假行为的确非常狭隘,因为除非能证明骗子们是在没有他人干预的情况下故意行骗才能将他们定罪,否则无计可施。但在大多数情况下,根本无法证明这一点。卖假茶叶的杂货商可以说他没有故意掺假,茶叶从中国进口来时就是这样的。即便骗子们被证实是故意掺假的,他们要担心的不过是罚多少钱而已。[87]新法案实际上并未有效地保护消费者,著名食品分析家亨利·利西比(Henry Letheby)于法案颁布十年后写道,"它没有起到任何好的效果,只是一纸空文"[88]。看来要采取更多措施,才能终结掺假者们的谎言。

芥末、纯正食品与顺应商业变革

  在呈送国会委员会的证据中,哈塞耳希望政府能在食品问题上肩负起更多的责任。以芥末为例,哈塞耳在伦敦的大街小巷来来回回跑了42次,次次都失望而归,每一次买到的都不是纯芥末,里面掺有大量的面粉,而且全是用姜黄染的色。[89]有些店主坚称掺入面粉是为了减轻其辛辣味,"改良"芥末。哈塞耳认为这种说法纯属无稽之谈:"芥末中最基本的成分是一种挥发性油,倘若没有这种成分芥末就毫无价值,掺入面粉并不能中和它,不能减轻芥末的辛辣味。"[90]市场上出售的芥末普遍存在掺假问题,哈塞耳认为"这么做是为了迫使政府在自己的加工厂内生产自己的芥末",也就是政府芥末。只有这样,大家才能放心地吃上纯芥末。

  哈塞耳的这种想法让人回忆起中世纪的行会垄断,或是想以合作产业取代市场的那些人,这是可笑的,也是社会所不能容忍开始的。反掺假法案管辖范围有限且效果不佳,即便1860年政府最终采纳并通过了这一法案,并着手制作自己的芥末,它仍要承担很大的压力。当斯科菲尔德将一份打击范围更广的反掺假议案呈送至国会面前时,他遭到了杂货店主和咖啡经销商的强烈反对。他们认为自身权利受到不法侵害,并控告斯科菲尔德操控委员会对他们实施审讯法。英国国会下院中的许多成员都有自己的生意,但在1858年却从未收到过一张涉嫌掺假的传票。[91]当年布拉德福自治镇发生了一起大规模中毒事件,200人因食用药糖中毒,20人死亡。生产商原本打算在糖块中掺入熟石膏,却错误地加入了砒霜。正是这次药糖掺假丑闻令英国政府下定决心打假。1859年,斯科菲尔德提交了一份议案,这份议案的法律效力虽然不如原始议案,但却被指定成一部法律。假药糖丑闻不仅迫使英国政府打击欺诈行为,同时也使其打击市场上的假冒产品。没人真的想喝脏水,也没人想用含铜的糖果毒害自己的孩子,人们已经普遍认为有毒的或有害的掺假货非常糟糕。但哈塞耳认为,不管是否有毒,所有的掺假食品都是不良食品,这一观点也引发了很多争论。哈塞耳对掺假商品的定义非常严格:"为了获利或欺骗,而故意在商品中掺加一种或多种物质,实际情况与销售名称

"伟大的药糖生产者"。1858年《笨拙》杂志刊登的一幅漫画,讽刺当年有20人因为食用有毒药糖而死亡的丑闻。该丑闻促使英国国会于1860年推出反掺假法案。

不符的商品。"[92] 但是人们并不同意这种观点。主要的反对意见坚持认为,在商品中掺入一点无害的东西对贸易是有好处的。1855年,一位名叫沃林顿的地方卫生局局长兼法律顾问向国会委员会提交证据支持反方观点,并提出:"虽说应该是你要什么卖家就应该卖什么,但买卖双方显然未能就此事达成一致;不是买家觉得对,卖家就要这么做。"[93] 沃林顿认为"眼不见,心不烦",如果兜售的咖啡实际上75%都是无害的菊苣根粉末,也不是什么坏事。除了有毒的假货需要被法律定义为掺假商品外,其他假货"种类太过宽泛且不能对其进行定义",就无需处理了。他认为忽视那些无害假货的做法也更有利于商业发展。

爱尔兰文学家威廉·阿林汉姆(William Allingham)的一首小诗正好反映了沃林顿的观点:

> 一位英国制造者兼政治家说过,
> 掺假是一种竞争方式。
> 我们是否应该将这句话写在他的纪念碑上?
> 许多人都坦率地支持这种智慧,
> 也有一些人将这句话更巧妙地理解为,
> 英国贸易或多或少都存在着欺骗。[94]

然而,欺骗并不总是最有利可图的竞争方式。假货只会对生意造成不利的影响,唯有诚信才能带来利益。但当时更具活力的英国商业分支却认为,少量掺假可以利用公众对于假货的新认知将其转变成商业优势(正是借助公众对假货的关心,商家拿真货去化验,获得认证之后作为宣传噱头)。1860年《反掺假法案》颁布之后,检测机构曾恳请公众提交可疑食品进行检测分析,但从1860年至1869年的9年时间里,公众仅提供57份商品样本,这里面只有26份属于假货或劣质商品。超过半数的商品样本都是"真货","这些样本都是一些熟悉的经销商提供的,他们出于各种商业目的希望这些商品能获得合格证书"。[95]

同样地,克洛斯与布莱克维尔这样的高档百货商场也非常巧妙地将哈塞耳报告中的不利证据变成了对自己有利的宣传。《柳叶刀》杂志公布该商场推出的许多产品都绝对有害:比如瓶装醋栗中含铜量很高,"铜制活塞杆就浸泡在瓶子的液体里,瓶中储存的醋栗果都被裹上了一层厚厚的铜";[96]腌黄瓜中也含铜;凤尾鱼则是用一种有毒的红色素上色,这是致命的。但是托马斯·布莱克维尔(Thomas Blackwell)迅速展开了厚颜无耻的反击,令人印象深刻。第一步,布莱克维尔先是进行了虚伪的忏悔,他明确表示过去自己不应该在酱菜和蜜饯中使用铜;第二步,撤掉商场中所有含铜及其他有毒色素的商品;第三步,疯狂地宣传克洛斯与布莱克维尔商场推出的新型纯净酱菜与蜜饯，弄得好像是他们自创的一种特殊的改良方法，而不是要改善什么负面宣传似的。认错、忏悔、补救、无情的自我推销。采用上述营销模式可以确保所有的宣传，无论是正面的还是负面的，都可以成为对企业有益的宣传。

1855 年，哈塞耳在国会委员会上竟然称赞克洛斯与布莱克维尔商场停止使用铜作为增绿剂的做法："出现这种变化，商场负责人功劳很大，因为在很多时候这样做会违背顾客的意愿与口味。"[97]哈塞耳也不得不承认，尽管如此，这种勇敢的假象还是为商场赢得了"更多的客户"。[98]布莱克维尔也在国会委员会前谈到，尽管一开始销售额有所下降，但是顾客们现在对商场不再使用增绿剂都非常满意，"比起销售不纯正的商品，我们更有兴趣销售纯正商品，如果各方都能够真正接受它"。[99]这种"背叛"客户的做法是正确的，他的"诚实"带来了更多收益。他以凤尾鱼产品为例，未染色的凤尾鱼"颜色非常难看，那种棕色让人看起来非常不舒服"（出于某种原因，传统上常常会将凤尾鱼用氧化铅染成砖红色）。许多人还是更喜欢染成红色的凤尾鱼，但是这种外观缺乏吸引力的商品正是对顾客的一种保证——这类商品货真价实，绝无掺假。商场开始鼓吹亚光色调的才是天然商品——比如茶褐色的凤尾鱼、卡其绿色的腌菜、泥浆色的青梅，并希望顾客相信：他们的产品都是最纯正的。在克洛斯与布莱克维尔商场的操控下，"纯正"成了一种营销策略，从那时到现在商家都在使用这个策略。

从掺假到包装出来的"纯粹"

19 世纪六七十年代，英国城镇居民与消费者的数量不断增长，男性劳力获得了投票权，并承担起相应的政治责任。与此同时，消费者也渐渐地不用再为其购买的食品的质量肩负令人讨厌的责任了。与此同时，商业利益、消费者个人利益与政府利益渐渐达成一致，三方都需要更诚实的食品。1867 年英国通过了第二次改革法案，斯科菲尔德去世后菲利普·孟兹（Philip Muntz）继承了他的激进主义作风。从 1868 年起，在波斯盖特与利西比二人的支持下，孟兹每次都固执地在国会会议上提交新的反掺假法案。1870 年，英国外交大臣向所有驻英领事馆就假货问题发送了一份调查问卷，试图通过问卷评估国际各方的观点。[100] 有的国家认为英国全民皆商，可也有的国家认为英国全民皆骗，这对英国的出口生意很不利。比起担心失去店主的选票，此时政府更担心掺假食品会损害英国在欧洲的商业信誉。就在这一年，政府改变了立场，并且承诺支持孟兹提交的新法案。1871 年，一个名为反掺假协会的政治施压集团成立（简称 A. A. A.），专门"为打击掺假而对现行法律进行修改并强制执行"。[101] 该协会通过任命公众分析师将法律付诸实施。

1872 年，孟兹提交的《反食品与药品掺假法案》获得通过，较之 1860 年的掺假法案有了很大的改进。新法明确规定，为了增加重量或体积而掺入其他成分的食品及药品都被视为假货。你仍然可以出售菊苣粉咖啡或假冒桂皮，不过除非你能说明你在做的事情是合理的，否则必将受到处罚。新的地方官员，也就是公众分析师们在获取样本进行分析方面被赋予了很大的权利。很明显，"与旧法相比，新法有很大改善，涉及范围更广，打击力度更强"。[102]

新法案仍存在一些暂时性问题。杂货商强烈抗议新法案不再将故意掺假当作定罪的主要依据。这就意味着，如果不诚实的供应商向一位诚实的店主提供了假冒商品，即便店主不是故意出售假冒商品，他也有罪。现在这部新法案才真真正正是"卖方须当心"的法案。1874 年，保守党赢得大选之后，马上成立了一个特别委员会，专门检查新掺假法案的实施情况；但委员会得出结论，"有些备受尊敬的商人"确实受到了不应有的惩罚。也有人对其中一些新任公众分析师的能力表示怀疑，认为他们并不具备哈塞耳操控显微镜的能力，他们自己可能都搞不清楚假货的真正构成是什么，不知道牛奶中脂肪所占最低百分比是多少，也不知道什么颜色的茶叶才是假货。1875 年，英颁布的《食品与药品销售法》解决了这些问题，该法案对杂货商提出的一些抱怨给予了清楚的解释，并对非假货进行了明确的界定。这项法案现在仍是英国食品法的基础。

到了 19 世纪 80 年代，邪恶的杂货商们引发的最严重的恐慌已经过去了。在这十年间英国食品的进步可谓突飞猛进，"到维多利亚女王统治末期，消费者们一般都可以买到他们所希望的、纯正的面包、面粉、茶叶和糖了"。[103] 1872 年的时候，41 份送检茶叶样本中有 36 件是假货；到了 19 世纪 80 年代末期，茶叶掺假已经不是惯例，而是个别现象了。同样地，公众分析师经过统计发现市场上掺假面包所占的百分比已经从 1877 年的 7.4%（这一数字已经比 19 世纪 50 年代低得多了）下降至 1888 年的 0.6%。

此时的英国食品比 19 世纪任何一个时期的食品都安全。然而，舆论往往远远落后于事实，英国民众仍然认为他们的茶叶、面包和腌渍菜品中经常含有可怕的毒物，很久以后他们才放下心来。公众的这种紧张情绪正是拜制造商与广告商所赐，他们创造出很多新的品牌商品并承诺每件商品都绝对值得信赖。莱尔黄金糖浆、保卫尔牛肉汁、好立克麦乳精、伯恩维勒巧克力，这些商品都是在 19 世纪八九十年代首次进入市场的。19 世纪 40 年代，广告商们推销的是"货真价实"的理念；现在他们推销的是"纯正至极"的理想，他们提出藏在包装里的食品总比市场上摆在外面的那些不知道什么成分的食品要安全。这就是包装革命的开始。这场打击食品欺诈的战争为食品加工制造商提供了新的机会。

尽管哈塞耳对那些广告商恶言相向，但是他至少三次尝试在市场上销售自己的"纯正"食品。在感染了严重的肺炎后，哈塞耳从 1868 年至 1877 年期间在怀特岛上成立了一间专门收治肺病的特殊医院——文特诺医院。另一方面，他继续分析掺假食品，经常在媒体上发布一些披露食品掺假的文章，比如揭露邮票使用有毒的铅染色等等。[104] 打假是一份崇高的工作，却不赚钱。从哈塞耳自传中我们不难看出他对于财富有一种非常强烈的渴望。因此，他冒险进入商业世界，这个过去他曾大力批评的世界。但哈塞耳认为，他做这些的时候与众不同，他从不夸大食品的好处，也从不回避产品的不足。19 世纪 60 年代，他第一次尝试销售"纯正食品"。哈塞耳想创造一种用纯肉做的类似精面粉的商品，叫作"肉粉"。他将肉切碎后打成肉泥，风干后碾成粉末。哈塞耳认为这是一种"真正成功的产品"，而且可以衍生出各式各样的产品：如肉粉汤合剂，适合幼儿的肉粉食品，肉粉糖等等。一开始，哈塞耳还自信满满地说，"订单会接踵而至，成功唾手可得"。但随后就有人投诉说这种肉粉不易保存，于是哈塞耳不得不承认"这些投诉有一定的道理"。[105] 结果这个产品失败了，公

鸟牌吉士粉广告，广告用一只只鸡蛋误导消费者，广告宣传与产品实际成分有明显差别，掩盖了食用该产品可能带来的风险。

司也彻底失败。他的第二次尝试，是在 1875 年，他推出了一种用面粉、麦芽粉、淀粉酵素和谷淀粉酶一起烘烤而成的病人食品，尽管哈塞耳认为这种食品的味道很"讨人喜欢"，但他的这次尝试还是失败了。[106]

1881 年，哈塞耳进行了最后一次尝试，他推出了最具抱负的食品项目。此时他注意到人们希望的不仅是食品不要掺假，而是"要确保我们的食品，特别是病人需要的食品，能够绝对纯正"。[107] 哈塞耳说服他认识的一位绅士为他提供了开办费成立了"纯正食品公司"，公司总部设在伦敦市四王子街。哈塞耳还找了一位朋友协助自己，这位奥托·亥纳先生免费为他工作。哈塞耳要求产品的所有成分都要用质量最好的：水必须是"经过软化和净化处理的",所有的肉类必须每天从斯毕塔菲尔德市场购买。公司主要制造"固态及浓缩牛肉浓汤、固态及浓缩肉类蛋白、固态及浓缩竹芋粉、纯牛肉果冻或香精、肉类蛋白或纤维蛋白药糖、婴儿专用乳制品、儿童和病人专用乳制品、豆粉、熟食或部分预消化食品、浓缩咖啡、果香咖啡"。最后提到的果香咖啡,也是从咖啡和菊苣根粉末中提取的,但是产品成分都一丝不苟地写在标签上,为的是不要让咖啡爱好者感觉自己被欺骗了。公司章程规定产品描述要"如实陈述事实,毫不夸张",然而公司销售额还不足以支付生产成本。正如哈塞耳所说:"出于良好愿望的这次冒险投机结束了。"之后的哈塞耳就在意大利西北部城市圣雷莫过着简朴的退休生活,那里的气候适合他这种神经衰弱的人。

从来没有人像哈塞耳这样彻底失败。从纯正食品公司的失败中他清楚地认识到:他所面对的公众从不知感谢,而且真实广告不可能竞争过商业吹捧广告。

> 公众一直大声疾呼,要求产品的纯度与质量应有保障。可惜他们的识别力与鉴赏力不过如此。倘若我们也不惜资金狂打广告,倘若我们的产品说明书也肆意鼓吹,夸大其词,那么结果可能会不一样。[108]

"结果可能会不一样",果真如此的话,哈塞耳所秉持的道德准则也就不同了。肉类纤维蛋白糖、肉粉、预消化豆粉,这些商品或许已经纯得不能再纯了,但在公众看来它们不是食品。在哈塞耳疯狂寻找纯度的过程中,他忽略了一个问题:为什么掺假被摆在首位?阿库姆对生活有着本能的热忱,哈塞耳则太过专注于食品掺假,根本看不到健康的食品。

哈塞耳的情形表明,打击食品欺诈是如何轻易地变成徒劳地追求绝对纯正的食品,而这对实现消费者的理想没有丝毫帮助。历史表明,假货最泛滥的时候,正是人们不再相信自己的感官的时候,那时他们对什么是好的食品缺乏第一手资料。科学应该让人们了解什么是好的食品,而不是取而代之。英国商业从"买家当心"转为"卖家当心",哈塞耳是当之无愧的英雄。但是"卖家当心"的做法也有其危险性,这意味着买家不用再睁大双眼仔细看清楚,他们只需信任那些学识丰富的食品技术人员就可以了。

哈塞耳的纯正食品公司要求人们完全忘掉自己的各种感觉,只需要相信他的消毒产品是科学的就可以了。自从品牌公司承诺其商品保证纯净开始,消费者们也对工业包装的零售食品拉响了同样的警报。这个故事中最具戏剧性的部分发生在美国。美国一直在满足人民对纯正食品的需求与推动自由贸易这二者之间摇摆,这两种需求偶尔会达成一致,但这种矛盾一直延续至20世纪。

注释

1. Clayton(1908), p.96.

2. Hassall(1855), p.160.

3. *Punch*, 1851, Vol XX.

4、5. Mayhew(1980), vol 2, pp. 322-323, p.323.

6. *Mutton & Oysrters*, p.11.

7. Engels(1993), p.80.

8、9. Mayhew(1980), vol 2, p.2.

10. Engels(1993), p.80.

11. Mayhew(1980), p.252.

12. *Mutton & Oysrters*, p.26.

13、14. Engels(1993), p.80, p.81.

15、16、17. Mayhew(1980), p.260, p.252, p.260.

18. Burnett(1989), Chapter 5.

19. Anon(1855B), p.249.

20. See, for example, Normandy, Chevalier.

21. Acton(1857), p.1.

22. Chevalier(1854), p.138.

23. Parliament(1855), p.185.

24、25. Burnett(1989), Chapter 5.

26. Acton(1857), p.19; Burnett(1989), Chapter 5.

27. Burnett(1989), Chapter 5.

28. *Adulteration of Food, Drink and Drugs*, 1855, p.57.

29. Acton(1857), p.28.

30、31. Mitchell(1848), p. xi, p. x.

32. Acton(1857), p.17.

33、34. Anon(1851), p.81, p.9.

35. Mitchell(1848), p. x.

36、37. Stanziani(2005), p.51, p.52.

38. Normandy(1850), p.81.

39. Anon(1851), p.43.

40. Mitchell(1848), p.155.

41、42、43. Anon(1851),p.40,p.45,p.ix.

44、45、46. Anon(1830),pp.127, 1357;pp.117-118;p.33.

47. Letheby(1870),p.265.

48、49、50、51. Mitchell(1848),pp.79,186;p.vi;p.vii;p.41.

52. Stieb(1966),p.28.

53. Hassall(1893),p.44.

54. Clayton(1908),p.xiii.

55. Stieb(1966),p.175.

56、57、58. Hassall(1893),p.47,p.43,p43.

59. "Coffee and Its Adulterations", *The Lancet*, p.466.

60. Hassall(1893),p.43.

61. Gray(1983),p.99.

62. Hassall(1893),p.43.

63. See Rowlinson(1982),p.64 for illustration.

64. Hassall(1893),p.44.

65. Rowlinson(1982),p.65.

66. Stieb(1966),p.179.

67、68. Hassall(1893),p.44,p.46.

69. Gray(1983),p.103.

70. *The Lancet* Report on Spices,p.226.

71. Hassall(1893),pp.50-51.

72. Gray(1983),p.106.

73. Hutchins(1909),p.15.

74. Gray(1983),p.101.

75、76. *The Lancet*, p.257.

77、78、79. Hassall(1893),p.62,p.69,p.46.

80. *The Lancet* Report on Arrowroot,p.143.

81. Hassall(1855),p.175.

82. Nelson(2005).

83. *The Lancet* Report on Farinaceous Foods,p.657.

84. Parliament(1855),p.42.

85. Stieb(1966),p.105.

86. Rowlinson(1982),p.66.

87. Burnett(1989).

88. Letheby(1870), p. 273.

89. Parliament(1855), p. 10.

90. *The Times*, October 15th, 1873, letter.

91. Rowlinson(1982), p. 66.

92. Clayton(1908), p. 84.

93. Parliament(1855), p. 220.

94. Allingham(1884).

95. Letheby(1870), p. 273.

96. *The Lancet* Report on "Poisonous Bottled fruits and Vegetables", p. 135.

97、98、99. Parliament(1855), p. 41, p. 41, p. 125.

100、101. Rowlinson(1982), p. 71, p. 67.

102、103. Burnett(1989).

104、105、106、107、108. Hassall(1893), pp. 124-125, pp. 94-95, p. 123, pp. 125-126, p. 126.

第四章
粉色人造黄油与纯番茄酱

> 玛丽有一只小羊羔,
> 有天她发现小羊生病了,
> 于是将它送到帕金镇,
> 现在小羊肉上贴着鸡肉的标签。
> ——《纽约晚邮报》(*New York Evening Post*) 319[1]

> 欺骗、愚弄、蒙蔽、哄骗、误导、欺瞒、煽动,
> 迷惑、伪装与欺诈,都是我们热衷的特权……
> 美国人就喜欢欺骗。
> ——哈维·华盛顿·威利 (Harvey Wiley Washington), 1894年[2]

19世纪50年代,正是英国人对本国的食品掺假最绝望的时候,他们有时甚至会极为嫉妒生活在大西洋对面的美国人,并且暗自希望他们的食品掺假情况要比英国糟得多。当时,许多美国人仍要靠亲手栽种或饲养来获取大部分食物,他们根本无力招架掺假者们使出的各种恶毒手段。[3] 老派欧洲人对美国人的举止、政治及文化总持轻蔑态度,对此美国人总是表现得有些过于自满。在美国人看来,他们的食品让全世界羡慕。然而在美国内战(1860—1865)之后的几十年里,一切都变了。

最终,美国实现了从以农业为主导的社会到工业国家的转变。很快,和19世纪初英国的食品一样,美国食品的质量也急转直下。大工业带来了新技术,这不仅催生了新的食品掺假法,也为销售这些假冒食品提供了强大的市场环境。19世纪70年代,美国的大型生产制造企业开始

招募工业化学家为其发明各种制假方法,如除臭剂、色素、调味剂、食品保鲜储藏盒、硬食品软化剂等,消费者们根本搞不清楚他们究竟吃的是什么。[4] 到了 19 世纪 80 年代,"整个食品供应体系呈现出一种与以往截然不同的面貌",提倡新型廉价加工食品的城市人口越来越多。[5] 1892 年时,美国食品的质量已经相当糟糕了,美国参议员阿尔杰农·S. 派道克(Algernon S. Paddock)抱怨说:"魔鬼已经掌握了这个国家的食品供应。"[6]

与英国不同,美国的食品掺假出现得比较晚,而且是以大规模爆发的形式在美国境内蔓延,制假者与纯正食品支持者之间的战争也更加激烈。在英国,抵制掺假是一场科学对科学的战争,更像是君子之争;在美国则是一场商业对商业的战争。牛肉托拉斯大亨与精馏威士忌制造商们尖刻地将反掺假运动的支持者们称作怪人、社会的异类。但也有一些更精明的商人,如百货公司老板詹姆斯·瑟伯(James Thurber)和制造商亨利·J. 海因茨(Henry J. Heinz),发现支持纯正食品可以从中获益。不过他们也发现,他们为确保产品没有掺假花费了大量的资金,但总有人表示怀疑,而且消费者们常常误以为新的"纯正食品"商标就像旧时的染料和头油一样华而不实。

关于食品掺假的争论,表现出英美两国不同的政治属性。在英国,核心政治问题是政府对市场究竟要干预到什么程度。然而在美国,这个问题就复杂了。事实上,美国有多个政府——州政府和联邦政府。自从 1787 年宪法生效以来,美国州政府与联邦政府就一直在不断地争吵,每一个政治问题都是如此。该由谁来制定更完善的法律来保护这个国家的食品安全呢?只要讨论这个问题,势必又会引发州政府与联邦政府相互对峙的老话题。纽约众议院议员亚当斯(Adams)就是反联邦主义者的一员,他曾于 1884 年提出食品调控属于地区性问题,应由各州政府管辖。这就意味着,未来美国某些州在改善食品掺假问题上可能会比较超前,而其他许多州则处于落后的局面。[7] 哈维·华盛顿·威利则是联邦主义拥护者之一,他坚持认为如果没有联邦法律对美国各州之间的食品贸易进行规范,就根本无法保障食品质量。最终,后者的观点取得了胜利。1906 年,美国联邦政府出台了《纯净食品与药品法》(*Pure Food and Drugs Act*)。该法表明,在时尚而现代的美国,食品至关重要,也表明美国是一个上帝庇佑的国家,是一个拥有商业与联邦政府的国家。

英美两国的另一区别在于,这两个国家的人在谈到食品掺假时所用的口吻完全不同。以《柳叶刀》杂志和哈塞耳的表现为例,英国人提到掺假时往往表示怀疑,偶尔会愤慨,但从不表述得很夸张。相反,美国人则充满了救世主般的热情,这份热情大部分都来源于禁酒运动。当时美国人深信一个人食用了错误的东西,他就违背了上帝。哈塞耳担心的是如何将在伦敦地区大量销售的芥末与咖啡"还以清白",证明掺假不是东西的问题,而是人的问题。但大多数支持反掺假运动的美国人却认为,咖啡与芥末本身就是不纯洁的东西,它们是邪恶的兴奋剂,即便纯正也不该在市场上销售。美国人认为,食品不仅要可靠,更要纯洁,不能违背上帝的旨意。

牛奶与酒

直到 19 世纪 70 年代,美国纯正食品运动才真正结束。但此前的 20 年里,周期性食品恐慌一直出现,各大城市的报纸每隔一段时间就会刊登有关"卑鄙的混合物"和假货的报道,最著名的莫过于 19 世纪 50 年代的泔水奶事件。这些毒牛奶最先出现在纽约市,至今许多美国人,包括许多纽约居民,仍对此事讳莫如深。面对丑闻,政客们的本能反应就是让一切都回到均衡状态。他们只是简单地安抚下公众,拖了很久政府才做出决定性的行动,这说明公众恐慌远不及政治活动的意义重大。与此同时,泔水奶丑闻使得美国人生活方式中的一些关于纯洁的古老信仰开始被逐渐侵蚀。如果你连牛奶都不能相信的话,你还能相信什么?

牛奶在美国人心中始终扮演着一个令人不安的角色:它是日常必需品,却又让人严重不安。[8] "牛奶和饼干"总是和天真无邪的孩提时代联系在一起。在人们眼中,牛奶是一种乳白色的甘露,它富含钙质,有益人体健康,而且纯净。可是牛奶的纯洁形象早已被食品掺假引发的周期性焦虑抵消掉了。牛奶在美国人的饮食中处于如此明显的神圣地位,时常有人对此表示激烈反对;怀疑论者也主张,牛奶既不是最好的,也不是唯一的钙质来源;甚至还有人提出,饮用牛奶会导致一系列的严重疾病。有时候,这些反对的呼声显然出自那些危言耸听者之口,根本就不是什么"天启"。1997年,一位名叫罗伯特·科恩(Robert Cohen)的人还推出一本反对牛奶的小册子,名为《牛奶:致命毒药》(*Milk: The Deadly Poison*)。

19世纪50年代的纽约是一个分界点。泔水奶丑闻出现后,牛奶仍保有了最完美食品的美誉,但当时牛奶的品质的确十分恶劣。事实上,在现代城市出现之后与巴氏消毒法、冰箱出现之前的这段时间里,牛奶真的可以说是一种致命物质。1842年,罗伯特·哈特利(Robert Hartley)撰写了《牛奶随笔》,警告说,如果没有适当的生产条件,牛奶质量将遭受灾难性的污染,而且这些腐坏很难被人们发现。后来,罗伯特的这一警告成为了惊人的预言。

在19世纪上半叶,当时美国城市人口还没有那么密集,每个城市仅凭周边牧场的奶牛就可以提供足够的牛奶。但是,随着城市住房越来越拥挤,牧场面积日益减少,要获得足够的牛奶,像纽约这样的大城市只能另寻他法。自1842年起,每天都有产自奥兰治县等乡下地区的新鲜牛奶经由铁路运抵纽约。然而,大多数城市牛奶都是所谓"泔水奶"或"酒渣奶",产自开在酿酒厂或精馏厂旁边的奶牛场。这里的奶牛被关在巨大而黑暗的牛棚中,吃的是蒸馏剩下的带有酒精成分的热乎乎的下脚料。据估计,到了1854年纽约附近共有13000头牛以泔水为食,"过着可怕而悲惨的生活",这些牛产下的泔水奶每年都会导致数千名儿童死亡。[9]与乡村牛奶比起来,泔水奶更稀,味道也更淡,由于脂肪含量太低根本无法制造黄油或奶酪。但直到1850年,纽约人喝的大部分都是这种牛奶。很显然,这些牛奶被酒精污染了。在当时的美国社会,禁酒集会蔚然成风,泔水奶招致人们强烈的道德谴责。一位评论员挖苦地写道:"孩子们有泔水奶,大人们有泔水酒,我们这个民族如此'健壮''豪爽',也就不足为奇了。"他预见到,长此以往所有美国人的身体与精神都将堕落,并对此惊恐万分。[10]其他人的看法可以说近乎严酷:他们认为泔水奶不仅会使人堕落,更会置人死地。

一位名叫约翰·穆拉利(John Mullaly)的竞选者出版了一本小册子,其中解析了城市供奶中的掺假手段以及由此导致的恐怖后果。他指出，市场销售的大部分乡村牛奶实际上是变相的泔水奶。1853年，《纽约时报》刊登了一则泔水奶的报道，题目借用了阿库姆的话，名为《壶中暗藏的危险》。作者将牛奶列为破坏城市生活质量的元凶之一，并称其为"破坏生命活力的毒药"。这是一个肮脏且混乱的时代，伊利运河开通后，纽约成为美国的经济中心。在此之前，收受了贿赂的坦慕尼协会成员早已为纽约的城市政治粉饰太平（坦慕尼协会成员费南多·伍德于1855年当选纽约第一任市长）。此时的纽约俨然就是1820年阿库姆身处的伦敦的缩影，腐败成风，不过远不及镀金时代的贪污严重。这两个城市在工业飞速发展的同时都没有足够的社会责任或政治机构能驾驭这混乱的局面。"我们的街道从来就没有清扫过，被一千个讨厌的障碍物阻塞；我们的警察老爷从来都是效率低下。我们陷入了泥潭，每日在惊恐中睡去，还要冒着被愤怒的公牛踩死的危险在主路上狂奔。"[11]最重要的是，在纽约曼哈顿区和布鲁克林区销售的"纯牛奶"其实根本就不纯。《纽约时报》披露说，这种肮脏的液体一年内导致八千多名儿童死亡。这个数字可能有些夸大，但是泔水奶的确与当时纽约婴幼儿的高死亡率以及儿童健康状况不佳有直接的关系。

不幸的是，恰恰就在牛奶安全系数处于历史最低水平的时候，纽约的母亲们不再以母乳喂养孩子。出于经济的需要，女性产后不久就要投入工作。有的母亲可能会给孩子找个奶妈，但越来越多的母亲采用的是牛奶。19世纪初，美国母乳喂养人数开始下降。[12]到了19世纪60年代，选择人工喂养的母亲逐渐增多，后来又出现了用印度橡胶制成的奶嘴，这一发明使得许多医生也纷纷提倡采用这种现代的卫生哺育方式。1869年，德国化学家尤斯图斯·冯·李比希（Justus von Liebig）推出了一种可溶性母乳替代品，该产品由面粉、牛奶干粉、麦芽以及一些可减少酸性的碳酸氢钾组成。[13]那些不能经常给婴儿吃牛奶的母亲们，可以将这种代用品用水调开，加入糖后，喂给宝宝们吃。一旦牛奶成了有问题的泔水奶，人工喂养将会导致灾难性的后果。

当时纽约的婴幼儿死亡率很高，这被社会广泛视为是一种耻辱，而泔水奶事件正是造成这种耻辱的原因之一。在美国，从1870年到1900年，5岁以下儿童中每三个就有一人死亡。传染性疾病造成38%到51%

的婴幼儿死亡。这其中，有半数因腹泻感染死亡，这与饮用了腐坏的牛奶尤其有关。[14]每年 7 月和 8 月，原本就不干净的牛奶此时里面的细菌繁殖速度更加迅速，这两个月成为婴幼儿因腹泻死亡的高峰期。理论上，导致婴幼儿高死亡率的原因有很多，如贫困、缺乏知识、居住环境过度拥挤、排水设施差，等等。1909 年，一位医生建议人们应该谴责"脏奶嘴、外套和腌渍泡菜"，这些东西也会导致婴幼儿死亡。[15]但是，腐坏的牛奶才是关键因素。一直到 20 世纪初，婴幼儿死亡率才开始下降，直接原因就是城市供应的牛奶终于干净了。

当时不仅仅是美国的城市供奶有问题。在整个西欧地区，城市牛奶都是一种危险产物。1870 年，政府强制母亲们必须用母乳喂养，巴黎的城市婴幼儿死亡率下降了 40%。[16]19 世纪中期，伦敦地区供应的城市牛奶中有近一半或 3/4 都存在掺假问题。首先，奶厂工人们会加水冲淡牛奶，用的往往都是污染水；然后，会用淀粉增加牛奶的黏稠度，以掩盖牛奶中显出的蓝色；兑入胡萝卜汁增加甜味，加入黄色素染色。市场上还公开出售名为"银色搅拌剂"或"报春花色"的牛奶用色素。[17]牛奶中还常常掺入化学制剂，尤其是在夏天的几个月，加入名为"Preservitas"或"Arcticanus"的化学品后，牛奶很快就会停止变酸。但这些化学品特别危险，它们并没有停止牛奶的分解变化，只是掩盖而已，让消费者误以为喝的是新鲜牛奶，但"加入过量化学品并放置了四天的过期牛奶肯定不是理想的婴幼儿食品"。[18]难怪一些消费者要求奶厂将奶牛牵到家门口，当着他们的面儿挤奶。在一些南亚城市里，人们现在依然用这种方法送奶。[19]维多利亚时期，伦敦假货横行、危害四方，这些和纽约的泔水奶丑闻比起来，不过是小巫见大巫。

那些家庭妇女通常都会说她们"是从正规奶商那里购买牛奶的，这些奶商是从奥兰治、西切斯特或康涅狄格直接采购的"。[20]这些被穷苦蒙蔽的家庭主妇们可能"只是模糊地想象着乡村奶品厂的样子，新鲜芳香的气息扑面而来，让人心旷神怡。挤奶时间到了，面颊绯红的女孩子们提着水桶走了出来，等待奶牛发出哞哞的叫声欢迎她们，牛儿认得出她们每一个人的样子"。[21]这些全都是白日做梦！事实是，市场上打着"奥兰治县"旗号出售的牛奶大部分根本不是产自乡村地区，而且还严重兑水。穆拉利发现，每天有九万多夸脱的牛奶运抵纽约，投放到市场后却奇迹般地增加到 12 万夸脱。这个数字证明，纽约市的奶厂工人肯定在原奶中掺入了其他液体，牛奶至少被稀释了 1/4。然而这还不是最糟糕的。《纽约时报》指出，如果说"掺入了白垩、水和一点糖蜜"的乡村牛奶就已是令纽约的母亲和孩子们最担心的情况，那倒好了，可惜事实并非如此。和泔水奶比起来，掺了白垩的牛奶可以说根本无害。纽约最多一天可销售 16 万夸脱的泔水奶，[22] 而且里面含有"传染病"和"动物体内的毒素"。

穆拉利曾到访位于纽约第十大道和北河之间的第十六大街，参观了一位名叫约翰逊的富有酿酒商设在此地的奶品厂。这位约翰逊先生"每天给 2000 头牛喂食酒渣泔水，每头牛每天的'伙食标准'是 6 美分，一年下来这项非法生意就可以为他节省 40000 美元"。从 1 公里之外就可以闻到这家奶厂散发出的臭味，严重破坏了周围居民的生活环境。1854 年，卫生督导员前往此地检查，发现这里的牛棚简直臭气熏天，最后他们不得不"暂停检查以便有时间恢复恶臭对他们的身体造成的严重影响"。[23] 六七百头牛挤在一间肮脏的牛棚里，除了躺在满是粪便的地上，就是或多或少地从饲料槽里不断地吃下酒渣饲料。穆拉利在报告中写道：

> 奶牛们第一次吃到的酒渣泔水常常都是滚烫的，在这种条件下一头新来的奶牛吃过饲料后可能被烫得好几天才能喝水。一开始，当工人们将这些令人恶心的泔水饲料倒在槽里的时候，奶牛都会本能地往后退，但一两个星期后，奶牛们就习惯了，最后它们还是会津津有味地大嚼这些饲料。喂食几周之后，奶牛的样子变得极为恐怖。它们的嘴和鼻孔脏得吓人，眼睛呈铅灰色，这些症状表明，用酒渣喂养动物的愚蠢做法会导致与动物过度酗酒一样的症状。[24]

穆拉利目睹了人类是如何漫不经心地照顾这些喝醉了酒的可怜牲畜的，同时他还在报告中暗示说这些牛奶根本于身体无益。奶厂工人总是用自己肮脏的手指从牛奶中拣出一块块明显的污物，从来不用烦恼洗手的问题。奶牛的乳房经常出现溃烂，工人们照样继续挤奶，根本没人理会,"牛奶就和其余的污物混在一起"。即便牛已经站不住了,只要没死就会被人一直挤奶。原奶离开约翰逊的奶品厂到了小商贩们手里还会被掺入其他东西,正如《纽约时报》所描述的:

> 每夸脱牛奶中先是加入了1品脱水,然后又会掺入大量的白垩,或熟石膏,为的是祛除牛奶稀释之后透出的蓝色;接下来还会在牛奶中加入氧化镁、面粉和淀粉,增加黏稠度;最后,奶贩子会掺入少许糖蜜,令它们呈现出优质牛奶才有的带有醇厚感的黄色。现在这些泔水奶就可以拿去喂养婴儿,或是兑在茶中饮用,或做成冰激凌出售了。这些阴险的且令人厌恶的致命毒药,分布在纽约市的各个角落。[25]

在打击泔水奶这件事上,纽约的警察们显然力度不够。倘若有哪位纽约公民决定在家中驯养一头疯狂的狮子,当局肯定会进行干预;相反却没有人制止这位约翰逊先生为增加收入而"使用两种毒物毒害大众"。这两种毒物,一是泔水奶,二是奶品厂排放出来的"恐怖臭气"。(《纽约时报》)

此后的几十年里,泔水奶丑闻并没有结束。1858年,由弗兰克·莱斯利(Frank Leslie)创立的《画报》(Illustrated Newspaper)又一次披露了酒厂附设奶品厂的丑闻,再一次报道了"肮脏不堪的牛棚,奶牛们的凄惨境遇,以及奶厂主们的残忍行径"。[26] 奶牛们的牙齿已经腐烂,尾巴完全脱落,表皮溃疡十分严重。我们的老朋友,在曼哈顿西十六街设厂的约翰逊先生又一次被认定为罪魁祸首。为了做点儿什么以平民愤,坦慕尼协会派市议员麦克·图米(Michael Tuomy)前往"调查"。这位图米先生在从政之前是一位屠夫,总是对人拳脚相向。[27] 图米到了奶厂并没有展开适当的调查,而是和奶厂老板们坐下来喝了几杯威士忌,然后开始想尽办法为奶厂老板们开脱,并指责那些不喜欢泔水奶的人绝对"有偏见"。他还宣布说,经过他本人的大量调查,泔水奶和普通牛奶并无分别,孩子们喝了都有好处。[28] 由于图米倒向了奶厂主,纽约市公共理事会下属委员会得出结论:酿酒厂附设的奶品厂"具备奶品生产制造企业应

1858 年由弗兰克·莱斯利创办的《画报》上刊登的系列漫画,揭露了纽约的泔水奶事件。

有的干净整洁",而且调查中并没发现一例因饮用泔水奶导致儿童死亡的案例。[29]

《新闻画报》(*The Illustrated News*)马上画了一幅题为"泔水奶·图米"的漫画讽刺这位市议员。图米对此事做出的回应是,下令逮捕该画报的编辑。与此同时,泔水奶继续在纽约市场上销售,"丝毫没有减弱的势头","除非政府将情节最恶劣的相关人员诉诸法律",否则这一行为仍将持续。[30] 除了纽约,泔水奶还蔓延到旧金山、芝加哥、费城等地。[31] 最终,在1862年,纽约市颁布了一项法律禁止出售掺假牛奶,酿酒厂不得附设奶品厂,同时规定奶品经销商的车辆及奶罐上必须注明公司名称。可惜,无论是政府采取的强制措施,还是民众的强烈意愿,都没能阻止泔水奶的销售。19世纪70年代,泔水奶丑闻屡见不鲜,奶贩子们照样在牛奶里兑水。

牛奶是疾病的滋生地,也是一种极不稳定的产品。是什么使得牛奶这样一种特别棘手的物质成了规范产品,又是什么将牛奶这种简单的物质歪曲成连自然属性都不可预测的东西呢?[32] 当时,细菌学刚刚出现。经分析表明,泔水奶中平均含有89%的水,相比之下,奥兰治鲜奶中含有86%的水。不过,牛奶中水和奶油的含量浮动范围非常大。如果消费者发现他们的牛奶所含的奶油比往常少,他们肯定会怀疑是奶贩子掺假。1873年的一份报告曾对此挖苦道:

> 最近的调查表明奶牛和奶贩子一起共谋在我们的牛奶中掺水……在自然状态下,牛奶中就含有非常多的水。牛奶中奶油所占比例从5%到23%不等;同一头牛,早晨产下的奶中含有11.5%的奶油,下午的奶中就只有5%的奶油。牛奶中奶油含量的变化多半会令人们做出愚昧的判断——买家觉得牛奶稀薄了,有可能是牛的自然反应,也有可能是奶贩子往牛奶里面掺了水。[33]

消费者们最终放弃了对天然牧场奶的梦想,转而相信科学的力量。只有将便携式奶瓶与巴斯德系统杀菌法这两项发明与更完善的规章制度相结合,才能确保美国人即便是生活在泔水城纽约的人也能饮用到安全的牛奶。一位名叫内森·施特劳斯(Nathan Straus,1848—1931)的慈善家从1893年起在纽约资助开设了一批低成本奶站,专为贫困家庭提供消毒奶。[34] 从那时起,纽约的婴幼儿死亡率终于不再居高不下了。

但泔水奶丑闻无疑在美国公众心中埋下了怀疑的种子,人们开始担心食品和饮品的安全,随着怀疑的迅速扩大,目光已经不仅仅聚焦在奶制品上了。19世纪70年代，美国的报刊上开始出现一系列文章，攻击国家整体食品工业缺乏安全性与公正性。这与19世纪40年代伦敦出现的那些扰乱社会民心的攻击性报道如出一辙。老生常谈的掺假故事再次被搬出来：如咖啡中的菊苣根粉末、糖果中的铅、茶叶里的铜，等等。1871年，一则新闻报道提出，几年前假货无处不在，与之相比现在的程度根本"微不足道"，究其原因作者认为主要是过去那个时代的人们普遍迷恋金钱。[35] 1872年，另一位新闻记者写道：

> 食品掺假是传播范围非常广的邪恶做法，其利润对造假者产生极大诱惑，令受害者们很难觉察，现如今大多数人都买到过假货。我们不可能像分析化学家们那样进行食品分析，或许就整体而言，只要能让我们愉快地吃东西、喝东西，我们就感激不尽了……如果人们发现他们吃进肚子里的东西多么恶心、商家们一直将这些恶心的东西伪装成最无害的商品，这么恶心的事情，谁听了都想吐。[36]

据不完全猜测，在美国，90%的供应食品并不像其"伪装的那样"。[37] 恐怖事故层出不穷。例如有人说假醋中会掺有硫酸，这会导致牙龈疼痛，还会引发"味觉神经麻痹、痔疮及其他可怕的不幸事件，如不停地打嗝或拼命地清嗓子，等等"。[38]

与伦敦一样，这些令人惊慌的声明所造成的影响，也在美国无休止地重复着。观众们宁可不厌其烦地面对掺假这个主题，也不愿采取任何实际行动与假货斗争到底。1881年，查尔斯·斯马特（Charles Smart）博士应美国国家卫生局的要求调查食品掺假问题，他在调查报告中说："耸人听闻的报道让美国人不仅怀疑牛奶里面会兑水，而且怀疑所有东西的真实性。"（人们已经习惯这个想法了。）[39] 他抱怨说，太多作家只是照搬哈塞耳的做法，将其原封不动地应用于美国，完全没有考虑到英美两国的环境差异。美国人普遍都在家研磨咖啡（过去，美国的杂货商店少之又少），所以咖啡的掺假情况远不像英国那样花样翻新，而且美国的玉米粉与面粉的质量也都很纯正。

但是，基于研究得出的原始数据，斯马特博士也发现，和英国同类食品相比，美国食品一样存在掺假问题，有时甚至更糟。市场上销售的肉桂实际上就是桂皮、杏核、玉米、小麦、多香果和豆类的混合物；黄色糖果同样也含有致命的铅；多香果粉在英国几乎从未掺假，但在美国却掺入了面包屑、木材组织和姜黄。同样的，美国糖中普遍掺有葡萄糖，但在英国却从未发生食糖掺假的事情。后来其他政府机构的分析表明，当时美国的猪油中含有作为防腐剂使用的生石灰和明矾；干酪中有汞盐；罐头食品中含有铜、锡和各种防腐剂。[40]食品掺假，主要动机还是贪婪。不过在某些情况下，斯马特认为是"经销商自己缺乏知识，不了解纯正商品的特征造成的"。[41]

这证实了人们最担心的事情。加之有关当局尸位素餐，与食品掺假斗争的重任往往落在妇女团体的肩上。19世纪80年代，美国各地出现了很多女性俱乐部，她们在教堂大厅与演讲厅集会，或是在俱乐部会所或私人住宅里碰头，互相传授避免买到假货的方法。1884年，位于纽约第四十三大街与第四十四大街上的多家屠宰场外都堆起了腐烂的粪便，发出阵阵令人难以忍受的恶臭，15位女士发起了清理屠宰场的运动。同年，在美国西部地区，埃拉·伊顿·凯洛格（Ella Eaton Kellogg）为密歇根州基督教妇女戒酒联合会举办了一场纯正食品讨论会。[42]在会上，埃拉表示，应该有人教会女人们吃纯正食品和无公害食品，而不是急着购买骗子的药剂。她解释说："家就是女人的城堡，在这里，疾病是最常见的威胁。"和当时的许多妇女一样，埃拉也相信戒酒与戒吃危害性食品或人工食品有着密切的关联。她本人对掺假食品的定义非常广泛，不仅包括那些伪造的混合物，也囊括了精制糖、辣椒、芥末之类的刺激性调味品。[43]当时妇女普遍认为芥末是一种致幻毒品，这让人有点惊讶；但随后，美国却成了种植致幻毒品与万应灵药的乐土，就连婴幼儿服用的"平顺糖浆"中都含有鸦片。（这是1888年美国发生的一则丑闻，当时教会杂志中刊登了温斯洛夫人牌平顺糖浆的促销广告，该产品自诩对"孩子们有极大的帮助"，后来这种帮助孩子入睡的产品被披露成分中含有鸦片。）[44]美国妇女们发起的纯正食品运动正是为了反对这一切。

与其他提倡禁酒运动的妇女一样，埃拉·凯洛格也将假货视作一种罪恶，是极端道德专制主义的支持者。与阿库姆或哈塞耳的所作所为相比，她们更加武断，不分青红皂白地将所有东西一扫无遗。就好像，说脏话就等于整个身体都堕落了一样。1885 年，一位名叫埃拉·霍森埃维利（Ella Hoesneville）的女会员写道："在食品中掺假是罪孽深重的行为，它比缺斤少两、以次充好还要恶劣。分量不足，只是少了东西；吃了掺假食品，则会丢了性命。"[45] 无独有偶，19 世纪 80 年代，《女性俱乐部》杂志（Club Woman）的编辑也坚持认为，与食物有关的每一个掺假问题都应该被彻底根除。每一个销售假糖或"再制奶油"的商家都是在破坏贸易途径，"正所谓一颗老鼠屎坏了一锅粥，一滴毒药也会污染整夸脱的牛奶，哪怕一个不诚实的卖家或生产企业也会令整个行业腐化"。[46]

与假货的抗争被无情地与原罪和救赎的说法捆绑在了一起。为保护美国人民不受伪劣食品的侵害，马萨诸塞动物保护协会主席、纯素食运动的支持者乔治·桑戴克·安吉尔（George Thorndike Angell）一直反对设立一般性国家法。[47] 他认为他的工作等同于一个"布道坛上的牧师"，现在美国已经废除了奴隶制，但那些被当作食物的动物仍遭受着非人道的对待，正直的人有责任为解放这些动物奴隶而斗争，而那些毒害广大群众的生产制造商们简直跟"拦路抢劫、谋杀的强盗"差不多。[48] 安吉尔眼看着人性迅速地淹没在"深不可测的制假汪洋"中，他希望唤起人们进行自救。在他看来，仅仅靠纠正现代食品产业中出现的这样或那样的问题是不够的：整个食品产业就像一个巨大的邪恶阴谋，已经腐化堕落了。食品企业也采取了以其人之道还治其人之身的做法，他们明白，逐点逐条地批驳安吉尔的说法是没用的，索性全盘否定，于是他们声称：安吉尔先生的话全部是对事实的歪曲。在这场有关掺假的辩论中，双方只是一味地怂恿对方做出过激举动，从未真正沟通，导致辩论陷入僵局。

不管是从商的还是从政的，凡是明确支持规范食品贸易的人，都很反感大吹大擂的激进分子，觉得他们言过其实、耸人听闻，听了简直让人火大。那些支持纯正食品运动的人，如安吉尔和妇女戒酒联合会的成员们，常常被食品制造者们指控为"极端狂热分子、怪人"。[49] 当 19 世纪即将结束的时候，美国一些州最终还是出台了新的食品法，试图通过法律手段保护食品质量。1874 年，伊利诺伊州出台了美国第一部州食品法，这是

第一部适用于所有食品的"纯正法案"。1881年，纽约市颁布了纯净食品与药品一般性法案。紧接着，马萨诸塞州也于1882年出台了州食品法，这主要归功于安吉尔的努力。尽管美国未能出台联邦食品法，但是通过以上事件可以看出，美国正在努力解决食品掺假问题。随着一件激动人心的新产品（或者说是非常险恶的产品，这取决于您的角度）从欧洲实验室传入北美地区，美国政府需要拉动一次有益的利害冲突，且依然沿用老的模式。1886年美国爆发了一场人造黄油大辩论，这场辩论使得纯正食品问题不再是各州的问题，而是真正成为一个全国性问题。

人造黄油之战

"所有的人造黄油基本都一样，"2006年马里恩·内斯特尔（Marion Nestle）写道："都是豆油与食品添加剂混合而成的。人们所看到的一切不过是在做戏和粉饰。"内斯特尔本人，就是未加工食品的支持者，她宁愿吃少量的黄油或橄榄油，她的理由是"你为什么要在面包上涂豆油呢？"[50]

尽管如此，世界上仍有数百万人在使用豆油、棕榈油或葵花籽油。1997年，美国人造黄油年人均消费量是黄油消耗量的两倍多（当年黄油的人均消耗量为4.2磅，人造黄油的人均消耗量为8.6磅）。[51]有一些人选择人造黄油，是因为价格便宜；而另一些人则是因为某些承诺，这些公司许诺吃了他们的人造黄油会永葆健康，至少也会承诺说是减肥食品或低胆固醇食品（这些万灵黄油可比传统黄油贵多了）。一些人认为人造黄油是一种廉价替代品，另一些则认为是一种高级选择，还有些人则是出于无奈，因为他们无法消化黄油中的乳质成分。不管怎么说，以上几种情况表明，消费者选择人造黄油的一个重要原因就是因为它们不是黄油，而且它们也无需假装成黄油。即便是那些不吃人造黄油的人也可以欣然接受它们出现在超市的货架上，因为在他们看来，人造黄油不是欺诈食品。

我们真有如此宽容吗？倘若人造黄油既欺骗了消费者，又有违黄油的盛誉，我们还会这么宽容吗？在加拿大魁北克省，你能买到的唯一一种人造黄油样子很像天然黄油，而且未经过染色，但在热吐司上融化后会呈白色，所以你可以肯定它不是真正的黄油。1967年以前，受强大的黄油游说团的影响，威斯康星州（著名的奶制品产地）一直禁止销售黄色人造黄油，理由是这种黄油本身就是假货（该州于1925年到1927年执行的早期法律规定，任何人不得制造、销售，甚至拥有任何形式的人造黄油）。[52]20世纪50年代时，你在该州只能买到一种纯白色的人造黄油，购买的同时还会得到一小袋黄色食用色素。倘若主妇们希望它们看上去更像天然黄油，可以将二者混合，这样就不会有受骗的感觉了。但对一些人来说这样做还不够，律师巴里·列文森（Barry Levenson）发现，"威斯康星的居民们一直记得在20世纪50年代到60年代初期，他们偷偷跑到伊利诺伊州非法贩卖黄色人造黄油的事"。[53]想想看：人们之所以会穿越州界去销售一种虚假产品的真正假货（人造黄油被有些人认为是虚假产品，该州又不允许将人造黄油染色，因而黄色的人造黄油就被认为是"虚假产品的假货"。——译者注），就是为了不使自己蒙受制假者的恶名。

  20世纪的威斯康星州仍然保留了1886年颁布的禁止出售黄色人造黄油的禁令。同年，美国国会与参议院就人造黄油究竟是新鲜事物还是伪造的假货展开了激烈的争论。有些人认为人造黄油是一种"滑头滑脑的赝品"，一位国会议员竟然称它是"19世纪最大的骗局"。[54]另一位国会议员也很困惑，利用狡猾的诡计可以合成出一种物质，"再用这种物质伪造出一种类似天然黄油的食品，但无论从外观、气味、味道抑或是销售方式都和天然黄油不一样；所以说肯定是假货"。[55]

  人造黄油备受质疑，是因为它源自法国，并且总和贫穷联系在一起。1886年，参议员帕默（Palmer）抱怨说，人造黄油是巴黎围困那年（1870年）出现的。那是让人绝望的一年，"人们为了换口吃的，连自己的宠物都卖了"。[56]实际上早在一年以前（1869年）人造黄油就已经获得了发明专利。19世纪60年代，欧洲地区可食用油脂紧缺，法国皇帝拿破仑三世希望找到一种更为廉价的新型黄油。一位名叫希波里特·梅热-莫西耶（Hippolyte Mège-Mouriés）的法国化学家找到一种新的牛油乳化法。首先，他利用切碎的牛胃将牛板油化成油，然后将这些油和切碎的牛乳房放在一起进行乳化,并加入碳酸氢钠。制造过程中,他发现乳化后的牛脂呈乳白色,像珍珠一样流动,于是他借用了希腊语的"珍珠"(margaron)一词,将自己的发明命名为"oleomargarine"。

然而对于美国的奶厂主而言,这种油滑的新物质远不及它的名字吸引人。1873年12月30日,美国第一项人造黄油制造专利诞生了。19世纪70年代,农业不景气,加上大量廉价的黄油替代品涌入美国,那些奶厂主们觉得在对经济的判断力方面受到了侮辱。许多明明是用梅热专利技术合成的人造黄油,却公然地冒充天然黄油。它们被染成水仙花般的深黄色,装在和传统黄油一样的木桶中。不管用的是猪板油、牛板油,还是将二者掺在一起,它们都有一个令人愉快的名字——人造黄油。1877年,纽约与费城都颁布法律,要求市场上出售的黄油必须如实标注成分,但这丝毫没有阻止人造黄油的崛起。1880年,美国天然黄油全年出口量约4000万磅,同期人造黄油的出口量只有2000万磅;可到了1885年,这个数字就发生了变化,人造黄油全年总产量大约达到5000万磅之多,出口量则达到3800万磅,天然黄油总出口量则为2150万磅。[57]

一则人造黄油广告。

马克·吐温（Mark Twain）见识过一些人造黄油销售商是怎样不择手段地卖力推销。一次他从密西西比乘内河船前往辛辛那提市，在船上无意中听到一位黄油推销员的话：

> 你千万不能说这东西是黄油做的。乔治，推销专家绝不会说这话！你得说，这是家庭自制的，西部的很多船上都用的是我们的产品，虽然里面压根儿就没有黄油……你很快就会看到那一天，到那时，你翻遍密西西比和俄亥俄河谷的所有旅馆也找不到一丁点的传统黄油，就连大城市以外的地方都找不到……而且这些人造黄油卖得非常便宜，全国的人都会来买它……传统黄油已经过时了——可以说从今以后，传统黄油再没有市场了。[58]

这没有什么可奇怪的。的确，美国奶农本应该将人造黄油视为敌人。

1886年春夏，美国国会参众两院就人造黄油展开辩论。辩论中，威斯康星州众议员罗伯特·M. 拉福莱特（Robert M. LaFollette）声称，人造黄油"是用来赚取非法所得的邪恶发明，它们令奶制品产业感到沉痛而绝望，而奶制品产业对于政府而言就像身体中的血液一样重要"。[59]人造奶油伤害了农业，伤害农业也就意味着伤害了美国本身。来自以奶业为支柱产业的州的其他众议员们也对人造黄油持同样的观点。纽约州代表抱怨说，奶制品行业已经濒临灭绝，各个州的法律已经无能为力了，除非由国家出面颁布相关法律对该产业予以保护。人造黄油不仅威胁着美国的农业，也威胁着公众的健康。奶制品加工者坚持认为人造黄油就是一种毒药。[60]伊利诺伊州代表托马斯（John R. Thomas）说，不光要解救众多奶农，还应出台相应的联邦法律来解救消费者，他们无法自我拯救："看来美国人似乎很喜欢上当受骗，他们张着大嘴四处嚷嚷，等着被人骗。"[61]

各州代表都对人造黄油非常厌恶，认为人们是用病畜或那些用酿酒厂的泔水喂养的动物的"污秽脂肪"做的（他们学会了如何让指控有效地引发公众的不安情绪）。《华盛顿邮报》称，制造人造黄油的人是"废弃板油和变质皂基润滑脂的操控者"。[62]一位来自弗吉尼亚州的议员描述道:"先是将猪肚、羊肚、牛肚进行排酸,然后用溴基氯化铝混合剂消除味道并防止出现大面积腐烂……这种廉价食品以在药剂师商店销售的方式进入了穷人的肚子里。"[63]一些人甚至声称人造黄油不仅会侵害人的身体,还会伤害人的心灵。还有人暗示人造黄油是对上帝的不敬,因为它破坏了"上帝赐给我们的四种感官"。[64]这样一种混杂的混合物,谁吃了谁就会道德混乱。和天然黄油比起来,人造黄油代表了一种较低层次的生活方式。佛蒙特州众议员威廉·格拉特(William Grout)提出,食用人造黄油预示着美国文明正在倒退,美国人已经从吃黄油倒退到"像我们的祖先撒克逊人在德国森林时那样开心地吃起原始动物油和猪油来了"。[65]

不过,华盛顿仍有人造黄油的支持者,这些人用慎重而公道的口吻与黄油阵营越来越歇斯底里的语气做斗争。黄油阵营称人造黄油是"午夜杀手",但是托马斯·布朗(Thomas Browne)在美国国会中问道:"请问有哪个人的墓碑上刻着,此人是因为吃了人造黄油死的呢?"黄油阵营声称,人造黄油是用病畜或污秽脂肪做的。但一位科学家指出,除非制造人造黄油的油脂是新鲜的,否则这种东西一文不值。总之,黄油已经不像农民们说的那样充满田园风味并有益于身体健康,它已经工业化,必然存在着风险。一位宾夕法尼亚州众议员注意到,传统黄油中常常会掺入胡萝卜、豆类和马铃薯,也有将腐臭的黄油回收或除臭后再卖给不知情的消费者的情况。

这次辩论的症结不在于人造黄油是否有毒,而在于它是不是赝品。奶厂主们费尽心机想证明人造黄油根本就是一场骗局,这种"假黄油"常常用来冒充真的黄油,因为人造黄油的生产成本远比黄油低得多。[66]1879年时,有人认为消费者们"总是购买传统黄油",但实际情况并非如此。[67]农民们作证说,有几家新开张的乳品店很可疑,他们每天只进很少的牛奶,可不知怎么却能制造出很多黄油。[68]不用说,这些乳品店卖的肯定是人造黄油,加工者通过蒙骗消费者来牟取暴利。看起来,大量人造黄油流入了旅馆和餐厅,1886年12月,《纽约时报》发表了一篇文章,并配以"有人在铁路餐厅点了黄油却吃到人造黄油"的大字标题。[69]人造黄油采用欺骗性销售的做法是错误的,但不该因噎废食。《华盛顿邮报》受够了黄油商们"无休无止的乏味哀号",提出销售人造黄油其实是件好事,只要在包装上明显标注上制造企业的名称并加盖政府许可章即可。[70]这样消费者就可以清楚地知道什么是黄油，什么是人造黄油。后者价格低廉，黄油则价格昂贵，这也是对其真实性的一种检验。

不用说，传统黄油制造商们肯定不同意，他们坚持认为，只要允许人造黄油染成传统黄油的黄色，那么就会有人继续用人造黄油冒充传统黄油，而且肯定有人会将这二者弄混。1886年参议院委员会就农业事务召开听证会，会上参议员帕默提出，黄油"鲜艳，如毛茛一般的颜色"是《圣经》上认可的事情，用胭脂树橙将人造黄油染成黄色绝对是错误的。[71]新罕布什尔州参议员布莱尔也表示认同："你可以选择彩虹上除黄色以外的其他所有颜色，但是就让传统黄油继续使用它抢先取得的颜色吧。"然而人造黄油的支持者们却认为，很难准确地说清楚什么是黄油"抢先取得的颜色"。由于年份不同，奶牛吃的饲料不同，黄油本身就有各种颜色：深黄、浅米黄……如果说添加黄色素是欺骗，那么传统黄油制造商们也一样有罪，为了迎合客户，许多黄油的黄色也是染出来的。辛肖（Hinshaw）先生（一位与众不同的芝加哥人造黄油出口商）对参议院说，用黄色素染色的做法是从人造黄油生产商开始的，他们应该拥有优先权，就算要求传统黄油制造者们使用与黄色完全不同的颜色也是合理的。所以，还是让黄油制造商们从彩虹的其他颜色里选一个用吧！

可是，黄油阵营太强大了。1886年，美国颁布了《人造黄油联邦法》，规定每售出1磅人造黄油要缴纳2美分税费，比过去少了10美分；相应地，人造黄油的售价也要比传统黄油（每磅的税金为14美分）便宜很多，违者将受到惩罚。[72]此外还要求人造黄油制造商和批发商必须购买价格昂贵的营业执照。但是奶厂主们认为光有法令是不够的，转而向州政府寻求更多的保护。例如，在新罕布什尔州，参议员们想让传统黄油保有上帝赐予的颜色，于是通过了一项法案，要求该州出售的人造黄油必须染成亮粉色，明尼苏达州也制定了同样的规定。[73]美国最高法院于1898年取消了这些古怪的"粉红法案"，理由是这些法案虽然有效地禁止了人造黄油的生产，但方法过于极端，违反了宪法原则。[74]人造黄油的合法性自此变成了一个高度宪政问题。这是双方阵营都希望的，但双方对结果都不满意。

哈维·华盛顿·威利

1886 年，传统黄油取得了暂时的胜利，但这次并非是纯正食品战胜了假货，而是地区利益和危言耸听战胜了理智的辩论。政府在整个事件中更像是一个让各方陈述观点的临时演说台，而不是汇聚各方的工具，也不能给各方以太多信心。19 世纪的最后十年，美国食品业似乎仍旧无法在极端狂热者与党派利益之间左右逢源，所以国家政府唯有不幸地处于这二者的夹攻之中，直到一个与众不同的人出现。他性格外向，有些自负，热衷于改革却不喜欢改变；既懂科学又会做生意，而且不被二者束缚。像阿库姆和哈塞耳一样，他充分认识到自己的重要性，他在生命的最后时刻撰写了自传，目的只是告诉后人他的做法是多么重要。他改变的不仅是食物，还有美国的政治面貌。他像阿库姆一样喜欢炫耀，也拥有像哈塞耳一样坚持不懈的决心。他相信自己命中注定要成就一番事业。19 世纪结束时，纯正食品事业需要一位有独立见解的新领袖，这个人既不能是行为古怪的科学家，也不能是见利忘义的重商主义者，但是既要懂科学又要懂商业。这个人就是哈维·华盛顿·威利。

1844 年，威利出生在印第安纳州乡下的一个小木屋里，后来成长为一个身材高大、体格健壮、头脑敏锐的男人，"满身肌肉的他就像是一个挖沟工人"。[75] 威利的父亲是个传道士，也是个农民，被称作"杰斐逊县最早的废奴主义者"，这个家庭教育子女们强烈反对奴隶制。[76] 1840 年，"自由之士"党投票选举反奴隶制候选人，他的父亲投了马丁·范·布伦一票，而且他是镇上唯一投票的人。那时候，投票都是口头的，投票者不可能掩饰自己的政治倾向。老威利投完票后就遭到了一阵粗暴的毒打，打人者还用"黑鬼！老黑！"的字眼侮辱他。殴打和谩骂并没有吓退他，反而增强了他的决心，而且他一直教育小威利不要忘记威利家的这个传统。[77]

威利虽然丢掉了父亲的宗教信仰，但是只要他认为是对的，即使得不到广泛的认同，即使面对嘲笑，他都会坚持到底。和父亲不同，威利似乎很喜欢让人觉得自己荒唐可笑。美国内战期间，他曾一度效力于联邦军队；内战结束后，威利先后在印第安纳波利斯市和哈佛大学学习医学。1874年，他开始在普尔都大学任教，断断续续地教了9年，由于嘲笑大学董事会，他成了不受欢迎的人。威利喜欢骑着自行车逛市镇（早期的高轮自行车前面是一个小轮子而后面是一个大轮子）。有一次，他骑车去蒂帕卡怒县，当地人之前从没见过自行车，他又穿了一条怪异的灯笼裤，不单是当地要人，就连马儿见了他也要吓一跳。其中一位要人甚至将他比作"蹲在大车辂辘上的一只猴子"。[78]人们认为威利的所作所为不是一位大学教授应有的表现，他们也不喜欢威利和学生们打篮球，更加反感他缺席晨祷课。后来威利和一个访客谈起这段往事，他自鸣得意地说："简而言之，在他们眼里我就是一个漠视宗教、轻佻、有伤大雅的人。"[79]

尽管在别人眼中他就像个小丑，但正是在普尔都大学任教期间，威利开始认真地重视起与掺假食品的斗争。1878年，他来到德国，参加了著名化学家奥古斯特（August Willhem von Hofmann）的化学讲座和威特马克（Wittmack）的鉴别假货讲座。[80]他当选为德国化学学会成员并开始从事有关糖类化学性质的分析。威利一直对甜食抱有浓厚的兴趣，当他还是个孩子时就学会了如何从枫树上采摘枫蜜，制作枫糖浆。然后到了19世纪50年代晚期，印第安纳州南部地区引进了高粱，这种植物长得像草一样，细长的茎里可以榨出甜甜的汁液。于是威利一家开始种植高粱，用从高粱秆中榨出的甜汁制作深色的高粱糖浆。[81]美国内战爆发后，新奥尔良市的食糖与糖蜜供应全部中断，这些自产高粱可以为威利全家提供需要的所有糖。威利始终不能忘记这些儿时记忆，19世纪70年代，他开始用在德国得到的一架偏光仪分析各式各样不同的糖。偏光仪利用穿过棱镜的各种光线来检测不同糖溶液的化学组成，在检测过程中，威利一直梦想着有朝一日美国的糖类能自给自足，而不是每年花费数亿美元进口蔗糖。[82]威利一开始就分析了枫糖浆和高粱糖浆，这两种糖让他回想起童年的甜蜜，而后他发现了一个新的并具有争议的糖分来源：葡萄糖。

葡萄糖是从印度玉米中提炼出来的一种糖，和人造黄油一样也是一个相对较新的创造物，而且同样被抨击为邪恶的新鲜事物。安吉尔抱怨说，葡萄糖就像是一个可怕的"巨人"，"仅仅几年时间就有了巨大的增长"。[83]规模问题不可否认，到19世纪70年代，葡萄糖已经形成了价值两百万美金的产业。[84]但是安吉尔坚持认为葡萄糖不利于人们的身体健康，不过这一点并不确定。威利本人对葡萄糖也是悲喜交加。本质上说，他喜欢玉米这种有益健康的土生土长的食物。1881年，他在《大众科学月刊》(Popular Science Monthly)上写道："美国人没有了面包、肉、糖和威士忌就活不下去，制造这些东西都需要玉米，玉米是新的美国之王。"[85]他的研究显示出葡萄糖是如何广泛地应用于各种糖类制造，同时也表明它是制造假货时经常用到的一种成分。1881年，威利发表了一篇文章，列举了蜂蜜的例子。当时大部分液态蜂蜜其实都是经过巧妙伪装的葡萄糖，里面只加了一点点真正的蜂蜜，为的是让假货闻起来和真的一样，有时甚至"会在假蜂蜜里掺入残余不全的蜜蜂尸体、翅膀、大腿等物"，因为用葡萄糖制成的假蜂蜜总是干净得有些不自然，加入这些东西消费者就不会怀疑了。[86]掺入蜜蜂尸体还是很含蓄的做法，真正无耻的掺假者会做一个假的蜂窝，然后往里面灌满葡萄糖，最后再用石蜡将一个个蜂房封好。[87]威利在文章中嘲弄说，有些善于发明的美国佬正准备为这种不正当的技术申请专利。

养蜂人说威利的文章是对货真价实的蜂蜜的诽谤，各种介绍蜂蜜的杂志也纷纷声称，假葡萄糖蜂巢的说法是"威利编造的谎言"。他们担心威利提出的罪状会破坏整个蜂蜜产业。后来威利回忆说："全美国的养蜂人都对我恨之入骨，多年以来他们一直视我为攻击目标。"[88]他竭尽全力地向养蜂人保证说，他是站在他们一边的。他不是想鼓励假货，而是要预防假货。威利曾向印第安纳州卫生局提交了一份监测报告，介绍了他对市场上出售的各种糖与糖浆，包括蜂蜜产品的检测情况，并对掺假情况进行了说明。他列举出很多证据说明葡萄糖制成的假货对"蜂蜜产业造成了巨大的伤害"，当养蜂人看到这些证据的时候，他们不再攻击威利，其中一些养蜂人甚至成了他最热情的支持者。[89]

不光是养蜂人，其他人也开始注意到威利的糖类分析。威利在参加圣路易市举行的一次高粱种植者磋商会议时遇到了乔治·洛林（George Loring）博士，并给这位美国农业专员留下了非常好的印象。1883年4月，一通来自华盛顿的电话使得威利成为美国农业部首席化学家。威利欣然接受了这份工作，他告别了普尔都大学的乡下学者们，投身到首都激烈的政治活动中。起初，威利还是继续他的糖类分析，并迫切要求建立国内的糖用甜菜产业，以抵制各种利益集团。后来，他甚至自诩为"甜菜制糖业之父"。[90]不过，他研究假货的兴趣越来越浓厚。他从各地搜罗假货，然后在实验室中进行系统分析，并出版了一系列检测报告：日用品报告（1887年），香料与调味品报告（1887年），发酵类酒精饮品报告（1887年），猪油报告（1889年），烘焙粉报告（1889年），糖类报告（1892年），茶叶、咖啡与可可饮品报告（1892年），蔬菜罐头报告（1893年），等等。他还批评卑鄙可耻的假医药用品，抨击"秘方药"和"那些以残忍勾当为乐的人将各式各样的万应灵药、药膏、医疗器械、毒药、巫术仪式和纯粹的假货等强加到遭受苦难的人类身上"的做法。[91]那些号称某些特殊食品可以"补脑益智、放松精神或滋养皮肤"的虚假产品广告同样激怒了威利。[92]1892年，威利当选为美国化学委员会主席，在与假货的斗争中，他很好地将自己树立成一位主导人物。

当时，威利并不是华盛顿唯一一位对纯正食品有兴趣的人。1889年，内布拉斯加州参议员派道克（A. S. Paddock）向美国国会提交了一份纯正食品法案，希望能够将威利的工作以及几年前从人造黄油战争中获得的经验转化成自己的优势。但是派道克失败了，这项法案遭到了国会成员的嘲笑，他们否决了这项法案（但在接下来的十年又有人建议推出类似的法案）。不过威利并没有因此垂头丧气。他知道，选择正确的战斗方式很重要，而且他有一个独特的诀窍可以让他的事业获得更有效的宣传。他也非常渴望与假货进行斗争。年轻的时候，威利很希望成为一名职业拳击手，而且他从未失去战斗的本能。和华盛顿许多其他的权威人士一样，威利非常关注如何提升自己所在的联邦办公署的能力与声望。[93]但他非常清楚谁才是他真正的敌人：那些用化学产品贮存食品的人、不诚实地贴标签的人、假货的生产制造者们、出售"秘方药"的人，等等。威利知道，这些利益集团会沾沾自喜地将那些攻击他们的人称作"怪人"或"缺乏商业意识的改革家"，[94]他决定不让这些人逃脱惩罚。

威利知道如何应付利益集团的嘲笑，这也是为了保护自己。他尽可能地以一种理性而不古怪的方式为自己的事业打拼,而且从不以救世主自居,话语言谈总是富有幽默感且深明事理。他注意到许多假货经常夸大其词,而且这种夸张多半会对5%的食品供应造成影响。在很多问题上,他既不是纯粹主义者也不是禁酒主义者。"我不会告诉我的邻居们该吃什么该喝什么,应该信奉什么样的宗教,或应该有怎样的政治立场。我认为这些问题每个人本该自己解决才是……天下任何事,只要我乐意做,我就享有做这事的权利,哪怕是吃林堡干酪(limburger cheese,一种著名的奶酪,味道很难闻)。"[95]

同样,当他想要攻击某些事物的时候,也会全力以赴,并大胆地嗤之以鼻。比如假蜂蜜、经过漂白的淀粉、毫无疗效的头疼粉与滑稽可笑的万灵药、隐藏的咖啡因、或精馏或人造的威士忌,这些东西让威利非常担忧。不过,威利最著名的一次战斗是与新型防腐剂制造商们的一番较量,这些制造商声称自己的产品可以阻止时间的流逝。

防腐剂与试毒小组

1897年威利在华盛顿特区做演讲时对观众说,"保存食物的正确方法只有一个,就是先对容器进行消毒,然后再密封"。[96]但是大多数食品制造商都没有采用这种方法。在20世纪即将到来之际,出现了一批奇妙的新产品,它们可以任意地阻止食品腐坏的自然趋势。几乎你能想到的每种食物都会腐烂变坏,不过食品生产制造商现在可以购买到Freezine、Freezem、Rosaline或Preservaline牌防腐剂,阻止牛奶、奶油、冰激凌、香肠、汉堡牛排、鱼类及散装牡蛎等产品的腐烂。[97]威利在演讲中提到,食品中水杨酸的使用量越来越高,但是水杨酸不仅"可以造成有机反应的瘫痪",还可以"对消化功能造成伤害"。[98]罐头产业,每一天都在突飞猛进,但里面掺有相当多的添加剂:制造玉米甜味剂用的糖精、能让豌豆更绿的铜以及可以停止肉类腐坏的各种防腐剂,等等。威利非常憎恶这些添加剂,他认为这是对消费者的欺骗。过去的调味品总是渲染其独特的味道,相反大多数新的化学调味品都缺乏味道或气味,所以消费者不知道他们吃的到底是什么。用威利的话说,老式防腐剂不仅可以帮助食品保鲜，而且具有调味功能，相反这些新的添加剂仅仅是化学制品。为了证明自己的观点，威利问道，为什么饭馆的餐桌上只摆着小瓶的盐和胡椒却没有小瓶的硼砂（也称之为硼酸钠，威利说这种广泛使用的工业防腐剂是一种可以抑制发酵活动的杀菌剂），这样消费者就可以选择自己是不是需要添加硼砂了。[99]

1898年到1899年爆发的"防腐肉"丑闻使得美国上下意识到防腐剂的潜在问题。1898年，美国与西班牙爆发了战争，驻扎古巴和波多黎各的美军官兵经常向总部投诉说牛肉罐头和所谓"新鲜牛肉"存在质量问题。投诉中常常提到牛肉已经"腐烂"，"有刺鼻的臭味"，"肉质多筋"，"好似软骨"之类的字眼。以往在战争期间，比如美国内战时，军队会配备活的牲畜，并视需要屠宰。然而到了19世纪90年代，美国已经形成一种更为有效的肉类包装及加工产业，军队补给改为供应冷冻牛肉和牛肉罐头。这二者都遭到了士兵的投诉，而且这些投诉往往与军中疾病高发时间吻合。在美西战争中，美军在战斗中的直接人员伤亡人数并不高，但却有大批军人意外死亡，因而美国总统麦金利于1898年下令成立调查委员会，这就是由美国陆军部领导的"道奇委员会"。1898年12月，美军少将纳尔逊·A. 迈尔斯（Nelson A. Miles）证实，当年夏天共向驻扎在波多黎各的美国部队运送了337吨"所谓冷冻牛肉，其实都是经过防腐处理的牛肉"。[100] "防腐处理"这个词着实令人非常震惊，因为这会让人想到处理人的尸体。另一名证人，军中外科医生W. H. 戴利（W. H. Daly）少校也作证说，他曾经在一艘从波多黎各开出的军舰上亲眼见到所谓"新鲜牛肉"，这些牛肉闻起来就像用防腐药物保存的人类遗体，吃起来就像是防腐时用的硼酸。他看到有1/4的牛肉在阳光下晒了60个小时，经过这样处理的牛肉其外表完全看不出经过了防腐处理的痕迹。与此同时，有多份报告都提到参战士兵们非常讨厌定量配给的牛肉罐头，这些罐头让他们感觉非常难受。防腐牛肉造成的恐慌让人变得疑神疑鬼起来。

防腐剂成了主要的敌人，美国政府现在要求彻查军需牛肉。具有讽刺意味的是，威利最终发现美国政府这一次真正要烦恼的并不是防腐剂。"防腐牛肉"很大程度上只是个幌子，威利和他的助手比奇洛在对军中供应的牛肉罐头样本进行分析后发现，除了一些健康的老式食盐外，并没有任何使用化学制品作为防腐剂的痕迹。没有硼砂，没有硼酸，没有亚硫酸盐，没有水杨酸，也没有苯甲酸。[101]相比之下，几年后他所领导的办公署对普通的肉类商品罐头样本进行了检测，结果发现有6%的样本中都含有化学防腐剂。[102]后来威利总结说，定量配给罐头之所以会让士兵们觉得恶心，一方面是因为军队的饮食结构严重不合理。日复一日地重复供应着冷的黏黏糊糊的罐头牛肉，却没有提供土豆或米饭加以平衡。"人的胃不能接受每天重复地吃同样的东西。正如鹌鹑配上一瓶葡萄酒，是非常美妙的一餐，你某天可以吃下一只这样的鹌鹑，但是一个人不能连续30天每天都吃一只鹌鹑"。[103]另一方面，古巴和波多黎各天气炎热，肉类的腐烂速度很快，因而牛肉罐头会发出恶臭。但是有一个原因威利没有说，那就是与美味的鹌鹑大餐不同，军用牛肉罐头的质量非常差，脂肪过多，肉质多筋，口感粗糙，难以下咽。

即使"防腐牛肉"的传说并不是真的，但在威利看来，这一事件对于他提出的食品改革运动大有助益。趁着公众对这次丑闻还记忆犹新，是时候将关注的焦点转移到防腐剂在平民饮食中的使用问题上了。但如何证明化学防腐剂真的有害呢？威利本人也承认，是否对人体有害取决于防腐剂用量的多少。在1899年到1900年的梅森案听证会上，当参议院委员会对美国食品与饮品的掺假程度进行调查的时候，作为首席化学家的威利曾证实说，任何一种防腐剂既会破坏那些令食物腐坏的酶，也会对胃中各种产生消化作用的酶造成同等程度的破坏。[104]换句话说，这些防腐剂的性质就决定了它们肯定对人的胃没什么好处。可是在同一场听证会上，一位来自芝加哥的名叫阿尔伯特·赫乐（Albert Heller）的防腐剂制造商却作证说情况恰恰相反：防腐剂非但对人体无害，反而有益，像甲醛这样的防腐剂可以避免人类在食用奶制品时传染上霍乱。[105]防腐剂都是人造产物，在与腐烂食物的斗争中它们是有效的武器。赫乐还强调说，在加工熏肉时硼酸是一种完全有益的成分，如果没有硼酸熏肉就会变质。"我想说的是，我们每一个人都在吃防腐肉——对此我们心知肚明，而且乐此不疲。"[106]

显然，如果威利想坚持"防腐剂有害"的观点，就必须提出有力的证据。1902 年，随着纯天然食品基地的出现，他提出了一个极具挑衅性的观点，为此国会赞助了 5000 美元给他用于所谓"毒物小组"的系列实验。在自传中，威利用真实的实验宣扬着自己的信仰："我的信仰建立在'给狗做实验'的基础上。"[107] 而这一次，实验对象不是狗，而是农业部的 12 名血气方刚的年轻人，他们自愿生活在"科学食宿屋"内，并严格遵守威利的高防腐剂饮食。这一实验想法既聪明又简单，正如在电影《超码的我》(*Super Size Me*) 中，导演摩根·斯普尔洛克（Morgan Spurlock）连续一个月只吃麦当劳的汉堡和薯条，只为证明这种食物绝对不利于健康。威利的"毒物小组"与此类似，唯一不同的是，威利不用像斯普尔洛克那样亲自上阵，而是有志愿者帮忙。一半志愿者吃的是不含防腐剂的健康食品，另一半吃的则是在此基础上加入了防腐剂的食物。他们的健康状况会受到严格的监控。每次进餐前，每位实验者都必须记录下自己的体重、体温及心率；同时，他们还必须仔细地记录下所吃的东西，并且随身携带装尿液和粪便的样品罐，以便将这些东西送给化学家进行分析。[108] 实验者还需严格遵守生活习惯，喝咖啡的实验者必须保证一天两杯咖啡，不能多，也不能少，以免咖啡因的变化影响实验结果。有一条说明是这样的："即使不想喝咖啡，也必须喝下去。"[109]

实验即刻引起了公众的想象，部分原因要归功于媒体的生动报道。媒体将这件事看作一场闹剧。"毒物小组"这个短语是《华盛顿邮报》的

哈维·威利正认真地为"毒物小组"实验中用到的食物称重。

一名年轻记者乔治·布朗（George Rothwell Brown）提出的，威利本人并不喜欢。因为，在针对硼砂是否有毒的实验中，这个短语过早地判断了结果。但是，对于媒体的宣传，他也不能抱怨。在追踪威利实验的过程中，布朗对于一些细节做了一些荒诞的描述。他说，威利的食品过秤员为了保证精确的量，甚至会把豆子咬掉一半。[110]与此同时，一些诗歌开始流传，威利本人引用了吉莉安（S. W. Gillia）的一首诗《威士忌酒小组赞歌》(Song of the Pizen Squad)：

> 我们是毒物小组，
> 早餐，我们吃氢氰酸，
> 午餐，我们吃吗啡炖菜，
> 晚餐，我们吃火柴头清炖肉汤，
> 喝石碳酸啤酒；
> ……
> 所有的"致命毒品"我们都敢于尝试，
> 不怕被掩埋于黄土下，
> 我们是不死族，我们骄傲——
> 毒物小组万岁！[111]

1902年11月，第一个接受实验的化学物质是硼砂。[112]威利的理由是：第一，硼砂正被广泛应用；第二，按照威利的说法，硼砂是争议最少的防腐剂，在实验之初12个年轻人受到的威胁也最小；第三，则是政治原因：在长期的肉类战中，德国一直禁止进口美国含硼砂的食品，认为这种食品不安全（1902年6月，德国人对4名男子做了一个实验，结果显示，硼砂并不安全，会导致体重下降）。[113]不管结论如何，这对挽回美国人的颜面十分重要，至少美国人可以说已经开展了更为彻底的实验。一开始，威利就表示，对于硼砂，他不存在任何偏见。

为了让"小白鼠"们达到合适的体重，威利费了一点功夫，实验推迟了几个星期。这正好给乔治·布朗提供了话题，1902年12月16日的文章标题就是《一名实验者变得太胖，另一名则变得太瘦》。威利的想法是，志愿者必须是魁梧的年轻人，硼砂如果对他们有害，那么肯定会对儿童、年老体弱的人造成更大的伤害。但是，让他失望的是，一名志愿者的体重不断增加，他抱怨说"那个男孩就像吃了两个人的东西一样"；而另一名志愿者因为在科学实验室中产生恐惧心理，没什么胃口，体重开始下降。[114]当真正开始使用硼砂的时候，威利的麻烦也没有停止。他悄悄地在食物中加入了硼砂，以免给志愿者造成心理负担。一开始，他在黄油里加入了粉状硼砂，但是，志愿者们很快便发现了，于是减少了吃黄油的量。当他把黄油改成了牛奶、肉和咖啡的时候，情况也是如此。因此，他不得不改变方法，公开以胶囊的形式让志愿者在用餐期间服用硼砂。[115]最后，志愿者终于开始吃起了硼砂。

几天后，食用硼砂的志愿者体重开始下降。乔治·布朗报道了实验室中的志愿者开始食用硼砂后的苦恼，这在毒物小组阴霾的圣诞气氛下具有特殊的意义。1902年12月25日，威利离开华盛顿前往印第安纳州过节，而他的实验对象则十分伤感，其中一人跟乔治·布朗说："你不能一边吃硼砂，一边庆祝圣诞节。"另一个则这样形容他们的"节日餐"：

苹果沙司

硼砂

汤

硼砂　火鸡　硼砂

硼砂

青豆罐头

甘薯　　马铃薯

芜菁

薄片牛肉　奶油肉汤

酸果曼沙司　腌芹菜

米饭布丁

牛奶　面包和黄油　茶　咖啡

一点硼砂[116]

这里肯定有些夸张，但实验室的生活听起来确实没什么意思。总厨佩里是一个性情暴躁的人，对于实验室的状况，他似乎一直在发牢骚。另外，他还总是要求威利给他加工资，因为，他过去是巴伐利亚王后的厨师。"在锅里放硼砂，而不是放盐"，这让他很不高兴。[117]与此同时，实验者也厌倦了千篇一律的生活。有几次，实验者在晚上都偷吃了额外的食物，比如一个水煮鸡蛋，或者一片面包。对此，威利并不赞成。[118]

有人批评威利说，他甚至连实验的真正目的都不清楚。《华盛顿邮报》还表示，在实验开始前，威利给毒物小组吃了特定的食物，从而让他们变得强壮，这就影响了实验的结果；真正的问题应该是：硼砂对于普通人，而不是这些魁梧的年轻人会造成什么影响？[119]《纽约晚邮报》（*New York Evening Post*）的一篇社论质问说：

> 威利先生显然还没有想到，实验对于这些健康强壮的年轻人并没有太大作用。没人说过，硼砂像砒霜和马钱子碱一样，是一种剧烈的毒药。只是有人在怀疑，硼砂会影响消化功能，长期食用会对肠胃功能不好的人造成伤害。学龄期的年轻人通常不知道自己的胃很脆弱，他们会夸口说，即使土司面包上有煮熟的碎砖，他们也能吃下去。硼砂可能对他们无法造成明显的伤害，但是，儿童和消化不良的成年人（大多数美国成年人都消化不良）在食用了抑制鱼肉发酵、掩饰鱼肉腐败的化学物后，消化功能就会受到影响。[120]

在这些批评的言论发表后不久，农业部的一名高级官员就提出了一条令人毛骨悚然的建议：将实验的对象扩展到病人和婴儿，也就是体弱者和病患，这样就能明确硼砂对于这些身体比较虚弱的人会造成什么影响。[121]"硼砂宝宝班"遭到了《华盛顿邮报》的强烈抗议，威利本人也不赞成。他表示这是他的上司——农业部长詹姆斯·威尔逊（James Wilson）的主意，而他和威尔逊关系十分紧张。但是，威利也同意，如果实验对象有婴儿和病人，那么"实验当然就会更加完整"。他也曾动过邪恶的念头："获取实验对象并不困难。我们可以从宝宝收容所和弃儿养育院里找婴儿；另外，病人也有很多。"[122]

婴儿毒物小组这个想法没有实现。（1905 年，威利给一些用母乳喂养孩子的年轻母亲做过实验，他让她们服用了硼砂，从而确定她们乳汁中化学物的分泌水平。）[123]然而，事实上在一些企业中，某些不怀好意的职员时常会建议给婴儿喂防腐剂，这无疑是对人的漠视。有人批评"毒物小组"实验毫无效果，也有人则从相反的角度批评这项实验不负责任地将年轻人的生命置于危险的境地。1903 年，莱恩·多克斯塔德（Len Dockstader）在滑稽歌舞表演中演唱了一首有关"毒物小组"的歌，歌名为《他们永远都不会再恢复原来的样子》（They'll never Look the Same）：

> 如果你去史密森学会，
> 小心，别让威利教授招募你为新会员。
> 在那里，已经有很多会员把自己的感觉告诉他——
> 每次吃饭，他们会吃下一碗毒药。
> 早餐，他们吃棺材形状的肝脏氰化物，
> 午餐，他们吃殡仪馆人员送的绉胶派，
> 晚餐，他们吃砒霜点心、油炸美味幽灵，
> 半夜，他们吃氢氰酸柠檬水！
> 噢，或许他们不会出事，
> 但是，他们永远都不会再恢复原来的样子。
> 那样的菜谱会让大多数人精神错乱。[124]

威利说，他绝不允许实验进展到危害健康的程度。[125]但这么说毫无诚意，因为他自己就说过，在实验开始前，他并不知道这些防腐剂有多大的危害，否则也不用作实验了。另外，在 1903 年，他有时也会告知乔治·布朗实情："所用的分量一直是人体所能承受的极限。"[126]随后，在 1904 年的甲苯酸盐实验中，毒物小组只有三名成员坚持到了最后，其他人都病得十分严重：食道红肿，胃部疼痛难忍，出现眩晕以及体重下降。[127]

在一系列毒物小组实验后，威利可以说上了一堂"清楚明白的课

程","食品中的防腐剂被证明确实对健康有害"。[128] 在实验过程中,如果魁梧的年轻人必须出现胃疼和喉咙疼的症状,那就出现好了。这场"化学物餐馆"社会肥皂剧终于收到了令人满意的效果。[129]

在随后的几年里,许多州都通过了更为有效的纯天然食品新法案。最终,食品标准全国性联邦综合法的通过已经不是梦想,而是变成了现实,并且不可避免。众议院两次通过了《纯天然食品与药品法案》,但是,两次都遭到了参议院的否决。与此同时,威利让公众一直记着这件事。他开始和记者亚当斯(Samuel Hopkins Adams)合作。1905年,亚当斯曾经在考利尔的杂志上发表了一系列文章抨击一些昂贵的假药,比如,一种称为"里夸佐恩"的药被宣传成灵丹妙药,但其实99%是水。[130] 另外,威利的合作对象也包括国家消费者联盟的女性。该联盟在1905年曾表示,消费者拥有以下一些基本权利:食用安全食品,获知真实信息,有选择权、倾听权,得到政府机构的保护。

1906年6月30日,《美国纯天然食品与药品法案》终于通过,威利感到了胜利的喜悦。在自传中,他把自己比喻为一名"打了胜仗,结束了敌对状态"的将军。[131] 他认为,在1906年的这次胜利中,罗斯福(Theodore Roosevelt)获得了"过多的赞誉"。没错,是罗斯福签署通过了这一法案,但是在法案通往国会的艰难道路上,他没有给予支持,也并没有像威利一样打过漂亮的仗。言下之意,在通过新法案这件事上,威利本人应该得到称赞。对于威利的假谦虚,倒是谁也没有指责。

但是,他忘记了一个人,或者说,自然而然地忘记了一个人。如果说,1906年法案的奠基者是威利,那么直接的推动力却是一个不太可能的渠道——一本畅销小说,小说的作者是位神经质的年轻社会主义者,名叫厄普顿·辛克莱(Upton Sinclair)。威利的自传中没有出现辛克莱的名字或许并不出奇,威利的故事还没有结束,本章稍后我们会继续讲述。但是,1906年的风云人物绝对是辛克莱。因为,他的小说《丛林》(*The Jungle*)产生了空前的效果,在政府食品部门中,即使是顽固分子最终也屈服了。在对食品的讨论上,辛克莱让公众产生了恐惧和厌恶心理,从而使联邦法案的通过成为解决问题的唯一途径。

辛克莱、罗斯福和《丛林》

《丛林》讲述的是一个立陶宛人的故事。朱尔基斯带着全家人从立陶宛来到美国，想成为一名自由人，一名富人。但是最后，他却住进了芝加哥的牲畜围栏区，当了一名肉类打包工，工作条件恶劣，薪水微薄。朱尔基斯打扫着血淋淋的地面，最初的美好幻想变成了一场噩梦。在出版一个世纪后，对于血淋淋屠宰台的左拉式描述仍然让人毛骨悚然。辛克莱让读者看到了"包装镇骗局"的卑劣，以及逼迫工人同流合污的丑恶行径。香肠的制造过程成为"在全国人民脑海中挥之不去的恐怖画面"：[132]

> 香肠的原料根本得不到保证。那些香肠就像古老的欧洲香肠一样，一点也不合格，而且还发霉、腐败。工人们在原料中加入硼砂和丙三醇，扔进储料器做进一步加工，然后销往全国各地。地上、泥土上、木屑里，肉扔得到处都是，工人们随意踩踏，随口吐痰，不知道有多少肺部细菌。有的房间里有成堆成堆的肉，当屋顶漏雨时，雨水滴落在肉上，老鼠们还会在肉上跑来跑去。这些储藏室光线很暗，但是，工人可以用手将肉堆上干了的老鼠屎拨掉。老鼠很讨厌，因此打包工会用有毒的面包喂它们，老鼠就死了。于是，老鼠、面包和肉一起进入了储料器。这不是谎言，也不是开玩笑。工人们会把肉铲到手推车上，即使看到老鼠，他们也懒得拿出去。香肠里原料丰富，不只有"美味的中毒老鼠"。

这幅画面之所以恐怖，是因为它是真实存在的情况。辛克莱曾经在"牛肉大王"庞大的芝加哥肉工厂里待了七个星期，亲眼见证了这样的香肠制造过程。1904 年，在"包装镇"罢工失败后，他去了芝加哥。当时他只有 25 岁，是一个婚姻不幸的贫穷作家，一个充满激情的社会主义者。他在一份社会主义报纸《诉诸理性》(Appeal to Reason) 上发表了一篇支持罢工者的文章。罢工运动领袖读后邀请辛克莱去芝加哥亲眼看看他们的生活。由于工厂挑选工人并不严格，因此，辛克莱很快便混了进去。一名工人告诉他，只要他穿着旧衣服，手里拿一个饭盒，人人都会以为他是一名工人。"你想看什么就可以看什么。"[133]

辛克莱看到了一生中最悲惨、最滑稽的场面。焦虑不安、胃疼、容易恐慌的年轻人绝对不应该来这里。辛克莱的父亲是个酒鬼，母亲是名清教徒，据说他"对酒精、性以及其他任何罪恶都有强迫性恐慌症"。一天又一天，他始终在鲜血和恶臭之间坚持着，"脸色惨白，瘦弱"，这是他后来对自己的描述。他决定曝光自己所见证的恐怖场面。首先，他采访了一些知道"包装镇"情况的人：工人、医生、护士、娱乐、教育和社会中心员工；然后他隐居在一间乡村小屋开始写书。"我带着眼泪和痛苦在写，字里行间，生活的苦难了然于纸上。"[134]辛克莱和威利的共同点很少，但他们都认为，反抗劣质品是上一代人反抗奴隶制的延续。几位著名的读者认为，《丛林》在政治上的影响力堪比《汤姆叔叔的小屋》(Uncle Tom's Cabin)。

辛克莱写这本书不是为了给美国人推荐最合理的饮食，但后来，他却成为素食运动名义上的领袖。26岁时，他吃的仍然是"精白面粉、糖和其他非天然食品"，因此有蛀牙，消化功能也很弱。[135]他虽然缺乏营养知识，但对痛苦和血淋淋的事实却有着敏锐的嗅觉。五家出版社因其令人毛骨悚然的细节拒绝出版，麦克米兰出版社有一个人读后说，血淋淋的场面太多了。双日出版社冒险出版了，结果，正是那些令人毛骨悚然的细节令《丛林》大获成功。这本书可能有点装腔作势，立陶宛工人的人物塑造可能有点僵硬，但是，正如杰克·伦敦所说，这仍然是一本好书，因为，它表现了"生活的残酷"。[136]

辛克莱写道：一些工人掉进了大桶里，但没人去把他们拉出来，于是他们差一点跟着达拉谟的猪板油一起出国了；肉品检验员对腐败的肉熟视无睹；脸色苍白的老年妇女绞着小香肠，与死神赛跑；罐装鸡肉实际上是腐烂的猪肉。辛克莱传达的信息是，这并不是个别的丑行，而是大工业阴谋的一部分。"雇用你的大公司不仅在对你撒谎，也在对整个国家撒谎；从上到下，这就是一个巨大的谎言。"[137]《丛林》讲述的就是一个只流行掺假的食品生产体系。朱尔基斯和他的家人精通用变质肉以次

厄普顿·辛克莱撰写的小说《丛林》中描述的火腿掺假的场景。

充好,"包装镇"就擅长这种骗局。

乔纳告诉工人们,从腌菜水里拿出来的肉往往会有酸味,但可以用碳酸水去除这种味道,然后把肉卖给供应免费午餐的柜台;另外,他们还可以用各种化学物质在肉上大做文章,不管是鲜肉还是咸肉,整块肉还是碎肉,他们可以随意改变肉的颜色、口味和气味。在腌火腿的时候,他们采用了一种精巧的仪器,从而节省了时间,提高了工厂的生产量。在这种仪器上,有一根连接在泵上的空针;工人只要将这根针插入肉里,用一只脚就能在几秒钟内往火腿里注满腌菜水。尽管如此,有些火腿也会变质,其中一些味道十分难闻,工人们甚至忍不住跑到屋外。对于这样的火腿,打包工会用另一种气味更强的腌菜水来掩盖臭味,工人们称这一过程为"给它们30%"。同样,一些火腿在熏制后变质了。通常,这些会当作三等品出售。后来一个"天才"发明了一种仪器,可以将一般容易变质部分的骨头抽出来,然后在空洞的地方塞入一根白热的铁。这种仪器发明后,再也没有一等品、二等品和三等品之分了,通通都是一等品。

工人们虽然熟悉这些伎俩，但是，当遇到别的食品骗局时，他们仍然会上当。

> 他们怎么会知道自己在街角购买的淡蓝色牛奶里会掺了水和甲醛，怎么会知道自己的茶、咖啡、糖和面粉都有掺假，罐头豌豆用铜染了色，果酱里有苯胺染料呢？即使他们知道，又有什么好处呢？周围几英里范围内根本没有其他食品可供选择。……如果多付点钱，他们得到的可能是花哨的装饰，或者欺骗。不管是用爱心，还是用金钱，他们都得不到货真价实的商品。[138]

由于问题十分系统，因此辛克莱认为，解决方法也应该系统：那就是从资本主义向社会主义大规模转变。《丛林》的结局有些差强人意，该书的评论家认为毫无说服力，甚至连辛克莱本人也承认写得不好。结局是这样的：朱尔基斯突然之间知道了该怎么过上更好的生活，那就是改信社会主义。"我们应该抵制反对者，扫清眼前的障碍……芝加哥将属于我们！"[139]

当然，那并没有实现。辛克莱所梦想的革命也失败了，在芝加哥，仅仅有个开始而已。然而，他的书却唤起了人们对"包装镇"肉品生产的丑陋性和虚伪性的抗议。《丛林》揭露了一个令全美人民恐慌的事实，每年每人消费的肉平均有179磅，将近每人每天半磅肉。[140]辛克莱本人十分失望，他原本希望读者会同情工人们的窘迫境地，但是读者的主要反应则是担心自己吃了有结核病菌的肉。这或许自私，但可以理解。他有一句著名的自嘲话语："我想触动公众的心，结果一不小心触到了他们的胃。"[141]

大腹便便的罗斯福总统就是被触到胃的人之一。帮助辛克莱出书的双日出版社给罗斯福寄了一本样书。[142]在美西战争出现"防腐牛肉"事件时，身在古巴战场的罗斯福就爱上了吃肉。罗斯福还记得，他的士兵是怎么抱怨罐装牛肉的质量问题。有一次，他逮到一名士兵粗鲁地扔掉了给养，于是指责这名士兵像个孩子。他咆哮着喊："像个男人一样吃下去。"但是，这名士兵听了罗斯福的话吃了罐头后，就开始呕吐。然后，罗斯福想亲自尝尝罐头里的肉,结果,"我发现根本无法……不仅味道难闻,筋多,而且肉质粗糙……就像一堆纤维一样"。[143]

1901年,威廉·麦金莱(William McKinley)的遇刺促使罗斯福入主白宫,此后牛肉问题也卷土重来。罗斯福的国内政策是建立在所谓"公道政治"基础上,其实质就是抑制垄断性企业或托拉斯的权力,将其限制在合理的范围内。罗斯福由此成为众所周知的"托拉斯杀手"。他在就任期间相继提起了44项诉讼,目标直指那些超级自负的大企业。在《丛林》一书出版的几年前,罗斯福就已经将牛肉托拉斯视为最强大的商业寡头或者垄断者之一。1902年,牛肉托拉斯控制下的肉类价格快速飙升,这引起公众的强烈抗议。在短短六个月内,牛腰肉的价格从每磅18分提高到了22分,羊肩肉从每磅8分提高至12分,猪排从12分提高到了15分。[144]肉类价格的增长引起了肉类零售商和消费者的极度不满,肉类批发价格的增长使得部分零售商被挤出了这一行业。一位纽约华盛顿市场的卖肉者说:"穷人根本承受不起这种价格增长,但是零售商不得如此。"[145]肉类的价格飙升尤其令人震惊,因为与之对应的是牛肉市场一些大型肉联厂价格的下跌。

这些肉联厂似乎都卷入了无耻的牟取暴利行动,美国司法部随之展开调查。1902年,罗斯福命令美国司法部长制定一项法案以抑制芝加哥的肉联厂,并以"串谋抑制畜牧产品市场竞争、操纵肉类零售价格"等罪名对肉联厂提起指控。[146]法律程序的执行过程非常漫长,直到1905年才公布最终的审判结果。为了加速反垄断进程,罗斯福于1903年成立了企业办公署,由詹姆斯·加菲尔德(James Garfield)担任署长,开始对牛肉托拉斯展开调查。令他失望的是,加菲尔德在调查期间似乎在芝加哥帕金镇的"马鞍和牛腰肉俱乐部"玩得不亦乐乎,最后的调查结论是牛肉价格完全合理。[147]与此同时,牛肉托拉斯的权力日益膨胀。拉塞尔(Charles Edward Russel)在1905年8月的《大众杂志》(Everybody's Magazine)上发表一系列文章,称其为"世界上最大的托拉斯",并控诉四家大型肉联厂的权力"要比历史上国王、皇帝或者不负责任的寡头集团赋予公民的权力"大出很多。[148]拉塞尔指出,肉联厂在牛肉市场的不道德行为导致32家银行破产。[149]

漫画描绘了美国总统罗斯福和 1906 年发生的肉类丑闻。

1906 年初,当《丛林》一书被送抵罗斯福的案头时,从某种程度上说,这恰恰是罗斯福等待已久的时机。此时距离罗斯福的第二任总统任期只剩下两年时间,如果他想有力打击牛肉托拉斯,那他必须尽快行动。《丛林》一书正是他等待的有效武器,但是鉴于它的来源,罗斯福必须小心应对才行。毋庸置疑的是,《丛林》一书在公众中确实引起了强烈反响,短短六周内就销售了 25000 本(到 9 月共销售 10 万本),这样的公众认知为推行政治改革提供了时机。在罗斯福看来,《丛林》的麻烦在于它的两面性:首先,他必须要确定书中所揭露的令人震惊的细节是否属实;其次,他必须尽最大努力,忽略辛克莱对美国政治的不满。

1906 年 3 月 15 日,罗斯福写信给辛克莱说,"我已经拜读过你的著作,虽然不是全部,但也读了一大部分",同时邀请辛克莱在 4 月的第一周前往华盛顿。随后,他用了大量篇幅劝诫辛克莱放弃"愚蠢"的社会主义思想,他写道:"从我个人来说,我认为实行社会主义的早期显著效果之一可能是摆脱饥饿。"[150] 他同意辛克莱的观点,认为"必须采取极端措施来抑制资本家自私而且贪婪的欲望",但他无法忍受辛克莱那样的歇斯底里。[151] 罗斯福坚持认为(对一个总统来说,甚至有点儿屈尊俯就的意思):"以我 25 年来从事政治社会问题的经验,我不相信这些性格中含有歇斯底里因素的人。"[152] 最后,罗斯福在信件结尾手写了附言,向辛克莱提供了他所需要的保证:"你所指出的这些罪恶行径,如果被证实确实存在,而且在我的权力范围内的话,应该被彻底消除。"[153]

辛克莱应邀来到华盛顿,并与罗斯福及其"网球内阁"的成员在白宫共进午餐。辛克莱发现罗斯福很热情,也很幽默。他在谈到自己的政敌时会紧握拳头,不假思索地用方言说出辱骂之语,同时还敲打着桌面,这样的举动让辛克莱非常吃惊。从罗斯福的角度来看,他似乎已经确认辛克莱是一个"歇斯底里的、非理性的、不诚实"的人,但是没关系,这两个奇怪的人现在联合起来准备对付肉联厂厂主。[154]正如罗斯福事后向一个朋友写道:"我不能因为自己不喜欢那个揭露这一切的人,就任由社会中出现如此丑恶的事情而漠视不理。"[155]

罗斯福委任两名特派员前往芝加哥,调查《丛林》中所说的罪恶行为。两名特派员查尔斯 P. 尼尔(Charles P. Neill)和詹姆斯·布朗森·雷诺(James Bronson Reynolds)邀请辛克莱一同前往,但遭到拒绝。辛克莱让自己的两个朋友艾拉·里夫(Ella Reeve)和理查德·布鲁尔(Richard Bloor)陪同前行。[156]艾拉·里夫确认,"包装车间内的恐怖情景几乎无以言表"。[157]此外,她还向辛克莱表达了自己的担心——雷诺和尼尔的调查报告很可能会掩饰事实。两名特派员本该秘密行事,但仍旧没逃过肉联厂厂主的眼睛。4月10日,《芝加哥论坛报》(*Chicago Tribune*)(这家报纸极度赞成肉联厂的做法)发表题为"总统寻找'丛林'"的文章,声称罗斯福的特派员并未发现任何与书中描述相符的证据。[158]它还指出,总统计划"给《丛林》一书的作者套上枷锁以接受公众的谴责"。[159]第二天,报纸发表另一篇文章称"《丛林》一书中有95%都是谎言"。[160]被推上舆论的风口浪尖的辛克莱给总统写了两封信,并发了两份电报,要求罗斯福向《芝加哥论坛报》发电报,阻止其信口雌黄的行为。罗斯福的回复非常平静,他向辛克莱保证说"华盛顿方面没有发表任何官方言论",同时他还在附言中补充说:"辛克莱先生,你必须要保住你的脑袋。"[161]

5月,尼尔和雷诺向总统口头报告了芝加哥畜牧围场的实际情况。果然不出所料,他们的所见所闻证实,《丛林》中大多数令人厌恶的描述一切属实,唯一无法核实的一个细节就是"工人掉进大桶里面,险些变成猪板油",可能有很多类似情况。[162]如何对待这个报告,罗斯福和辛克莱持有截然不同的看法：辛克莱希望将其公之于众，但是罗斯福却认为这样做是对"支持者们追求轰动效应"的纵容，并且会毁坏牧场主和农民的诚信。（他们因为降低肉类批发价格而被控以不正当行为的罪名。）[163]此外，隐瞒这项报告也会成为罗斯福在政治上一个讨价还价的重要筹码。1906年5月，参议员贝弗里奇（Beveridge）提出了一项《肉类监察法案》，罗斯福希望以公开报告的方式威胁肉联厂主们就范，"这是促使法案得以通过的重要武器"。[164]辛克莱对此不以为然，他认为"真正的改革应该来自，而且也只能来自于开明的舆论"。[165]

最后，两人开始各行其是：辛克莱利用媒体向罗斯福施加压力，最终迫使罗斯福公开了尼尔、雷诺的报告。[166]罗斯福在国会上经历了一番唇枪舌剑后，5月26日，参议院最终通过了贝弗里奇提出的《肉类监察法案》，要求"所有用于人类消费的牛肉、羊肉、猪肉和山羊肉都要经过检查"。不适合人类食用的畜肉，以及所有人工染色的肉类都必须被销毁。任何企图收买检查员者都将获得罚款10000美元的处罚。所有用脂肪炼油的行为都要接受严密监管，潜台词其实就是不会再有人变成猪板油了。[167]《华盛顿时报》报道说："就在这项法案获得通过的15分钟前，所有参议员都认为这项法案根本不可能有机会通过。"事实上，《肉类监察法案》的通过正是辛克莱小说结尾的直接产物。[168]6月30日，罗斯福将其正式写入法案。

对辛克莱来说，贝弗里奇法案只是杯水车薪，根本不足以撼动黑暗的根基："它就好像在堵大坝的一个漏洞，结果却搞得一团乱，致使更多的漏洞出现而不自知。"[169]辛克莱认为，政府真正要做的不仅仅是检查，而是要像欧洲一样建立自己的市属屠宰场，"要让屠宰场像现代医院那样整洁，而且是现在肮脏的屠宰场从任何方面都无法相提并论的"。[170]这就是辛克莱的典型主张，和罗斯福领导下的美国截然不同，在政府对公共卫生事业干预程度问题上二者存在根本分歧。最初，建立市属屠宰场只是拿破仑的伟大设想之一，但是巴黎的第一家马肉厂却是在1818年拿破仑帝国没落后建立的。[171]在英国，自从1875年颁布《公共卫生法案》后，包括曼彻斯特和格拉斯哥在内的不同城市中市属屠宰场犹如雨后春笋般涌现出来。[172]所以说，要想美国国会能批准类似主张恐怕得等上个千八百年，这辈子肯定是没戏了。

一向注重实效的罗斯福对贝弗里奇法案非常满意。用他自己的话说，《肉类监察法案》是"治疗帕金镇丑恶陋习的一副良药"。他在自传中写道，他看到了一个非常有趣的后效："牛肉企业主最初强烈反对新的法案"，但是三四年后，"所有牛肉行业的诚实商人"都转而赞成这项法案，因为他们发现这带给他们更多的是实惠，而不是伤害。[173]对那些乐意接受这项法案的人来说，检查得越严格就意味着更多的财政收入。这也正是同一年夏天通过《纯净食品和药品法案》、制定食品商标新规定的实质所在。

诚实商标和纯净番茄酱

有人说，威利一直都很痛恨贴错商标的食品，他甚至强烈反对手指饼干的名称，并认为除非事实证明这些饼干里面确实含有妇女手上截下的手指。正是类似的态度促成了《1906年纯净食品法案》的通过，而该法案重点强调的就是商标的真实和准确，其中的法规相当于商标欺诈和掺假食品法规的两倍（14∶7）。[174]最初，这些商标条款主要是为了保护消费者的权益，比如，第17条禁止使用"错误或者误导性"商标；第25条禁止用其他物质来代替被承认的物质，除非在商标中注明；第26条强调指出当食品采用垃圾材料、碎片或者边角料时，商标中必须如实说明。所有这些要求都符合威利对纯净食品的定义："我从来不用'纯净'这个词，除非纯净食品像它所代表的一样。"[175]

除了保护消费者，这些商标法规还被用于规范行业实践。[176] 20、21和27条法规提到具有"特殊名称"的产品，并规定"'特殊名称'是指为了能够从其他食品中明确分辨某种食品、混合食品或合成食品，此种食品的同业者所取的任意的或想象的名称"。现在，销售这些特有名称食品的假冒版被视作违法行为。在威利看来，将人造黄油当作纯正的黄油出售，或者把瓶装猪肉当作鸡肉销售都不再是单纯的"纯净"与否的问题，相反这已经成为保护生产商商标权益的问题。

商标的现代含义起源于19世纪70年代，当时的目的是想给产品一个相当于传统行业标志（一种质量标记，向消费者提供质量保证，使消费者保持品牌的忠诚度）的商标。设计商标是为了让消费者买得放心。这种消费安全感对产品制造商来说非常重要，因为它可以让你购买更多的产品，而且很可能会提供更高的价格。品牌食品不会让消费者产生被骗的感觉，但是品牌本身很可能会变成一种骗局，就像美国1906年的情况一样。

表面来看，制定《纯净食品和药品法案》是为了促使食品商标更加准确，但是它也可能会将商标引向另一个方向。在美国要获得商标许可证，制造商必须获得商务部专利委员的许可。举例来说，如果你想在市场上出售杰麦玛阿姨的煎饼粉、坎贝尔汤或者是兔牌糖蜜，你首先要在专利和商标局进行登记。成百上千的肉联厂厂主利用新法案提供的这一机会，向专利委员登记含有"1906年6月30日《纯净食品和药物法案》授权"字样的商标，就好像政府本身已经预见到了这些食品的诞生一样。最后在1908年11月，专利委员决定取缔这一做法，并表示从此之后，他再也不会为任何含有这一字样的产品进行注册。他坚持认为新的法案不应该被看作"纯净食品的保证"。[177]

但令人震惊的是，许多食品零售商已经利用它作为纯净食品的保证，并将新法案当成了牟取暴利的工具。威利在1906年谈到《纯净食品法案》时指出：这是政府和科技对抗大企业欺诈的伟大成功。但是，事实要比威利设想的更加复杂。那些声称生计受到纯净食品法案威胁并因此强烈抗议的大型企业集团，其行业利益在1906年6月得到了大幅提升。这一点毋庸置疑，主要代表是使用化学防腐剂的食品加工者（如水果干燥剂，其主要成分是二氧化硫）和威士忌精馏者。正像威利所说，"精馏"其实是一种错误的说法，所谓"威士忌精馏"其实就是在原料酒中混入调味剂、色素和陈油，制作出一种看似优质威士忌的物质，换句话说就是制造假冒产品。[178]1906年，这种"精馏者"控制了蒸馏酒85%—90%的市场。威利本身并不喜欢喝威士忌，但是他非常憎恨这种欺诈行为。他说道："一个人有权得到他所要产品的质量和品质；如果他要的是一瓶威士忌，就不该得到一瓶糖浆饮料。"[179]来自肯塔基州（仍在生产真正威士忌的一个州）的国会议员谴责说："这种精馏产物会蚕食掉一只丛林狼的肠道。"[180]威士忌精馏者显然要对抗新的立法，最终法案并没有取缔这种精馏的威士忌，相反只是要求它在商标中注明"合成"、"模拟"或者"混合"的字样。[181]

1907年2月，罐头制造商在《纽约时报》发表头条文章《罐头制造商支持纯净食品》，并且公开表示全国罐头食品协会支持新法案的实施。[182]当法案成为事实之后，食品行业大都对此予以承认。他们不仅并未受到新法案的威胁，相反还从中赢得了巨大的利润，就连帕金镇的那些食品欺诈分子都从中发现了一个机会。1907年，他们在《芝加哥论坛报》上发表了一篇长篇累牍的文章，大肆吹嘘建立所谓"世界纯净食品中心"，而就是这家报纸在一年前还猛烈抨击辛克莱。[183]一些历史学家由此认识到，《纯净食品法案》已经从根本上腐败不堪。加布里埃尔·科尔科（Gabriel Kolko）更是谴责它已经成为"商业控制政治"的典范。对科尔科来说，1906年仅仅是大食品制造商你争我夺、试图占得竞争先机的角逐。[184]按照这一解释，所谓罗斯福时代的改革仅仅是保守派乔装改扮后不惜一切代价保护大企业集团的手段，显然这有些言过其实。事实上，罗斯福政府内部有许多官员都真正意识到了要更好地保护消费者的权益。举例来说，罗伯特·艾伦（Robert Allen）是一名政府化学家，他认为好的商标非常重要，因为"当消费者清楚地知道产品的制造地点、制造时间和制造商以及其真实特性和本质时，就算是最天真、最粗心的消费者，也不可能对此熟视无睹"。[185]

不过，消费者对纯净食品的崭新认识肯定是有利有弊。消费者利益和商业利益相互矛盾的说法并非一成不变，关键在于企业的推销手段必须能减少消费者的担忧。这在美国最著名的食品品牌之一——海因茨番茄酱案例中表现得最为明显。20世纪初，几乎所有的番茄酱都采用苯甲酸来进行防腐处理。苯甲酸是一种无色无味的防腐剂，可以从自然界的蔓越莓中提取。与现代番茄酱的制作配方相比，19世纪的番茄酱中添加的糖和醋的成分较少。番茄酱制造商声称，在番茄中添加少量的苯甲酸能够在番茄酱打开后有效防止其变质。举例来说，海因茨研究实验室的负责人G. F. 梅森（G. F. Mason）发现，当他尝试制作不添加苯甲酸的番茄酱时，瓶子的软木塞胀得崩掉了。[186]

尽管如此，人们对苯甲酸安全性的疑虑也在不断增加。1904年，威利在他的毒物小组展开了针对苯甲酸的实验，结果发现它会导致咽喉疼痛、眩晕、体重减轻和严重的胃病。[187]苯甲酸的支持者表示少量的苯甲酸没有危险，毕竟是老天爷将其设置在蔓越莓当中的。但是，威利对此却将信将疑。事实上，含有苯甲酸的蔓越莓在自然状态下是不可食用的。不管怎样，任何化学家都不能复制自然界中的化合物。[188]威利不喜欢苯甲酸不只是因为这种物质本身有害，而是因为它会助纣为虐，帮助番茄酱制造商利用劣质西红柿制造番茄酱。

但是，优质的番茄酱到底能否不添加苯甲酸呢？大多数番茄酱制造商认为这根本不可能。当他们在现有配方的基础上制造不添加苯甲酸的番茄酱时，番茄酱在开口后很快就会发酵变质。对此，威利坚持认为原因在于那些马马虎虎的消费者没有正确处理番茄酱瓶子：

> 消费者都习惯于将番茄酱调味瓶放在桌子上，久而久之，就会有很多番茄酱沾到桌缘上，番茄酱变硬后会具有黏性，并成为苍蝇的食粮。这种习惯显然跟餐厅的整洁美观是不相称的。番茄酱瓶在开瓶时要格外小心，在使用过程中要避免细菌干扰，用完后要再放回冰箱，这样就可以保存很多天，而且不用担心它会发酵变质。[189]

听起来，让食用者承担保存番茄酱不力的责任似乎有些过于严苛，何况如果消费者没有冰箱该怎么办呢？

威利的反对派在《食品法公告》(Food Law Bulletin)上发表匿名评论文章称：威利提议禁止使用添加苯甲酸的番茄酱的做法有失公平，除非他能告诉制造商们如何在不使用防腐剂的情况下保存番茄酱。[190]威利从来无惧挑战，他公开表示已经在寻找制造安全、科学、不添加苯甲酸的番茄酱的方法。他派了两名研究人员，阿维尔（Arvil）和凯瑟琳·比廷（Katherine Bitting）来从事这项工作。1907年夏，两人拜访了二十多家番茄酱生产厂家，并在位于伦敦特拉霍特的番茄酱工厂进行了无数次不添加防腐剂的生产实验。他们只选用最成熟、色泽最红艳的西红柿，并且特别注意卫生措施。结果发现,如果增加配方中醋和糖的含量,他们完全可以制造出美味可口不含苯甲酸的番茄酱。阿维尔和比廷于1909年发表《针对番茄酱变质的实验》(Experiments on the Spoilage of Tomato Ketchup)一文,公开了他们的实验结果。

这篇文章问世后,争论开始发展到学术领域。彼得堡的亨利·海因茨从1905年就开始了相关研究。在威利着手研究之前,海因茨番茄酱跟其他品种并无二致:它采用的色素是煤焦油的衍生物,防腐剂则采用水杨酸或者苯甲酸。海因茨研究实验室的负责人梅森坚持认为,无法制作出令人满意的不含苯甲酸的番茄酱,因为消费者通常都比较喜欢"颜色亮丽、含有苯甲酸又干净"的番茄酱,而不是那种不可靠的、很容易发酵的不含苯甲酸的番茄酱。[191]在他看来,苯甲酸根本就不是有毒物质。1904年9月在圣路易斯举行纯净食品代表大会,海因茨番茄酱制造公司的主管塞巴斯蒂安·米勒为使用人工防腐剂的做法进行了辩解。米勒指出:使用这种防腐剂在所有文明国家都得到了承认和许可。短短一年后,米勒就彻底推翻了这种说法,并突然声称海因茨公司完全有能力生产出不含防腐剂的食品,并将彻底变革整个生产流程。1905年,海因茨公司设法生产出不含防腐剂的番茄酱(180万瓶,占总产量的一半)。当《1906年纯净食品法案》获得通过之后,海因茨公司在制造番茄酱时全部停止使用防腐剂。

海因茨前后的态度为何会发生180度的大转弯呢?是发现了生产番茄酱的最佳方法,还是找到了安抚焦虑的消费者、让他们重新打开腰包的最佳途径呢?答案很可能是两者兼有。海因茨公司的官方记录表明,伟大的亨利·海因茨小时候看到母亲用瓶子装下她自己做的新鲜的纯辣根调料后,就开始致力于制造纯净食品。他反对使用苯甲酸的做法体现了他的高瞻远瞩和令人尊敬的一面。事实上,海因茨很快成了纯净食品运动中最有影响力的支持者之一,尤其是他看到新产品销售火爆后对自己的立场更加坚定不移。据说,海因茨从来都没有喜欢过化学家,取消在番茄酱中添加苯甲酸的做法完全是第二天性。(但是,这并不能全面解释他允许属下工厂将苯甲酸放在第一位的做法。)[192]海因茨转而支持纯净食品的时间恰恰是政府立法即将实施的阶段,这看起来似乎是最恰当的时机。一些人甚至想知道，威利和海因茨是否是同伙，因为他们是一对毋庸置疑的朋友，而且海因茨在一场宣传其改进版番茄酱的广告上支持威利的做法。[193]两个人都承认彼此身上的某些特质，欣然表示妥协其实只是为了得到想要的东西。海因茨的传记作者罗伯特·C. 阿尔伯特（Robert C. Alberts）称这是"掺杂有个人私利的高尚目标"，这样的故事在人类进程中并不少见。[194]事实上，海因茨证明高尚的目标也可以为个人私利服务，而且比单纯地执著于防腐剂作用更大。

但是，新的、不含苯甲酸的海因茨番茄酱要比旧的番茄酱价格提高了很多。正像番茄酱历史学家安德鲁·史密斯（Andrew Smith）所写的：

> 当其他国产的不含苯甲酸的番茄酱以 10 到 12 美分的零售价销售时，海因茨番茄酱的零售价却达到了 25 到 30 美分。很显然，海因茨投入了大量成本用于购买成熟的新鲜西红柿，但是其成本并未超过总零售价格的 15%。其他成本——除了原材料（调味剂、糖和醋）外，劳动力、包装（玻璃瓶、商标、包装纸、包装盒和包装材料）、管理费、运输费都和其他制造商毫无区别。海因茨制定的这一新费用标准旨在让消费者相信，应该购买造价更高的不加防腐剂的番茄酱，拒绝使用价格便宜的添加苯甲酸的番茄酱。在《纯净食品法案》通过之后，海因茨在各大杂志和报纸刊登的番茄酱广告超过了其他所有番茄酱制造商的广告总和。[195]

海因茨的广告词包括："防腐剂，走开"，"每个女人都应该知道食品中的苯甲酸"。海因茨的这场战役打得非常聪明，它迅速吸引了那些担心孩子会中毒的家庭主妇，还有那些担心触犯法律的食品店主。不过从今天的标准来说似乎有点毫无掩饰，过于赤裸裸了。一家报纸在头条上提出了这样的疑问："你的食品应该被下毒吗？"[196] 1909 年，《美国杂货商》（*American Grocer*）杂志在一则广告中提出："威利博士强烈反对防腐剂，当下令禁止销售添加防腐剂的食品时，你准备怎么做？"[197]事实上，最后通过的法案并没有禁止使用苯甲酸。经过一场漫长的战役之后，制造商们赢得了继续使用苯甲酸作为防腐剂的合法权利。但是在这种情况下，大多数制造商纷纷效仿海因茨的做法,柯蒂斯兄弟企业生产的"蓝牌番茄酱"由于继续使用苯甲酸,最后不得不倒闭。[198]而海因茨番茄酱公司则通过它"纯净食品"的特权建立了自己的商业帝国,这多少有些讽刺意味。

正像海因茨的竞争对手在当时观察到的:避免使用苯甲酸的唯一办法就是在制造番茄酱时增加糖和醋的含量。[199]这句话确实有些道理。海因茨番茄酱的新配方中添加了相当于过去两倍分量的糖、醋和食盐。有人坚持认为,苯甲酸是"用来保持西红柿纯正自然风味的重要物质",[200]如不添加番茄酱会变得浓稠,口味更甜,甚至更腻了。海因茨则试图说明,新番茄酱中浓重的甜味是成熟的西红柿引起的。威利曾经质问,"穷人们付出几乎同等的价格,为什么得到的却是用西红柿工厂的废料制成的番茄酱呢?"事实上,价格还是有明显差别的。更令人惊奇的是,威利在面对其他问题时都会追求细节,斤斤计较,但他似乎并未注意到新番茄酱的食品价值已经发生转变。

威利没能预见到糖消费量的成倍增长(这恰恰导致了20世纪末西方国家肥胖人数的急剧增加),但在他生活的时期,医生已然警告过糖尿病的危险,并指出这和摄入过多糖量有关。一些健康专家公开谴责美国儿童太嗜好甜食。威利将所有希望都放在了纯净食品上,希望由此解决所有的食品安全问题。添加苯甲酸的番茄酱算不上完美,不添加苯甲酸但糖分过多的海因茨番茄酱就称得上是健康食品吗?纯净食品一直面临类似的两难选择。

在外人看来,威利似乎根本没有意识到食用过多糖分是有害的。但在他的一本有关营养的书中,威利讲述了这样一个故事,这比他想象中更加发人深省:

> 避免养成吃糖的习惯。我一直很自豪,但是昨天在一个包括成年人和孩子的聚会上,当蛋糕被端上来时,我3岁的小儿子跑到我面前,非常高兴地说:"爸爸,我不要吃这种蛋糕,这对健康不好。"就在这件事发生的几天前,他的母亲听到前院传来争吵声。她走到窗前喊道:"哈维,你在干什么?"得到的回答却是:"迪基想吃糖,但是这对他的健康不好。"[201]

1906年之后，威利跟他3岁大的儿子一样，开始将整个美国掀翻在地，并强行让它吞下药片。他执著于食品中的有毒物质，却忽略了更大的问题。

糖精和咖啡因：1906年法案的产物

在"纯净食品法案"通过之后，邓拉普教授（F. L. Dunlap）受命担任局长，威利在美国化学局的权力变得苍白无力。[202]1908年，报纸发表文章称他是"最受痛恨的人"；他的农业部上司，尤其是秘书长威尔森（Wilson）认为他不服从领导（威尔森私下里称他为"真正的伪君子"）。[203]

事情发生在一年前，当时威尔森邀请一个由食品制造商组成的代表团到白宫出席有关苯甲酸和糖精的会议，威利也应邀出席。按照威利的说法，刚开始会议进行得非常顺利。他成功说服了罗斯福，使其认识到苯甲酸的危害，结果总统当场敲着桌面对食品制造商们说："你们不应该在食品中添加这种物质。"[204]当话题转到糖精，问题开始出现了。糖精是大腹便便的罗斯福日常用来减肥的物品。水果包装厂厂主坚持捍卫糖精，他告诉总统说，他的企业在前一年用糖精代替糖，单纯罐装甜玉米一项就节省了4000美元。这时，威利突然插嘴，说出了自己的观点：

> "没错，总统阁下，吃这种玉米的人都以为他们吃的是糖，但其实却是一种高度危害人体健康的东西。"当我说这番话时，罗斯福总统看着我，一张脸因愤怒而憋得通红，拳头紧握，紧咬牙关，说道："你说糖精对健康有害？为什么，里克西医生每天都给我这种东西。任何说糖精有害健康的人都是白痴。"[205]

对于跟罗斯福的关系早已岌岌可危的威利来说，这无疑是压垮骆驼的最后一根稻草，而他在华盛顿的影响也不可能再恢复了。

威利开始变得越发古怪。1911年，他怀疑可口可乐公司存在商标欺诈，对其提出指控。因为这种饮料中并不含可卡因，而且可乐的含量也很少。[206]它含有咖啡因，却并未在商标中注明。这种做法"令人反感"，言外之意就是咖啡因令人反感。他声称："在英国，我曾经见过一些女人，如果她们下午 4 点不喝下午茶的话，她们很可能会发疯。"威利对可口可乐进行了分析，结果发现它"会使人上瘾，而且会破坏神经"。[207] 1911 年 3 月，展开了对可口可乐公司的审判工作，此时威利正在度蜜月，他很晚才和一个比他年轻 30 岁的女人结婚。[208] 一年后，他从政府机构退休，随后开始在《好主妇》(*Good Housekeeping*) 杂志工作，并继续频繁演讲，称赞公共卫生是"我们最大的国家资产"。[209]

1924 年，在威利 80 岁生日庆典上出现了这样一份特殊的菜单，上面写着：

> 白矾酸菜，镀铜；
>
> 以硼酸处理的烤蓝鱼；
>
> 罗斯福芦笋，加以糖精调料
>
> 创新的奶油牛肉
>
> 所有食品所添加的色素都是非认证的煤焦油产品。

威利曾经走在时代前列，但这份看似玩笑的菜单却从一定程度上反映出他已经被远远留在了过去，这是对早期岁月的过度迷恋。20 世纪以后的岁月将会证明，在威利英雄般的工作生涯中，支持免防腐剂和实施准确商标才仅仅是个开端而已。

注释

1. Quoted, Goodwin(1999), p.43.

2. Young(1989), p.99.

3. Wiley(1930), p.199.

4. Goodwin(1999), p.48.

5. Wiley(1930), p.199.

6. Young(1989), p.95.

7. Barton Hutt(1978).

8. Block(2004).

9. "Distillery Milk", *The New York Times*, August 18th, 1854.

10. "Our Food and Drink", *New York Times*, January 14th, 1869.

11. "Death in the Jug", *New York Times*, January 22nd, 1853.

12. Fildes(1986).

13. Apple(1987), p.9

14. Lee(2006).

15. Brosco(1999).

16. Lee(2006), p.7.

17. Atkins(1991), pp.320-321; Rowlinson(1982), p.70.

18. Atkins(1991), p.335.

19. Atkins(1991), p.320.

20、21. *New York Times*, January 22nd, 1853.

22、23. "Distillery Milk", *The New York Times*, August 18th, 1854.

24、25. "Death in the Jug", *The New York Times*, January 22nd, 1853.

26. "They Ought to be Beaten", *New York Times*, October 28th, 1878.

27. "Suddenly Dropping Dead", *New York Times*, May 3rd, 1887.

28. "New York City Swill Milk, Meeting of the Committee of the Board of Health", *New York Times*, June 1st, 1858.

29. Young(1989), p.38.

30. "The Annual Report of the City Inspector", *New York Times*, January 21st, 1861.

31. "Pure and Impure Milk", *New York Times*, July 21st, 1874; "Swill Milk in San Francisco", *New York Times*, November 18th, 1886.

32. "How to Secure Pure Milk", *The Washington Post*, June 16th, 1893.

33. "What is Adulteration?", *New York Times*, December 19th, 1873.

34. Schmid(2006).

35. "Pickled Poisons", *New York Times*, March 19th, 1871.

36. "Adulterated Food", *New York Times*, November 5th, 1872.

37. "What is Adulteration?", *New York Times*, December 19th, 1873.

38. "Pickled Poisons", *New York Times*, March 19th, 1871.

39. "Food Adulteration", *The Washington Post*, January 9th, 1881.

40. Goodwin(1999), p. 43.

41. *The Washington Post*, January 9th, 1881.

42、43、44、45、46. Goodwin(1999), p. 27, p. 28, p. 65, p. 41, p. 137.

47. *New York Times*, March 17th, 1909, Obituary of George Thorndike Angell.

48. Young(1989), p. 47.

49. Goodwin(1999), p. 73.

50. Nestle(2006).

51、52、53. Levenson(2001), p. 174, p. 173, p. 174.

54、55、56. Young(1989), p. 82, p. 66, p. 83.

57. "Growth of Oleomargarine", *New York Times*, January 18th, 1886.

58. Twain(1996), chapter 39, p. 412.

59. Young(1989), p. 79.

60. "Tax It Out of the Market", *New York Times*, February 19th, 1886.

61. Young(1989), p. 75.

62. "A Plea for Honest Butter", *The Washington Post*, September 27th, 1880.

63、64、65. Young(1989), p. 84, p. 86, p. 84.

66. "Making Oleomargarine Odious", *New York Times*, May 20th, 1886.

67. "Counterfeit Butter", *The Washington Post*, February 4th, 1879.

68. "Oleo as Adulterant", *New York Times*, May 23rd, 1886.

69. *New York Times*, December 21st, 1886.

70. "An Honest Measure", *The Washington Post*, June 13th, 1894.

71. Young(1989), p. 87.

72. Levenson(2001), p. 171.

73. "Oleomargarine in Minnesota", *New York Times*, December 22nd, 1897.

74. "Oleomargarine Laws Invalid", *New York Times*, May 24th, 1898.

75. *Boston Globe*, November 8th, 1908.

76、77、78. Wiley(1930),p. 40. p. 41. p. 156.

79. *Boston Globe*, November 8th,1908.

80. Anderson(1958),p. 20.

81. Wiley(1930),p. 26.

82. Anderson(1958),p. 33.

83. Young(1989),p. 68.

84、85. Anderson(1958),p. 22

86. *The Washington Post*, April 19th,1897,p. 10.

87、88、89. Wiley(1930),p. 150.

90. Wiley(1930),p. 54.

91. Gaughan(2004),p. 4.

92. Wiley(1906),p. 1.

93. Coppin & High(1999).

94. Coppin & High(1999),p. 5.

95. Anderson(1958),p. 127;Wiley(1907),pp. 208-209.

96. *The Washington Post*, April 19th,1897.

97. Young(1989),p. 143.

98. *The Washington Post*, April 19th,1897.

99. Young(1989),p. 155.

100、101. Keuchel(1974),p. 252,p. 258.

102、103. Young(1989),p. 139,p. 137.

104. Young(1989),p. 143;Anderson(1958),p. 130.

105、106. Young(1989),p. 143.

107. Wiley(1930),p. 215.

108. Anderson(1958),pp. 149-151;Young(1989),pp. 153-154.

109、110. *The Washington Post*, December 22nd、23rd,1902.

111、112. Wiley(1930),p. 217,p. 37.

113. *The Washington Post*, June 2nd,1902.

114. *The Washington Post*, December 16th,1902.

115. Young(1989),p. 154.

116. *The Washington Post*, December 26th,1902.

117. *The Washington Post*, December 23rd,1902.

118. *The Washington Post*, June 10th,1903.

119. *The Washington Post*, January 2nd, 1903.

120. Quoted, *The Washington Post*, December 24th, 1902.

121. *The Washington Post*, January 11th, 1903.

122. Quoted, Murphy(2001), Part II.

123. Wiley(1906).

124、125. Wiley(1930), p. 219.

126. Murphy(2001), Part II.

127. Smith(2001), p. 79.

128. Wiley(1930), p. 220

129. Young(1989), p. 202.

130. Goodwin(1999), p. 160.

131. Wiley(1930), p. 230.

132. Denby(2006), p. 73.

133. Young(1989), p. 222.

134. 135. Sinclair Autobiog, p. 120, p. 134.

136. Suh(1997), p. 92.

137、138、139. Sinclair(1906), Chapter 7, Chapter 7, Chapter 31.

140. Young(1989), p. 226.

141. Sinclair Autobiog, p. 135.

142. Gottesman(1985), p. xxiii.

143. Young(1989), p. 138.

144、145. "Inquiry into Beef Trust", *New York Times*, April 17th, 1902.

146. "Trust Hunt Critics Answered by Moody", *New York Times*, July 23rd, 1905.

147. *New York Times*, October 28th, 1905; Young(1989), p. 227.

148. Young(1989), p. 226

149. "Biggest of Trusts", *New York Times*, October 29th, 1905.

150、151、152、153. Roosevelt(1954), p. 179, p. 180, p. 178, p. 180.

154、155. Young(1989), p. 251.

156. Sinclair Autobiog, p. 129.

157. Young(1989), p. 233.

158、159. "President Hunts in *The Jungle*", *Chicago Daily Tribune*, April 10th, 1906.

160. "Find *The Jungle* 95 Percent Lies", *Chicago Daily Tribune*, April 11th, 1906.

161. Roosevelt(1954), letter 3881.

162. Sinclair Autobiog, P. 129.

163. Young(1989), p. 239.

164、165. "Author of *The Jungle* Urges President to Publish Report", *The Washington Post*, May 29th, 1906.

166. *New York Times*, May 29th, 1906.

167. Wiley(1907), p. 554.

168. "Meat Inspection Bill Passes the Senate", *The Washington Post*, May 26th, 1906.

169、170. "Meat Trust in a Pickle", *The Washington Post*, May 31st, 1906.

171. Brantz(2006).

172. Fabian Society(1899).

173. Roosevelt(1913), p. 483.

174. Wiley(1907), pp. 525-531.

175. Young(1989), p. 218.

176. Wiley(1907), p. 528.

177. "Label Must Be Exact", *The Washington Post*, November 17th, 1908.

178. Wiley(1930), p. 204.

179、180、181. Young(1989), p. 218, p. 260, p. 267.

182. "Canners for Pure Food", *New York Times*, February 16th, 1907.

183. "Pure Food Centre of the World", *Chicago Daily Tribune*, February 25th, 1907.

184. Kolko(1963).

185. Young(1989), p. 264.

186. Smith(2001), p. 85.

187. *The Washington Post*, November 20th, 1908; Young(1989), p. 215.

188. Young(1989), p. 216.

189. Wiley(1906), pp. 316-317.

190、191. Smith(2001), p. 79, p. 86.

192. Stephen Potter, *The Magic Number: The Story of '57'*, London: Max Reinhardt, 1959, p. 69.

193. Coppin & High, pp. 121-125.

194、195. Smith(2001), p. 87.

196. *New York Times*, April 22nd, 1909.

197、198、199、200. Smith(2001), p. 97, p. 110, p. 111, p. 91.

201. Wiley(1915), p. 26.

202. Wiley(1930),p.239.

203. *New York Times*,December 30th,1908; Gaughan & Barton Hutt(2004),p.13.

204、205. Wiley(1930),p.240,p.241.

206. Gaugham and Barton Hutt(2004),p.14.

207. Wiley(1930),pp.262-263.

208. Gaugham & Barton Hutt(2004),p.14.

209. Wiley(1930),p.311.

第五章
假冒食品与合成食品

> 今天，我们的食品中再没有像掺杂剂这样的成分了，我们有食品添加剂、改良剂和营养素。
>
> ——伊丽莎白·大卫（Elizabeth David），1977

"一战"爆发时，英国作家乔治·奥威尔（George Orwell）还是个孩子。回首自己的童年时光，他发现，留在记忆中最多的并不是那些死亡的场景，而是人造黄油。战争使得黄油短缺，它不再像过去那样是穷人的"专利"，而是一种社会上广泛使用的替代品，就连伊顿大学享有特权的学者也不例外，包括奥威尔。"到1917年，'一战'的影响更多地表现在人们食不果腹上，除此之外，它的影响几乎消失殆尽。"[1]奥威尔，以自己洞察一切的视角，见证了从食物锐减到无食可进的整个过程。他憎恶这个机械化的时代，食物的机械化多多少少夺去了食物的口味，纷至沓来的罐头食品、合成香料几乎使味觉器官全部变成了摆设。[2]在他的小说《上来透口气》(Coming Up For Air) 中，男主人公乔治·鲍林（只能被迫食用讨厌的假冒食品，比如法兰克福鱼肠或者是人造橘子果酱）大肆批判任何"从纸盒、罐头或者冰箱里面拿出来的东西，或者从龙头里流出来、从管子里挤出来的东西"。[3]奥威尔自己也对国内苹果的减少痛惜不已：

> 正像你们在任何一家蔬菜水果商店所看到的，大多数英国人所说的苹果其实只是美国或澳大利亚生产的一堆鲜艳的"绵羊毛"；他

们心满意足地吞下这些东西，却任由英国的苹果在树下腐烂。他们被美国苹果富有光泽、大小匀称、整齐划一的外表所吸引，却对英国苹果的美味口感熟视无睹。或者你们可以看看百货店里摆放的那些工厂生产的、带有箔纸包装的奶酪和合成黄油；还有那些琳琅满目的罐头，它们已经越来越成为食品商店的主角，甚至奶制品商品的主角；再看看6便士就能买到的瑞士卷或者2便士的冰激凌；再来看看那些可恶的化学副产品，它们被当作啤酒一样倒入口中。在你所到之处，你都可以看到成堆的、味同嚼蜡的机制产品，而口感十足的传统食品却被丢弃在角落里。

这是奥威尔1937年写下的一段文字，这番话就像以往一样充满了预言色彩。事实上，他所描述的这个毋庸置疑的合成食品的世界才仅仅是个开始。奥威尔说得没错，20世纪将是一个假冒食品随处可见的时代。此外，还有一点他也说对了：假冒食品最初只是一些质量低劣的替代品，但很快它们就会取代真正的传统食物，成为很多人的首选。依照旧的标准，这种被塞在纸盒里、装在罐头里、备受挤压的食物或许可以归入掺假食品行列。但随着时代的发展，人们的口味、规矩都在悄然改变。所谓光泽和形状变得比食物本身更加重要。

食物代替品与战时假货

在奥威尔笔下，战争引发的贫困对英国的影响可见一斑——沉闷无趣、令人作呕，但与德国相比却显得不值一提。当时的德国俨然已经成为生产假冒食品的实验室，他们甚至创造了一个新名词——"食物代替品"（ersatz），这成为德国"一战"期间的重要特征。"一战"爆发后不久，英国海军实施经济封锁，切断了德国的海上供应，导致德国本土陷入广泛的饥荒。在基本供给极度短缺的情况下，德国只能被迫自创新型食物。从本质上说，这些食物只是新版的饥荒食物，也就是农民从古至今用来苟活的食物（见第二章）。两者的差别就在于它披着一层欺骗性的现代外衣，而且得到了德国政府的大力宣传。德国政府公然挑战德国人的就餐本能，声称马铃薯具有跟面包一样的饱腹效果。随后，他们又宣称蕉青甘蓝跟马铃薯一样营养丰富。德国在全国各地举行了各种展览，向人们推出大量可选择的食物代替品，目的是满足人们的基本需要。当时，共有837种替代香肠获得生产许可。一名美国记者写道：德国商店的店主在出售食物代替品时，根本不用煞费苦心地编出一番谎言来显示它有多好，他们只是说"这是德国唯一能够买到的同类产品"。[4]从这个意义上来说，他们根本不存在欺诈，因为即便在今天的德国，也很难买到真正货真价实的东西。[5]

他们用玉米和马铃薯制成所谓"鸡蛋"，所谓"羊排"其实就是大米，"牛排"则是由菠菜、马铃薯、坚果和"鸡蛋代替品"制成的。不同的替代品又组合成为新的替代品。在柏林，就连香味袭人的咖啡也换成了人工咖啡。[6]战争初期的咖啡（原本通常由莴苣根和甜菜混合而成）由烤坚果加煤焦油调味而成。后来，由于造价过高，又转而用烤制的山毛榉坚果和橡果制造。但是没过多久，在1916年到1917年冬天，所有剩余的橡果都用来喂猪，而所谓咖啡也改用胡萝卜和芜菁替代。芜菁咖啡，配以芜菁炖菜和芜菁面包。正像一位绝望的评论员所写的："被迫使用替代品就够糟了，更糟糕的是使用伪劣的替代品。"[7]埃塞尔·库伯（Ethel Cooper）"一战"期间住在德国的莱比锡市，她声称自己并不排斥吃老鼠，让她无法忍受的是食用老鼠的替代食品。[8]

一些战争初期的食物替代品很快得到了广泛认可，其中的典型代表就是果酱。1915到1916年间，果酱一直深受厌恶，因为政府竭力用果酱来代替肉脂和黄油。果酱面包成为主餐！对于习惯了肉食的人们来说，这一改变很难接受。你根本不可能让一家人仅仅食用果酱面包。1916年8月，波兰卡托维兹市（Kattowitz）的妇女们举行抗议行动，要求得到面包、熏肉、油脂及马铃薯！远离果酱！[9]但是，渐渐地，随着生活境况的每况愈下，人们对食用果酱面包早已安之若素。它似乎不再是食物替代品，而是名副其实的食品。

肉和油脂匮乏已经成为战时阶段的重要问题。众所周知，德国的主食一直是猪肉和黄油面包，但是战争的爆发却让我们看到了许多煞风景的场面：在肉制品商店门前，许多家庭主妇在争抢最后一点儿猪肉。肉食品短缺促使人们开始尝试制造油脂替代品,德国人迫切想知道能否从老鼠、田鼠、仓鼠、乌鸦甚至蟑螂身上提取脂肪,甚至有人建议从蜻蜓的翅膀中提取蛋白质。[10]相比之下,人造黄油似乎根本不值一提。在电影《黑爵士四世》(*Blackadder Goes Forth*)中,这些疯狂的计划都被付诸实行,鲍尔德维克(Baldrick)在战壕里制作了这些疯狂的替代食品,比如加奶和加糖的咖啡,或者是配有宾理士沙司的上等嫩牛排。当然,区别在于德国的食物替代品是真实的,而且不只是在战壕里,也走进了寻常百姓家。

食物替代品是战争刺激下的幻想产物。在战争阶段,那些最疯狂的伪造品不仅拥有合法身份,而且得到了政府鼓励,甚至被看作节约能源的爱国表现。岑木灰包上一个漂亮的包装就成为"辣椒替代品"出售;用核桃壳制成的冲剂被冠以"咖啡"的名称,喝这种冲剂不仅不会被视为疯子,相反却是良好市民的表现;与此同时,社会上还出现了一种新的疾病,叫"替代品病",这是由于长期饥饿和食用可怕的替代食品造成的,因为许多替代食品中包含"不可消化的动物废弃物"。不可否认,食物替代品对稳定战时柏林动荡不安的局势发挥了积极作用,但是所有人都处于一种焦虑状态,都希望这种情况能尽快结束。随后,"替代品"一词开始应用于各个领域,甚至包括人们自身。

从魏玛时期到战前德国,德国人的生活仍旧贫困,替代品文化也依旧风行。随着纳粹执政,纳粹党向国人承诺的大众消费前景并未出现,商店里除了空荡荡的货架,就是代用食品。政府仍旧继续提倡用蔗糖代替油脂,昔日备受非议的果酱产量在1933到1937年间增加了两倍。人们被迫使用肥皂的替代品,这种物质并不能彻底冲洗干净。德国人喝咖啡、吃蛋糕的习惯已经成为奢想。1938年,所有的奶油蛋糕以浪费为由被全部禁止生产,咖啡也只是断断续续地提供。戈贝尔斯(Goebbels)很轻视这些消费者,戏称他们为"可怜的老母鸡",认为他们过于软弱,甚至不敢对咖啡短缺有所微词。对于这个问题,他个人的观点是:"在咖啡短缺的时候,一个体面人会选择少喝或者不再喝咖啡。"[11]

在"新颜"的伪装下,纳粹政府提供的仍旧是同样的替代品。所谓"新"只是宣传机构的说辞,甚至达到了痴人说梦的新高度。当时,柠檬的供应中断，政府宣布用大黄代替。除了整体感觉都发酸外，你很难再找到二者的共同之处。你无法在一块鱼上面挤压一条大黄棒，或者把一片大黄放入饮料中，或者用大黄来制造柠檬水，或者用作调料，因为大黄根本就无法做到这些。但是，没关系，纳粹宣传机构宣布用大黄取代柠檬的尝试大获成功，因为柠檬是进口的，而大黄不是：

> 只有在德国土地上生产的东西才能使我们的血液更具活力……所以，再见了，柠檬，我们不需要了。德产大黄将彻底取代柠檬。[12]

食物替代品的接连涌现让我们清晰地看到，希特勒领导下的德国始终没有走出"一战"的阴影。

和德国相比，虽然举国上下充斥着人造黄油，但英国战时阶段的后方局势明显舒服多了。定量供应的措施也只是在1918年才出现。不过，厨师们确实抱怨他们只能使用一些粗制滥造的配料或者少用配料。就像当时的流行歌曲唱的："我的星期二没有肉食，我的咖啡未放糖。"当时的烹饪书中介绍的全都是仿真食品。自从18世纪开始，仿真食品就已经成为英国厨房的一大特征，其中最出名的要数"仿甲鱼汤"（《艾丽丝漫游奇境记》的仿甲鱼就来自于此）。真正的甲鱼汤是采用西印度群岛的甲鱼做原料，造价非常昂贵，在餐桌上提供这道菜就代表你属于上层阶级。食用"仿甲鱼汤"是中产阶级家庭效仿上流阶级的做法。[13]它采用煮熟的牛头肉做原料，并加入火腿、香草、马德拉白葡萄酒和辣椒粉进行调味（调味品和真正的甲鱼汤相同）。可以肯定的是，它的味道和真正的甲鱼汤相去甚远，只有表面的黏度相似而已。[14]不过，对于那些没吃过真正甲鱼汤的人来说，他们又怎能知道其中的差别呢？

世界大战带来了仿真食品的繁荣。阿尔杰农·珀西（Algernon Percy）女士在1916年出版的烹饪书籍《祖母的食谱》（*Our Grandmothers' Recipes*）中就提到了制作"仿真肉饼"（用扁豆、熏肉和洋葱）、"穷人鹅肉"（用鼠尾草和洋葱调味的肝脏）的方法。[15]同时期的其他烹饪书也指出，可以将猪腿肉做出火鸡的味道（因为火鸡肉比猪肉的价格更贵），还有仿真牡蛎饼（其实就是涂满奶油的婆罗门参）、仿真兔肉（牛肉和猪肉

1928年坎贝尔牌仿甲鱼汤的广告，在所有仿甲鱼汤产品中，该品牌最为知名。

酱）和仿真螃蟹三明治（虾和鲱鱼子）。[16]看过这些仿真食品的菜谱，最明显的感觉是，吃这些食物的人又不是傻瓜，又何必写明呢！不管怎样，"仿真"一词摒弃了一切欺骗行为，所谓仿真并不是想以假乱真。食物历史学家柯林·斯宾塞（Colin Spencer）曾经看到一个维多利亚时期制作"清水沙拉"的菜谱，实际上是用马铃薯、芹菜、抱子甘蓝和甜菜根制成，可"制作者却拼命地想把这种沙拉装得好像龙虾沙拉一样"。[17]仿真食品其实只是给人一种假象。喜欢仿真食品的人就好像揉泥团的孩子一样，孩子会把泥团假想成带有樱桃的蛋糕，两者的区别在于孩子知道泥团是不能吃的，其次孩子们也没必要顾全面子。

这种假想食物在"二战"时期更加流行，甚至成了保持士气的有效途径。不过对口感的要求越来越低，相反把更多注意力放在了视觉效果方面。[18]例如，仿真排骨（其实就是马铃薯、大豆粉和洋葱）、仿真奶油（淡奶与骨胶的混合物）、仿真洞中蟾蜍（不放鸡蛋的面糊），所有这些食谱都把更多的精力放在了外观上。安布罗斯·希斯（Ambrose Heath）在《厨房菜谱集锦》(More Kitchen Front Recipes) 中介绍了"仿真鱼"的做法，原料有糙米、牛奶、少许洋葱或者韭葱，还有凤尾鱼香精调料。所有材料熬煮成粥后倒入鱼片状的模子里，煎至金黄色，再洒上香芹调料汁。瑞士萝卜糕是用胡萝卜和李子酱制成，仿真牡蛎汤是由鱼的边角料制作而成。[19]随后，约瑟芬·特里（Josephine Terry）又提到了一种仿真鹅肉，说到底就是在马铃薯饼上放置苹果片，再淋以肉汁制成。[20]

毋庸置疑，这些仿真食品多是纸上谈兵，做出来的少，真要通过这些食谱书来推断人们当时的饮食状况很容易误入歧途。如果这些烹饪书确实是对普通百姓日常饮食的完美记录，那今天的英国将会变成另外一番景象：所有人每晚都坐下来享受英国美女美食家尼格拉的鱼饼和杰米·奥利佛的烤牛肉，但事实并非如此。同时，书面食谱确实为我们提供了其他信息，比如当时的英国人想吃什么。当所有人都渴望吃仿真鹅肉的时候，也就是替代食品风行世界的时代。

1940年1月，随着食物定量供应制的实行，英国人也开始面临一种新事物：粉状替代品。英国食品部门的杰克·德拉蒙德（Jack Drummond）向公众推荐了很多脱水食品，比如奶粉和蛋粉。根据一名伦敦女孩的回忆，战时冰激凌的外表很吓人，只是在一团黄色的类似炒蛋类的东西上面添加了少许沙状冰块，这听上去就很像是奶粉和蛋粉制作的产物。[21]尽管如此，定量供应还是影响到了方方面面，不仅包括个人，也包括高级餐厅。伦敦中心区广场有家常春藤餐厅，其经理马里罗·格拉（Mario Gallati）说，他在战时发明了一种假蛋黄酱，是用面粉加水，再加入醋、芥末和一点儿蛋粉制成。他回忆说："他在端出食物时都忍不住发抖，但就餐者都表现得泰然自若。"出于同样的心态，英国人也接纳了油炸午餐肉馅饼，或者说是用胡萝卜制成的果酱和无蛋蛋糕的组合品。[22]

与此同时，英国消费者也面临一大问题，那就是如何吃下定量配给的代替自然食品的稀有蛋白。马肉和鲸鱼片不仅富含营养，而且有益健康，在许多饮食文化中也被视为美食，但英国人却对这两样东西非常抗拒。最令人厌恶的就是在战后（1947年）引入的用来替代罐装沙丁鱼的罐装杖鱼。正像历史学家柯林·斯宾塞指出的："有人或许认为，经过一段黄油和肉制品供应短缺、熏肉供应减半，还有一冬一春的灾难之后，这种新型罐装鱼食品的上市肯定会受到热烈欢迎。"[23]英国食品部门购买了数百万罐罐装杖鱼，并公布了8种杖鱼的制作食谱，其中最有名的就是杖鱼开胃菜，其中包括大葱和醋。[24]尽管如此，英国人对杖鱼仍旧深表怀疑。到 1949 年，超过 1/3 的罐装杖鱼仍旧没有售出，食品部最后被迫将其作为猫粮对外出售。

杖鱼事件表明，英国民众对这种由中央政府来控制食物供应的做法逐渐忍无可忍。但是从营养角度来说，英国人在战时的营养水平明显要高于战前或者战后，这自然得益于更多的全麦面包和蔬菜，更少的糖，以及定期供应的少量的肉食和鱼制品。根据 1946 年英国卫生高层官员发表的重要战时数据，我们可以发现，人们当时的营养状况良好。另外从一定程度上来说，针对儿童的橘子汁配给，针对怀孕妇女的牛奶配给和定量饮食也都收到了意外效果，比如儿童死亡率大大降低，这其中甚至包括了在德国闪电战中丧生的 7000 名儿童；妇女、儿童的贫血状况大大缓解，儿童出现牙齿问题的情况也大大减少。按道理说，人们在战后的饮食状况会大大改善，但事实并非如此。他们感觉食不果腹，沉闷无聊，对饼干更是厌烦不已。正像食品作家玛格丽特·帕滕（Marguerite Patten）所说："人们在期盼胜利的同时，也在期盼食物的丰富多样。"[25]

但是，战后英国人在食物替代品的态度上却表现得有些模棱两可。一方面，人们渴望摆脱英国食品部门在食物选择上的桎梏，重新享受自由选择食物的乐趣，尤其是那些出产丰富的物品或者进口的外来食品，比如奶油、香蕉和新鲜西红柿；另一方面，多年的定量供应已经让家庭妇女们习惯了使用食物替代品，食物替代品也不再是最初人们眼中的那些拙劣的仿制品了。战后伊丽莎白·大卫返回英国（她大多数时间都住在开罗，食用五香肉饭、橄榄油和熟杏），她看到朋友储藏室里的食物时非常吃惊："里面堆积了很多东西，比如成包的蛋粉和汤粉包。"[26]这些东西现在看来非常普通，但在当时伊丽莎白却觉得这和她渐渐喜欢的地中海食物相比显得索然无味，毫无乐趣。在世界大战结束后，英国公众不仅没有放弃加工食品和食物替代品，相反却更加依赖这些东西。到了 20 世纪 60 年代，一个出售新鲜水果的乡村小店甚至立了这样一个招牌："可口的甜梨，跟罐装梨一样美味。"[27]

美国人造食品

大西洋对岸虽然没有经历过像欧洲那样的贫困阶段，但在跟真正食品的角力结束后,食物替代品同样充斥了大街小巷的食品商店。在美国,人造食品的合法地位开始发生改变。20世纪中期,美国国会和各州决定立法保护美国的基本农产品,避免其与新型加工食品的竞争。1886年颁布的《人造奶油法》(见第四章)就是最佳佐证。同样,1923年出台的《加料脱脂乳法》(*Filled Milk Act*)禁止在洲际之间装运加料脱脂乳,[28]同时指出销售加料脱脂乳将被视为欺诈消费者(按照国会的调查,这种乳制品被脱去了乳脂,而代之以相同数量的植物油)。这些相继出台的法案背后都有一个共同目的,那就是保护传统食品,反对新的合成替代品。

20世纪,尤其是在大萧条的岁月里,市场发生了巨大转变。正像一位愤世嫉俗的消费者提到的,"错不在产品本身,而是某些可恶的人粗制滥造,缺斤少两"。[29]商品不合格的现象将政府推入了进退两难的境地:依照"1906年法案",这些商品是禁止销售的,但是没有这些商品,很多挣扎在饥饿边缘的人将会饿死。1931年,美国国会颁布了一项修正法案,规定不合规格但对身体无害的罐装商品——有污损、有裂口或者未成熟的桃子和梨可以出售,但是前提是这些商品上贴有标明其为低质量的绉纸作为标记。[30]这一举措受到了家庭妇女的热烈欢迎,并称其提供了"无法估量的巨大帮助"。[31]

和不合格商品的情况相反,人造食品的问题更难解决。20世纪30年代初期,各大厂家纷纷推出了新食品,并且经常伴有别出心裁的广告。市场上到处充斥着营销新颖、价格便宜的人造食品,大多数都有一个充满幻想的名字,比如"色拉香"醋、花生酱(一种只有少量花生的花生酱)和布莱德面包酱(一种含有大量胶质和少量水果的果酱)。真正的果酱需要利用水果中的果胶来相互结合,但新科技的发展使生产商可以采用精制果胶,他们只需用糖、水和着色剂就能做出黏稠的果胶。这是一种无效果酱,但法律上并不承认这种说法。一方面,根据"特殊名称附带条款",1906年出台的《食物与药品安全法案》(*Pure Food and Drugs Act*)并不能阻止类似的无益产品流入市场;另一方面,这些获得销售许可的食物又被看作传统产品的伪造品。

无论是对果酱生产商,还是对美国食品药品管理局(简称FDA,成立于1906年)来说,这都是个令人头疼的问题。那些普通的商店主人要如何透过充满幻想的名字和漂亮的包装来做出判断呢?在大萧条最严峻的时期,美国总统罗斯福抱怨:"产品质量参差不齐,这更需要消费者具有敏锐的鉴别力,而这恰恰是消费者所欠缺的。"同时,他还补充说:"消费者很容易把产品的外在包装和内在诚信相混淆。"[32]在罗斯福看来,诚信非常重要。他的经济复苏新政依赖的是希望,而威胁希望的最大敌人就是欺诈。当时,罗斯福所在的白宫以生活节俭、食用健康食物而闻名,这一切全部由他令人敬畏的妻子埃莉诺(Eleanor)监督。[33]1935年,罗斯福在国会的发言词中强调:"诚信应该是最好的政策,对一个人或一个企业是这样,对国内所有的企业和个人都是如此。"[34]他认为,所谓诚信就是要严格清除市场上的有害或者假冒食品,并严格执行食物标准。

当时,人们普遍担心,一旦食品没有基本的质量标准,整个市场将会陷入混乱。因此在1938年6月25日,FDA签署了一项《联邦食品、药品和化妆品法案》(Food、Drug and Cosmetic Act),该法案对罗斯福第五位表亲于1906年提出的相关法案做出了重要改进。[35]新的法案高度强调了诚信的重要性,除了对药品公司制定了更严格的规章外(起因于1937年的一场丑闻,当时有一百多人死于一种新的磺胺药物,其中多数为儿童,因为它其实是防冻剂),它还明确了联邦政府在食物供应方面的权力。"1938年法案"最终废除了"特殊名称附带条款",并开始建立基本的食品标准。现在,食品商标必须满足以下条件:除了使用奇特的商标名称外,还要提供普通名称或者常用名。布莱德面包酱无法再鱼目混珠了。与此同时,FDA还针对美国的一些最重要的食品制定了强制性标准,列入首批食品安全标准名单的产品有牛奶、奶油、果汁、罐装金枪鱼、罐装蔬菜、巧克力、面粉和谷物、蛋黄酱、通心粉以及西红柿制品。

最早制定食物标准的就是果酱或者说果冻。从根本上说,新的食品标准就像传统的食谱,需要注明所含的具体成分及其准确含量;通过这种方式,任何欺诈或者掺假行为都将暴露无遗,同时也使惩罚措施得以有效落实。以果酱为例,FDA从家庭菜谱和烹饪书中获得数据,确定水果和糖的正确配量是50∶50。在此基础上,FDA确定果酱中水果的法定最低含量为45%,口感甜美,富含水果,更有营养。通过提高水果含量的百分比,美国政府希望确保果酱能够真正做到名副其实、物有所值。

20世纪40年代,新的食品安全标准确实行之有效,在一定程度上保护了消费者的日常饮食。注明成分配方的方法无论是对消费者,还是对立法者来说都可以理解,而且得到了立法院的支持。1944年,要求禁止使用奶制品替代品的呼声越来越高。当时,高级法院声明在必要情况下可以禁止类似产品的销售,因为商标并不能对欺诈行为做出充分补救。[36]1949年,政府责令桂格燕麦片公司必须停止在法里纳麦片中添加维生素D,因为它不符合相关产品的法定标准。但是,这一法制系统仍旧存在一些不完善之处。在一些领域,食品标准过于严格很可能会导致违法走私行为。费城一名律师坚持认为,利用冷藏车非法走私托运劣质冰激凌的行为比比皆是。[37]更重要的是,人造食品生产商已经开始反击。

标志性的事件就是1952年的人造果酱裁定。1951年,FDA受理了62起可口牌人造果酱的案件。这些果酱是从科罗拉多州的丹佛市通过船运运抵新墨西哥的,其水果含量只有25%。依照《食物与药品安全法案》,FDA裁定其有欺骗消费者的嫌疑。依照第(403)g条的规定,某种食品如果接近制定标准的食品,就可以视为误导公众。而且依照法律,伪劣商品的洲际交易是禁止的。这种产品很像果酱但它不可能是真正的果酱,因为其中的水果含量比法定标准整整低了20%。对FDA来说,可口牌人造果酱属于欺诈。依照法律,即便食品标签显示它并非法律定义的真正果酱,但是大多数消费者可能仍视其为真正的果酱。FDA试图通过该案例来支持真正的果酱制造商,同时也加强自己监管食品安全的权力。

但是,这一战略不仅未见成效,反而适得其反。在审理法院和上诉法院分别做出截然相反的判决结果之后,该案被送往高级法院进行裁决。最后的审判结果指出:可口牌人造果酱欺诈消费者的罪名不成立。按照《食品法案》第403(c)条的规定,只有在商标同样误导消费者的情况下,人造食品才能被视为欺诈;鉴于可口牌果酱的商标中写有明确的"人造"字样,因此其中水果含量的高低不足为凭。这一审判结果无疑驳斥了FDA的观点。该项裁决的一位支持者表示,"人造食品领域发生的事情根本不难理解,也不足为怪"。[38]自从1952年之后,虽然用人造果酱代替真果酱在市场上流通仍旧被视为违法,但是面包师可以自由出售涂有人造果酱的蛋糕卷，消费者也可以购买人造果酱和花生酱三明治，这可能是因为人造果酱比货真价实的果酱价格要便宜。

来自全国牛奶生产商协会的一位律师指责："这种做法可能会促进不合格食品的激增，不仅仅是果酱和果冻，还包括奶制品。另外也会引发消费者对食品安全标准的困惑，而那些不讲职业道德的销售者则会充分抓住机会欺骗消费者。在人造食品充斥市场的情况下，如果正当的食品生产商无法获得保护，那么制定食品安全标准又有何意义呢？"[39]另一位美国律师也表达不满说："这些人造食品并不像它们看起来的那么便宜。它们自称为经济拮据的消费者提供优质产品，但事实上它们跟正牌产品的竞争是不公平的，它们有更大的利润空间。"[40]人造食品的价格在很大程度上取决于正品的价格，人造版的价格通常要比正品低几美分，但它的真实造价要低更多。所以，消费者被欺骗了两次：第一次购买的是人造食品；第二次是以远远高于它真正造价的价格购买食品。但是，这样的争议很快被淹没在了消费者的无知中。1894年，高级法院声称："美国宪法不会赋予任何人欺诈公众的特权。"[41]但是在一些批评家看来，人造果酱案的判决结果跟这种说法却明显背道而驰。

这些就是历史洪流下来自荒野的呐喊。不久，立法者要求取缔人造食品的想法开始发生转变。在1952年，也就是人造果酱案做出审议的当年，美国即将进入所谓"食品加工的黄金时期"。[42]冷冻橙汁、速溶咖啡、电视餐之皇家奶油鸡、袋装通心粉、箔纸袋装奶酪、脱水马铃薯沙拉随处可见，诸如此类的神奇产品为20世纪50年代的美国家庭主妇们提供了选择。如果你浏览一下美国1952年区域性报纸的商业版，你会发现有很多广告，例如招聘冷冻食品业务员的，销售特价奇妙酱的，推广坎贝尔公司的西红柿汤和何美尔公司的罐装辣椒的。[43]这些新型食品跟以往食品的主要区别在于，它们摆脱了非加工食品的劣势。一家食品企业的老板：保罗·威利斯（Paul Willis）在1956年夸耀说："今天，加工食品的营养价值至少等同而且经常是高于原料的营养价值，但是许多家庭主妇仍旧花费大量时间来准备原料。她们认为这样能使家庭吃得更健康，其实这是一种误解。"[44]这席话标志着一个关键性的转变，市场营销人员的大力推广使得昔日的替代食品不再是单纯的造假。它们是新式食品，而新就是最好的。

添加剂、新式食品和1969年白宫会议

1953年，德怀特·艾森豪威尔（Dwight Eisenhower）当选美国总统。除了建造洲际高速公路系统，艾森豪威尔令人印象深刻的成就就是他提出的"动态保守主义"理论。这一理论应用到食品领域，表现在广泛接纳一系列加工食品，同时解除政府施加在食品制造商身上的条条框框。这标志着战争年代那种自我克制、有益健康的做法将一去不返，取而代之的是在高速公路上奔驰的汽车和随处可见的"现代食品"。和一直在发展壮大的汽车工业一样，新的食品工业也在寻找出路，为产品增加附加值，使它们看起来尽可能地令人欣喜；消费者的安全则居于次位。宣誓就任总统后不久，艾森豪威尔参加了一次由美国马里兰州贝兹维尔（Beltsville）农业部主办的特殊"调研"午餐会，会上所用食品旨在充分展示加工食品在各方面的巨大潜力。艾森豪威尔品尝了"橘子粉、马铃薯条、乳清干酪酱、脱水冷冻的豌豆、采用新饲养方法培育而成的猪肉和牛肉，以及低脂牛奶"。[45]半个世纪后，如果给总统提供这样一顿糟糕的午餐，厨师长绝对会被斥骂，但是这件事似乎给艾森豪威尔留下了深刻印象。

我们经常听到的评论是，美国人的饮食是世界上最好的。[46]1952年，美国食品保护协会宣布："美国人现在是历史上拥有食物最丰富、最充分的时期。"[47]随着食品生产和科技的发展，众多化学添加剂犹如雨后春笋般出现。20世纪初，通用的食品添加剂只有大约50种，而且对它们的印象大都是负面的，威利就一直反对在番茄酱中添加甲苯酸盐。"二战"之后，化学家们研制出了成千上万的新式添加剂。就像艾森豪威尔的"动态保守主义"理论一样，战后食品添加剂的大繁荣意味着摆脱过去。另外，许多用来延长食物存储时间的工具也得以涌现：新的着色剂赋予了加工食品清新亮丽的外观，新一代的防腐剂似乎能够为"某些烘焙食品提供实际上的永恒"。[48]正像艾拉·萨默斯（Ira Somer）——一位食品工业的支持者所说："在美国买块面包，它能在家里安然无恙地保存几天。"而在一些没有条件使用食品添加剂的国家，"由于食品发霉，人

们遭受了巨大的损失"。⁴⁹要解决这个问题,答案很简单:像法国人和德国人一样,尽量坚持每天购买新鲜的面包,或者自己烤面包,这样面包箱里面的面包就永远不可能发霉。然而,食品添加剂支持者却并不赞成。萨默斯说过:"我们要想维持一贯的生活水准,食品添加剂必不可少。"于是,这很快便成为美国人的生活方式。

行业代表这么说不足为奇,但政府迫不及待地支持行业观点则有点让人吃惊。尽管食品行业对 FDA 诸多抱怨,但艾森豪威尔手下的机构所做的事情更多的是减轻公众对食品添加剂的顾虑,而不是研究这些顾虑是否有道理。⁵⁰在 FDA 的网站上,如果搜索"添加剂"这个词,你会发现,就好像 20 世纪 50 年代的汽车推销员一样,他们表现得非常自信,网站上出现了以下一系列问题:

问题:是什么让面包不发霉,让沙拉调味料各种成分充分混合在一起?

问题:是什么让蛋糕糊在烘焙过程中不散架,让腊肉不变质?

问题:是什么提高了饼干和意大利面的营养价值,赋予了姜饼特殊口味?

问题:是什么给了人造黄油亮眼的黄色,防止了盐在搅拌机里结块?

问题:是什么让人们能在一年四季都能吃到大量优质的食品?

答案:食品添加剂。⁵¹

在政府中,除了对食品添加剂持乐观态度的人之外,也有一部分人一直对其安全性有所质疑。20 世纪 50 年代,汽车推销员大肆推销着一种需求量极大的产品,但这种产品也能置买主于死地。20 世纪 50 年代的人造食品推销员也是如此吗?

不久,立法者便注意到了这个问题。1950 年、1951 年、1952 年这三年间,国会议员詹姆斯·德拉内(James Delaney)组建了一个专门研究食品中化学添加剂安全性的委员会。据该委员会统计,在当时所用的 840 种化学添加剂中,只有 420 种是安全的,只占一半。⁵²这一数字令人担忧。于是，1958 年《食品添加剂修正案》（*Food Additives Amendment*）应运而生，旨在给予消费者更好的保护，使其免受有害添加剂的侵害。新《修正案》极其复杂，这也反映了当时添加剂这一概念的模糊性。首先，究竟什么是添加剂？从某种意义上来说，配料不也是添加剂吗？在新法案的起草阶段，一名所谓专家曾说，奶油或许也应该被称为冰激凌的化学添加剂。对于如此荒谬的说法，最好的抨击方法就是赋予添加剂一个确切的解释。[53]在新法案中，添加剂意为在食品中留下残留物的物质，或者是能影响食品特性的物质。也就是说，它是有别于食品而独立存在的。同时，新法案也把食品中的化学添加剂分为了三类：第一类，食物中绝对禁止添加的化学物质。研究已经证明，人畜一旦摄取此类化学物质，就会出现癌变（这被称为德拉内条款）；第二类，必须经过厂商严格测试的化学物质。在其安全性未被证实之前，FDA 将禁止此类化学物质在食品中添加；第三类化学物质十分特别，它既可以在食品中随意使用，一般也不被归入添加剂的行列，因为它们被公认是安全的。一种物质，如果科学研究认为是安全的，或者是在 1958 年以前的食品中普遍添加的，那么它就可以被列入"公认安全"清单。这样的物质包括一些传统的调料，比如盐、胡椒粉、糖和醋，但是更多的则是相对新式的化学添加剂。[54]在最初的"公认安全"清单上，只有 182 种化学物质，而到了 1961 年，"公认安全"清单上的化学物质增加到了 718 种。厂商可以在食品中随意添加"公认安全"清单上的化学物质。

这样一来，虽然《食品添加剂法案》的目的是保护消费者，但它也给喜欢制造"创意食品"的厂商提供了更多的庇护。20 世纪 60 年代，罗斯福时期的食谱烹饪标准开始变得不合时宜，在一个用粉末做汤的世界里，食谱有什么用呢？1961 年，FDA 首次发布了冷冻面拖虾的非食谱烹饪标准。[55]这个标准没有规定奶油面糊和拌粉的配料，只是要求厂商慎重选择安全、适当的配料，可以用大多数消费者自己在家做面拖虾时用的面包屑、鸡蛋和牛奶，也可以用安全、适当的乳化剂、鲜味增强剂和防腐剂。"安全、适当"这个概念过于宽泛，可以代表包括曾经被称为劣质掺杂物的无数种物质。

这一新举措表明，人们已经无法指望 FDA 监管市场上的每一样新产品。产品数量繁多,其中大多数都不符合原来的标准。到了20世纪70年代,美国使用的农产品有1000种,但在食品加工过程中所添加的天然或人工化学物质却有12000种。[56] 我们已经知道,果酱的标准制定起来十分简单,FDA只需要参考一些传统的食谱,然后计算水果和糖的合理比例就行了。但是,大多数新型食品都没有老食谱可循,而且完全有悖于家庭食品。什么厨师会想做拉茨尔斯、美国家乐氏甜饼干和品客薯片呢(这些都是1966年到1967年的垃圾食品)?事实上,有一个网站(www.pimpthatsnack.com)专门针对一些喜欢制作大版本垃圾零食的人而创建。一些疯狂的后现代厨师会花上数天时间制作大个儿的奥利奥饼干、奇巧巧克力或者杰米-多杰斯饼干。自己制作加工食品十分荒谬,这样搞笑效果才能显现。

20世纪60年代晚期,原来的贬义词"人造食品"似乎不太适合当时的许多加工食品。大家都知道,柠檬水应该是新鲜柠檬榨的汁,因此对于水和酒石酸混合而成的"柠檬水",阿库姆完全可以进行指责。但是对于1963年新出的保健饮料"TaB",我们很难称其为"人造食品"。这种饮料横空出世,跟传统的饮料几乎毫无相似之处。跟许多新食品和饮料一样,它是一种自成一格的新产品。

1969年12月,尼克松(Richard Nixon)总统召开了一次有关食品与营养的白宫会议。从艾森豪威尔到尼克松(中间还有肯尼迪和约翰逊),人们对总统的态度从满怀希望到嘲讽失望,在食品方面也表现出相同的曲线。政府发现,许多美国人,尤其是穷人,都受到了饥饿和营养不良的困扰。在这一背景下,尼克松召开了这次会议。艾森豪威尔时代的狂热分子曾表示,在发达国家中,美国人所获得的营养最全面,但事实上,美国人的营养不良状况十分严重。根据1967年的国家统计数据显示,20年前,36个国家的男性平均寿命均长于美国男性的平均寿命。1969年11月,在《营养教育》(Nutrition Education)杂志上发表的一份研究报告表明:美国几乎所有不到1岁的儿童都存在缺铁问题。[57] 与此同时,肥胖人口在不断增加。研究还显示:"特别是1960年以来,美国民众的饮食习惯越来越令人担忧。"[58]

白宫会议的主要目的是解决这些问题。于是,政府公布了一系列举措：扩大食品券计划的发放范围，改进儿童营养计划，改善学校午餐，以及进行食品教育。尼克松还发出号召："彻底解决美国人民的温饱问题。"[59]在此次会议中，有一个小组专门负责调研新型食品问题，研究它们在拯救全国饮食问题上的作用。（似乎没人清醒地认识到，美国人民健康状况的恶化正是与这些新型食品的繁荣息息相关。）

新型食品调查小组的组长是美国孟山都公司的副总裁（此时是通用科技著名的推销员，后来成为农业化学产品的生产者）。小组成员还包括皮尔斯贝瑞公司（大型烘焙产品生产商）的副总裁，美国罗森普瑞纳公司（荞麦早餐和宠物食品公司）的副总裁，以及一些优秀的科学家和营养学家。鉴于成员中有行业人员，调查小组对于新型食品"极具价值"的总结就不足为奇了。这一结论促成了食品规则的现代化改革，促成了政府批准制造"完全的新型食品"。[60]调查小组解释说：不管新型食品相对于旧食品有多优越，政府管理机构目前总是将其称为"人造产品"。这一过分简单化、不准确的词汇容易误导消费者，无法让公众了解新型食品的实际特点和属性。于是，政府在人造食品方面的立场又回到了原点。"人造"这个词原本是为了防止误导消费者而使用的，但是现在，白宫调查小组表示，这个词本身就会让人产生误解。

新型食品调查小组建议对食品标准进行现代化改革，"从而推进各种传统食品与新型食品的发展与市场推广，使消费者以较低的价格获得更多高品质、营养丰富的食品"。原有的基于食谱的食品标准被指责为"缺乏活力"。新型食品是未来的需求，针对美国饮食中的肥胖和营养不良两大难题，新型食品拥有两个强有力的手段：发明新型瘦身食品和增加主食的营养摄入。这就需要自由市场的创建和政府必要的帮助。这样一来，人们的健康状况就能有所提高。

但愿如此。

营养强化与瘦身

营养强化这一概念起源于19世纪30年代，当时许多地方都流行甲状腺肿大这一疾病。这是一种因甲状腺肿大而引起的粗脖子病，甲状腺肿也会引起有智力问题的呆小病。人们发现，在一些土壤中缺碘的地区，最容易出现甲状腺肿大和呆小病，而饮食中加了碘之后，这两种病症就消失了。一位法国化学家建议在食盐中加入碘，于是从20世纪初期开始，欧洲人民在日常生活中就开始使用碘盐。慢慢地，在富裕的西方国家中，甲状腺肿大这一疾病逐渐被遗忘了。然而，在巴基斯坦，仍有无数人会因缺碘而患上甲状腺肿。

以上只是个别情况，营养强化是从20世纪40年代开始更为普遍地出现的。当时公众无法从食物中得到充足的营养，这令政府十分担忧。1897年，克里斯蒂安·埃克曼（Christian Eijkman）发现，由于糙米中含有维生素 B_1，因此可以预防脚气。从此以后，人们越来越认识到，维生素这样的微量营养元素对健康十分重要。在20世纪，每十年都有一种维生素被提出来并引起重视。20世纪初，鱼油被证明能治疗软骨病，20世纪20年代，钙和维生素A被提了出来，于是专家便建议人们多喝牛奶，多吃蔬菜。[61]进一步地，牛奶中加入了维生素D，从而促进钙的吸收和防止软骨病。接下来提出的是维生素C和维生素G（后来改名为维生素 B_2）。1940年，维生素 B_1 在美国再次引起重视，更被视为抗击希特勒的"鼓舞士气维生素"。副总统亨利·华莱士（Henry Wallace）甚至还说：在饮食中增加维生素 B_1 和其他B族维生素"能让生命变得很有价值"。[62]

然而，食物中之所以要加入微量营养元素，原因只有一个，那就是美国的基本食物毫无营养可言。以面包为例，面粉中的大多数维生素和无机物都蕴藏在小麦的外层麸皮中。[63]原来在碾磨精白面粉的时候，采用的方法是用细眼筛或滤布来筛分打碎的小麦，这种方法可以保留小麦中的许多营养物质。但是，从19世纪70年代开始，高效的轧制系统开始流行，面粉在经过钢筒时，大部分维生素都流失了。一般来说，"出粉率为70%"的精白面粉，各营养元素的流失为：钙，60%；维生素 B_1，77%；铁，76%；维生素 B_2，80%。到了1940年，平均每个美国人每年都会进食200磅用这种丧失营养的面粉制成的面包。[64]对于穷人来说，他们每天获得的能量大部分来源于此。对于美国经历的这场"维生素饥荒"，营养专家十分担忧。[65]政府却不太愿意让人们重新开始吃口感粗糙的全麦面包，因为这种面包不受欢迎。不过，到了20世纪30年代，商业领域具备了大规模生产维生素的条件。于是，从 1940 年开始，营养匮乏的精白面粉被要求强化钙、铁元素和烟酸（也称作维生素 B_3）。[66]随后，1943 年出现了营养强化麦片和粗燕麦粉，1946 年出现了营养强化意大利面。[67]英国也出现了相同的情况，从 1940 年开始，英国在面粉中加入了维生素 B 和钙质。[68]

营养强化也曾遭受质疑。英国食品教育协会的成员欧内斯特·格雷厄姆（Ernest Graham Little M. P.）就曾经提出过这样的疑惑："科学界不是普遍都认为，天然维生素要远远优越于人造维生素吗？"[69]同样，美国医疗协会也在提防"营养强化"的一些极端例子。生产商之所以热衷于在食物中加入营养元素，是因为这可以作为一个卖点。然而，他们从来都没有真正把强化营养放在第一位。桑尼弗兰克斯公司宣称其生产的法兰克福香肠中加入了维生素 D："玩乐无度的年轻人和辛勤工作的人们都需要'阳光维生素'（也就是维生素 D）。我们的维生素 D 在烹饪过程中不会流失！"[70]这纯粹就是个营销手段，他们是想把这些油腻的香肠和营养丰富的鱼肝油相提并论。通常，法兰克福牛肉香肠所含的维生素 D 比瘦牛肉中所含的要低，在香肠中加入维生素，给人的印象就是这些香肠是健康食品。但实际上，一根法兰克福香肠就含有人体每天所需脂肪的20%。另外一些厂商则卷入了一场"维生素营养强化竞赛"。粉红小麦公司宣称其产品中"所含的维生素 B_1 比全麦食品还多 50%"。[71]对于无知的消费者来说，维生素竞赛似乎是件好事，毕竟，谁会嫌好东西多呢？但事实上，这只不过是另一个欺骗手段，而且具有潜在的危险性。

1957 年，据苏格兰（Scotland）卫生部消息，许多婴幼儿出现了一些不良症状，比如发育不良、呕吐甚至死亡，问题的根源在于饮食过程中过度进食了维生素 D。许多儿童在吃维生素 D 强化奶粉的同时也在吃鱼肝油，患上了维生素 D 过多症，造成钙质过量，从而导致骨头、软组织和肾脏受损。[72]经过卫生部干预，儿童进食的维生素 D 有所减少，问题得到了缓解。但这绝不是最后一次维生素中毒事件。100 万美国人患有遗传性疾病，因为他们吸收的铁元素过多。他们进食了过多的含铁食物（如牛肉），体内增加的铁元素就会变成毒素，使他们患上肝脏、心脏疾病，甚至死亡。在 1970 年到 1994 年期间，美国食品中的铁元素增加了 1/3，同一时期，因铁中毒和血色沉着病死亡的人数增加了60%。[73]2004年，丹麦政府宣布全国禁卖家乐氏谷类食品，认为其可造成消费者过量食用维生素，特别是对孕妇造成不良影响。这一举措被频频描述成"奇怪！"[74]家乐氏发言人表示，他们对此"十分困惑"。之前的政府一直全力支持民众摄入维生素，这届丹麦政府的决策令人奇怪就不难理解了。跟所有东西一样，维生素如果摄取过量也会变成毒品。2000年，美国医学研究所的一份研究报告指出，摄取大量的抗氧化剂（比如维生素C，维生素E和硒）可以导致脱发和内出血。[75]2001年，在印度的阿萨姆邦（Assam），3000名儿童因服用过量的维生素A而患上了严重的疾病。[76]单一的营养元素即使没有毒性，但在分量过多的情况下也会导致营养失调，从而影响其他营养元素的新陈代谢。同时，添加营养元素后，食物本身的缺点被掩盖，人体同样会受到伤害。

1969年的新型食品调查小组十分推崇营养强化食品，对其没有任何限制。调查小组认为，贫穷的消费者食用了过多的主食，因此"营养不够"，[77]建议立即推出营养强化计划，缓解人民营养不良的现状。但是，调查小组并不想限制主食的营养强化，并坚持说"没有一种食物是优于其他食物而存在的营养载体"。[78]这就打开了营养强化食品的市场，从甜甜圈到糖果，各种营养强化食品层出不穷。早餐甜谷类食品可以宣传为有益于骨骼和大脑，或者因含有维生素而有利于食用者的身体健康。深加工食品不再对公众的健康造成威胁，只要进行营养强化反而能起到改善作用。商业新闻倒是比较诚实地说出了在这场营养强化运动中到底谁才是真正的受益者。霍夫曼-拉·罗奇（Hoffman-La Roche）是一家专卖维生素给厂商的公司，它规劝人们自主选择是否要进行营养强化："营养品行业的生意很好做，营养强化食品，成本低廉，食品厂家因此拥有了新的市场。"[79]

跟影响整个人类的食盐缺碘问题不同，后来的这场营养强化运动其目的在于解决一些人（穷人、儿童、老人、孕妇）的健康问题。方法就是试图让他们大量食用某些加工食品，但这种方法存在明显缺陷：无法保证有需要的人得到营养强化；如果不需要的人得到了营养强化，结果只会物极必反。例如，在面包中加入叶酸。从20世纪90年代开始，美国规定面包和其他谷类食品中必须加入叶酸（在写这篇文章的时候，英国正打算在白面包片内也加入叶酸）。理由是，孕妇食用叶酸后，可以防止胎儿神经管畸形，比如脊柱裂。但是，这一举措也有不良影响。由于日常食物中普遍加入了叶酸，老年人受到了伤害，他们会缺乏维生素 B_{12}，10%的65岁以上老人都受到了影响。最终，他们的神经系统会遭到破坏。[80]

另外，这里还存在一种集体的欺骗行为，营养强化会掩饰大众饮食中基本的不足。营养强化的概念是让人们食用某些精选维生素，这就给人造成一个假象：在大工业社会，穷人和没有受过教育的人吃的东西并不比富人和受过教育的人吃的东西差多少。事实上，不管是在味道还是营养成分方面，吃一个富含纤维质的天然橘子和喝一杯加入维生素C的橘子汁饮料还是存在巨大差别的，吃一片含有天然B族维生素的全麦面包和吃一片工业生产的营养强化白面包，也有很大区别。这么看来，营养强化就是一剂社会万灵药。马里昂·内斯特尔（Marion Nestlé）这样写道：

> 对谷类食品、牛奶、人造黄油等进行营养强化，这说明贫困和其他社会经济问题导致了一些人缺乏维生素和矿物质，但是这部分人只占美国人口的相对小部分。在一个理想的世界里，这类人的营养缺乏可以通过教育、工作或其他形式的收入增加来改善，各种方法都强过营养强化。[81]

1969年之后，对于营养强化，消费者产生了两种对立的观点：一种认为消费者是无知的儿童，必须在营养物质的摄取上受到保护；一种认为消费者是成年人，可以对自己购买的食物负责。设立营养强化项目的前提是：消费者无法准确判断哪些食物最有利健康。但事实上，在营养强化食品面前，消费者十分被动，不管有没有选择，他们都吞下了维生素。还有一种观点认为应该完全尊重消费者的权利。尼克松的新型食品调查小组这样说："在市场上，对于营养强化食品，不管是纯天然的还是人造的，消费者都应该自由选择。"[82]但如果消费者真的十分清楚食品的营养价值，那么营养强化食品还有存在的必要吗？

不过，新型食品调查小组仍十分有把握地指出，不必担心过量食用营养强化食品，最多确定一下某种食物中可以加入多少维生素，"只要按饮食中所需卡路里的量进行营养强化，就能防止过度摄入营养物质"。[83]换句话说，只要计算出一个普通人一天需要食用多少面包、牛奶、谷类食品，就能保证他们不过度食用营养强化食品。但是，这一理论存在一个缺陷。在1969年，当时对食品中应该含有的维生素数量都做了明确的规定，但已经有许多美国人出现了营养不良、饮食过度和肥胖的问题，因为很多人不会按照分量吃东西。如果有一箱强化维生素的谷类食品，你很容易吃下过多的健康维生素，而不会去考虑这会不会有害健康。

当许多食品企业都竭尽所能对食品进行"营养强化"时，一些厂商纷纷开始制造"无营养强化"的传统食品，从而应对不断增长的肥胖问题（当然也是为了从中牟利）。这一趋势同样把消费者置于无力选择、必须接受的境地。1970年，一家大型食品公司的律师威廉·F. 科迪（William F. Cody）表示："饮食调整可以大大减少肥胖率。"这话不假，但是对于某些普通人来说，要调整饮食习惯十分困难。那么，如何解决这个问题呢？答案就是："对高卡路里、高脂肪的食物进行美味改造。改造后的食物不仅必须在外观、气味和口味上和传统食物相似，而且必须减少对人体不利的物质。"[84]科迪所举的例子是低卡路里的人造黄油和低胆固醇、低脂肪的蛋粉。他说，现今的法律仍把这些食物归为人造食品，这给人的印象就是这些食物都是高度合成的，而且十分廉价。科迪还说，原来的人造食品通常要比天然食品便宜，然而新型"非标准合成食品"的生产成本更高，因此更受消费者青睐。在科迪看来，低卡路里人造黄油跟稀释的牛奶不同，因为，低卡路里的产品是对原有食品的有意改造，成本更高，口味更好，也更健康。

是否真的更健康存在争议。1969年，迅速发展的饮食行业出现了一场危机，美国卫生部长罗伯特·芬琦（Robert Finch）宣布，在"公认安全"清单中取消人造甜味剂——环己磺酸盐。[85]1937年，食品科学家发现环己磺酸盐时曾十分兴奋，因为它跟糖精一样有甜味却没有糖分的热量，而且它的余味中没有苦味。1951年，FDA批准了环己磺酸盐的使用，于是从口香糖到减肥汽水，从儿童维生素到无糖果酱，许多瘦身产品中都加入了环己磺酸盐。到了 1969 年，3/4 的美国家庭都拥有含环己磺酸盐的食品和饮料。[86] 然而，在整个 20 世纪 60 年代，科学家一直在研究环己磺酸盐是否有害健康。1965 年，研究表明，环己磺酸盐可致实验室老鼠患上癌症，但最初 FDA 却忽视了这一研究成果。1966 年，日本进一步研究发现，环己磺酸盐经过人体时，可以产生另一种高危险性的化学物质——乙酸环己胺。在美国，几只老鼠在被注入环己磺酸盐后患上了膀胱癌。1968 年，FDA 的一名生物化学家，杰奎琳·维内特（Jacqueline Verrett）博士在鸡身上做了几次环己磺酸盐的实验。她发现，当鸡蛋被注入了环己磺酸盐后，孵出的小鸡严重畸形——"翅膀长的位置不对，腿在关节窝拧着，脊柱严重弯曲"。[87] 在给孩子吃维生素片的时候，你肯定不希望孩子长成这样。维内特博士的实验结果在电视上播放后引起了人们的恐慌，从而促使美国在全国范围内禁用环己磺酸盐（也使英国在许多食品中取消了环己磺酸盐的使用）。

然而，在环己磺酸盐事件后，食品行业和政府仍然没有对保健食品和饮料产生更多的疑问。相反，取消了环己磺酸盐后，他们觉得需要用更多的瘦身科技产品来代替它。1981 年，FDA 批准了人造甜味剂——阿斯巴甜糖投入市场。于是，无糖可乐出现在了众多低卡路里产品中。阿斯巴甜糖在 20 世纪 70 年代得到了唐纳德·拉姆斯菲尔德（Donald Rumsfeld）的支持，当时他是生产阿斯巴甜糖的美国西尔制药公司的行政总裁。1981 年，他进入白宫，成为里根总统的参谋长。在担任这一职位期间，他任命了新一届的 FDA 局长，并令其批准了阿斯巴甜糖的使用。在接下去的几年里，以詹姆斯·特纳（James Turner）律师为代表的消费团体一直在对阿斯巴甜糖的安全性提出质疑（见 www.aspartamesafety.com）。同一时期，大多由生产阿斯巴甜糖的企业所支持的大量研究都证实，阿斯巴甜糖对人体是安全的（见 www.aspartame.info）。到底孰是孰非？谁能说清楚？我不会天真地以为自己能反驳唐纳德·拉姆斯菲尔德和 FDA，但是，只要有可能，我也不会去吃含有阿斯巴甜糖的食品。

安全性以外，在战后的几年里，瘦身食品的厂家都在不遗余力地在口味上投消费者之所好，这很有意思。这些食品没有食物最基本的营养，但恰恰却在吹嘘其营养充足，让你以为它们可以拯救人类。科学家宣称能制造出非食物的"食品",这种"有益健康的食品"味道鲜美,而且不会使人发胖。[88] 1968 年,通用食品公司获得了一项生产人造水果和蔬菜的专利,这些人造品的原料是:"大块可食用的藻酸钙,新鲜、可咀嚼,且不均匀"。这样的东西吃起来跟蔬菜一样松脆,但几乎毫无营养价值可言。另一种非食物的"食品"是人造樱桃,是将海藻酸钠溶液滴入钙盐溶液中,然后凝为一个个樱桃样的胶体。这些人造樱桃有一个优点,那就是能忍受烤箱的热度。到了 1970 年,人造樱桃已经在各国市场占据了一席之地,比如美国、澳大利亚、荷兰、法国、意大利、瑞士和芬兰。

这到底是怎么回事呢?20 世纪初期的人造食品引起了人们的恐慌,让人讨厌,可是为什么这种非食物的"食品"却能得到消费者的青睐呢(至少有一部分消费者)?答案不仅仅是因为它们出现的年代不同(一个在战争时期,一个在和平年代),而是因为食品技术人员一直在致力于令这些非食物的"食品"满足普通人的口味,而他们在这方面的成果就是创造出了一系列新的香料。

味觉新天地

20 世纪 70 年代早期,一家名叫史蒂文森与霍韦尔(Stevenson & Howell)的公司开始在食品贸易新闻中做广告,广告中出现了一些杂交水果,比如菠萝与苹果的杂交体,李子和草莓的杂交体,以及一半是香蕉、一半是梨的奇怪"梨蕉"。标签上有这么一句话:"您需要什么口味,我们都能满足您,试试看吧。"[89] 另外,广告中还说:"我们的研究人员最喜欢解决棘手的问题,因为这能让他们有所进步。如果您想要的口味目前还没有,没有问题,他们能帮您实现,如果您想要改造大自然中现有食物的口味,他们会更喜欢这样的挑战。"这家公司的竞争对手——佛罗莱斯香水公司也打出了一条广告,广告中一名金发幼儿正在吮吸大拇指,他们的标语是:"我们几乎能创造出任何口味。"[90]

在人造香料兴盛的这些年里,科学家们十分热衷于将"香料师"作为自己的职业。19 世纪,阿库姆和哈塞耳在生姜或柠檬酸中加入红辣椒制成了柠檬,在他们赤裸裸的批判中,香料师是一种令人羞耻的职业。

"梨蕉"——20世纪70年代,史蒂文森与霍韦尔公司推出的一则广告。

但如今,这些新时代的香料师却视自己为艺术家,并且得到了政府的支持。威利·翁卡甚至能够凭空做出一顿饭来。他们对自己的职业有着很高的评价,有一位香料师这样说:"口味是好是坏,关键在于香料师的手艺。"[91]他们就像巴黎的高级香水师一样,尽心尽力调制各种各样的口味,只是他们用的不是紫罗兰香精,不是玫瑰酊,而是番茄混合剂和人工奶酪粉。两者的相似并非偶然。香料工业最初是作为香水业的一个分支出现的,两者刚开始都依赖于香精油科技,后来又依赖于人造技术。

世界上最大的香料生产商——美国国际香料香精公司（I. F. F.）和瑞士奇华顿香料香精公司仍然在制造香水。正如瑞士奇华顿香料香精公司网站上所写：不管制造的东西是润肤乳液，还是牛肉汤块，都是创造感官体验。[92]

跟法国的香水师一样，香料师也会用音乐词汇来形容自己的工作成果：和谐的完美口味，甜味、酸味、咸味、苦味的升降。[93]马格努斯·派克（Magnus Pyke）在1970年的著作《人造食品》（*Synthetic Food*）中就将口味实验室中的新口味与伟大作曲家的作品做了比较：

> 贝多芬的交响曲其实也只不过是非大自然的一种声音的集合，但是很多人都觉得比大自然中的声音好听。可口可乐也是如此。[94]

1973年，一名香料化学家写道：一名真正的香料师"必须具有精湛的技艺，要像音乐家熟练演奏自己的乐器一样，应用自己的技艺最大程度地利用好手头的工具"。[95]这句话说得好听，甚至让人忘了其中提到的都是些什么技艺，其实就是制造出大虾口味的虾片或者黑樱桃口味的冷冻甜点。

香料有很多种音乐形式。比较传统的是单音要素，比如酸橙、榛实和咖啡。常见的还有树脂油（一种从天然原料如红辣椒、丁香、黑胡椒和芹菜中提炼出来的浓缩溶剂），但香料师更喜欢液体咸味香料，它们吃起来简直和肥鹅肝酱饼、肝泥香肠和波兰香肠完全一样。粉末状的香料可以让小吃变得美味。一些食品在添加了各种各样的香料混合剂和增强剂后，会让人觉得甚至比真实的食品还好吃。有了番茄混合剂，生产厂商就能大量减少真实番茄的使用量。就像过去的劣质商品一样，这些新的香料也很低劣。一种添加剂接着一种添加剂，在加入到食品中前，香料中往往还需要加入"香料添加剂"。一些混合剂（比如纤维素）可以让食品在口中留下的味道更浓郁，更持久。喷雾干燥乳化油可以让人在喝汤和蘸酱汁时，误以为里面不是只有粉末和水。一些气味增强剂（比如味精）和气味抑制物（比如蔗糖）可以掩盖难吃的味道，让人误以为食品十分美味。近来，发明了一种"非洲奇果蛋白"，食品吃到嘴里，酸味也能变成甜味。[96]

这是在浪费高科技吗？对此，香料师们并不赞同。他们以能创造崭新的感官世界为荣。战前，商业中所使用的食品香料跟厨师在家所用的各种香料大同小异。1922 年，在多家公司担任食品技术顾问的克拉克（Clarke）先生表示，商业用标准菠萝香料的组成有菠萝根、菠萝皮和甘草浸液，这是一种非常天然的组合。[97] 芳香的蛋糕香料里面无外乎桂皮、丁香油以及苦味杏仁油、柠檬油、甜味橘子油的混合物，这种美味的调味品跟家庭烤蛋糕时所用的几乎完全一样，唯一不同的是家庭可能会用橘子皮、柠檬皮、桂皮粉、丁香粉和杏仁香精。[98]

这个时期已经开始使用一些人造香料。水果口味的糖果往往是用天然水果香精和人造水果酯混合而成，这些混合物是通过酸和酒精的反应制成的。19 世纪中期，酯被人类发现后，便开始用于生产花露水和各种芳香精油。例如，人们发现香叶酯的气味和香柠檬的很像，而茉莉酯具有浓烈的茉莉香味。另外一些酯具有水果的清香，可以增强天然水果的香味：肉桂酸乙酯闻起来就像熟的杏一样；乙酸苯乙酯有桃的香味；乙酸异戊酯有很浓郁的气味，跟梨的味道有点相似，可以应用于梨形糖果中，许多英国儿童都十分喜爱这种糖果。但是，谁也没法假装梨形糖果的味道跟真梨一样，这种糖果只有一个味道，如果用音乐来比喻，梨形糖果就像只剩下一种乐器演奏的交响曲。相反，战后的香料师则可以制造出各种各样的口味，令食品的口感就如同真实的食物一样。应用先进的气相色谱分析，也就是从复杂化合物中分离出各种化学物质，香料师们研制出了大量的香料。1966 年的时候，一种可食用的人造菠萝只含有 10 种化学化合物和 7 种天然油。[99]

如今，这一数字大大地增加了。2001 年，埃里克·施洛斯（Eric Schlosser）在《快餐国度》（*Fast Food Nation*）一书中列出了常见人造草莓食品中所用的香料，"就像汉堡王推出的草莓奶昔中所用的"：

> 乙酸戊酯、丁酸戊酯、戊酸戊酯、茴香脑、茴香基、甲酸盐、苯甲基、醋酸盐、异丁酸苄酯、丁酸、异丁酸肉桂酯、肉桂基酯、白兰地香精油、联乙醛、二丙基酮、乙酸乙酯、乙戊酮、丁酸乙酯、肉桂酸乙酯、庚酸乙酯、庚酸乙酯、乳酸乙酯、杨梅醛、硝酸

乙酯、丙酸乙酯、戊酸乙酯、胡椒醛、羟基苯基－2－丁酮（10%酒精溶液）、α－紫罗兰酮、异丁基酯、苯甲酸甲酯、肉桂酸甲酯、庚炔羧酸甲酯、甲基萘基酮、水杨酸甲酯、薄荷香精油、橙花香精油、橙花醚、异丁酸橙花酯、香茜油、苯乙醇、玫瑰花、朗姆醚、γ－十一烷酸内酯、香兰素、溶剂。

厨师看了这张调味品单子一定会感到很头疼。2004年春天，一个食品专家组对牛津郡"四季庄园"餐厅的垃圾食品进行了讨论。在这次讨论中，加利福尼亚Chez Panisse餐厅的主厨艾丽丝·沃特斯（Alice Waters）说，施洛斯在书中所提到的草莓奶昔的制作过程十分恐怖，她还质问说，难道大家都不知道草莓奶昔应该用草莓、牛奶、糖和一些冰激凌做出来吗？

但是，香料师并不是厨师，他们认为艾丽丝的质问毫无道理。他们会说：当然了，如果有优质的有机草莓、香浓的牛奶、最好的蔗糖，完全可以做出美味的草莓奶昔。但是，香料师要做的就是不用草莓、牛奶甚至不用糖就做出草莓奶昔来。为了完成这一任务，他们需要借助尽可能多的化学工具。六七十年代的香料师自由度很大，部分原因在于香料数量众多，他们的香料馆最后收纳了数千种香料。据统计，1986年英国的食物中含有3500到6000种香料，但这还得看进行统计的人是谁。[100]香料占了所有食品添加剂的95%。[101]更重要的是，这些调味料在使用过程中不像防腐剂和其他一些添加剂一样受到管制。1980年，曾在联合利华任职的一位科学家夸口说，在英国"香料有别于食品添加剂，因此很难受到法律的管制"。[102]他还补充道："这并不是说公众就处于不必要的危险之中。"美国曾有一份"公认安全"香料清单，第一份清单中大约有1100种，后来迅速增多。[103]直到1999年，欧洲仍然没有一份"被允许的香料"清单。[104]大部分香料都没有被限制，即使到了现在，不管是在欧洲还是在美国，香料公司仍然不需要在食品标签中公开所用香料的成分，他们只需泛泛地写上"香料"或者"人工香料"便可。

对于食品运动者来说，香料的这种大肆泛滥和无约束性十分可怕。但是，对于香料师来说，经过巨大的变革后，原本只有富人才能享受的

"明天,世界会是什么味道?"诺达国际香料公司于20世纪70年代提出的广告语,这句话表达了当时香料产业的承诺。

人造香料如今人人都能获得。"明天,世界会是什么味道?"著名的诺达国际香料公司这样问,回答是,有了他们新制造的香料,"明天,世界会有更多的味道"。[105]费尔顿国际香料公司打出的标语是:"有了费尔顿,明天的味道会更好。"在他们的广告中,各个国家的一群快乐而充满朝气的儿童正在享受着各种各样的人造食品:好喝的汽水、人造蛋糕、谷类早餐、奇怪的绿色冰激凌蛋卷、巨大的旋涡形棒棒糖。[106]广告的寓意很简单：战后多年来的拮据生活过去了，吃水煮白菜和盐腌牛肉的可怕时代过去了，由于有了神奇的香料制造科技，任何人，包括孩子，都不需要节衣缩食了。到处都是"太空侵略者"薯片和便宜的冰棍。一位名叫 R. H. 萨宾（R. H. Sabine）的香料科学家说，新的香料对于"改善人们生活水平"起了一定的作用。买不起新鲜水果的穷人至少可以体验一下"新鲜水果的味道"，[107]虽然里面没有任何营养物质。当笑容灿烂的孩子们享受味觉盛宴时，谁又会去阻止呢？

今天看来，生产厂商通常会竭力掩盖其麾下那些身穿白大褂的食品技术人员，以维护其产品都是"纯天然"的假象，在这种情况下就会让人觉得仿佛回到了一个更卑劣的时代，一个食品科学界居然还公开表示

"有了费尔顿，明天的味道会更好"。这则20世纪70年代推出的广告所表现出的乐观态度，与现在人们对食品添加剂给儿童造成的副作用的忧心忡忡，形成鲜明的对比。

对自己在未来的地位感到自豪的无耻时代。香料师们厚颜无耻地宣称能改造天然食品,一本行业书中提到了可乐的发明:"所有香料师的梦想就是凭空创造出一种口味,在世界上得到认可,并且持续 100 年。"在香料师看来,可乐的口味十分完美,从上到下分别是柑橘味、甜味、肉桂、奶油香草味以及酸酸的味道。在彭伯顿医生研制出止咳糖浆后,可乐缔造了一个无与伦比的神话。

在 20 世纪 70 年代香料工业的许多商业广告中,你可以发现一种公然藐视天然食品的态度:跟香料师在试管中创造出的奇迹相比,天然食品肮脏、价格昂贵,而且不值得信赖。有一则广告夸口道:"德基公司能改善番茄易变坏的特性。"[108] 跟天然食品相反,人造食品可以"保持稳定的价格,随时改善质量,保持稳定的供给"。[109] 为了赞扬人造树莓,怀特 - 史蒂文森公司在 1975 年发布了一则广告:天然树莓枯死后被放在了一个水晶棺中,但是没什么可担心的,"伦敦的赖盖特镇仍然有树莓,这些人造产品的口味和树莓几乎一模一样"。[110] 在现实生活中,树莓的味道各不相同,这是它们的特别之处。还没有成熟过头的甜树莓汁液丰富,要比一些又酸又硬还多籽的劣质发霉树莓好吃多了。但是,香料师的观点却不一样。当前的一本香料教科书中写道:"普通种植树莓的口味往往缺乏口感而且酸",[111] 但是,人造树莓是最芳香的成熟树莓中的精华,"新鲜、有水果味、绿色、有紫罗兰的芳香及植物的气味"。[112] 这种树莓分解开来就是:"紫罗兰的芳香"——α—紫罗兰酮和 β—紫罗兰酮,"水果味的树莓"——1—(4 - 羟苯基)丁酮,"新鲜,绿色外表"——(Z)—3—己烯醛,如果想要有果酱的感觉,还可以加上少量的(2,5)二甲基—4—羟基—呋喃—3(2H)。这只是基本的配方,每个香料师还会根据自己的审美观做具体的调整,关键是找到最完美的树莓配方,吸引消费者,让他们支持你的树莓口味甜品,从而打败竞争对手。

香料师的工作就是:"满足食客的味觉"。[113] 因为,只有得到食客的认可,他所服务的公司才能赢利(在一些广告和手册中,香料师往往是男人。女人就像孩子一样,容易被新的香料所吸引)。就像高级香水师要预知贵宾的私人需求一样,顶级香料师也需要知道自己的市场。例如,在荷兰,消费者喜欢在鸡汤块中加入一点咖喱,但这在英国却行不通。英国的消费者喜欢在鸡汤块中加入一些鼠尾草，或许这是以前英国人喜欢在鸡肚子里塞入鼠尾草和洋葱留下来的传统吧。[114]当你问英国消费者的时候，大多数人可能不知道里面有鼠尾草，但如果没有，他们就会很怀念。

1970年，都铎公司宣布其成功发明了理想的腌鱼口味薯片。多年来，由于技术上的不足，鱼味薯片一直是一个难以实现的梦想，因为鲜鱼是无法变成粉末的食物之一。最后，在1969年，都铎公司的香料师突发奇想：为什么不用味道浓郁、有烟熏口味的咸腌鱼来代替鲜鱼呢？经过几个月的研究和无数次的品尝，完美的腌鱼口味薯片终于制成了。这是一种用鱼肉浓缩料和特殊烟熏香料做成的薯片。该薯片在采用了鱼形状的红色包装后，于6月22日和6月29日分别在苏格兰和英格兰北部上市。都铎公司的销售经理说，他希望这种薯片能得到腌鱼爱好者的追捧。[115]多么愚蠢的想法啊！腌鱼薯片虽然味道和腌鱼差不多，但这并不表示人们就会去吃。腌鱼爱好者一般都是比较传统的人，都希望吃真正的腌鱼来感受其风味，而不是吃一包薯片。腌鱼薯片随后的销售并不理想，在当时，跟熏肉味、醋盐味、奶酪味和洋葱味的英国薯片相比，腌鱼味薯片确实十分失败。

一种成功的口味能让消费者产生品牌忠诚度。卢卡斯调料公司宣称拥有"一种产品具有天然口味，优于同类产品，并且有很多回头客"。[116]另一家名叫香料与调料的公司出售各种定制调料：调味汁、卤水、馅饼明胶、馅饼皮糖浆、烟熏料、滚面包屑、牛奶鸡蛋面糊和特制的嫩肉剂等等。这家公司宣称，只要有了他们的服务，你就能摆脱平庸，成为头号品牌。他们的广告是这样的：消费者购买了一包产品，但是这包产品没有达到购买时的预期。一个声音说："他买了一包谎言。"这时，我们就看到一张照片：一名男子手里拿着一包像炖鸡块的东西，脸上一副失望的表情。显然，他并不喜欢这包东西。"香料业是一门微妙的行业，通常标签上说什么味道，你就会期望是什么味道，但事实并非如此。这样是不对的，或者说做得不够好。"于是，香料与调料公司把自己当成了救世主。"快来香料与调料公司服务部找香料侦查员吧，他们都是专家，可以分析各种口味，预测香型趋势，找准您的需要"。香料与调料公司开始从事侦察工作，不过他们的真正业务显然是行骗。造假变得名正言顺。造假者窃取了19世纪反造假运动中所使用的一些武器——愤怒的声讨、道德规范和科学严谨性。

香料师怎么能那么冠冕堂皇呢？他们的辩词基本上只有三个：享受、价格和化学物质。关于享受，香料师会说："香料工业的唯一目标就是给人类带来味觉享受，因此，快乐论是我们行业的基本。"[117]如果你说，在出现人造化学物质之前，食品早已给人类带来了愉悦感，或者你能够指出一些食品，比如人造汤块给人带来的愉悦感十分低级，那么香料师就会抛给你一个有关价格的问题。香料科技的发展大大降低了食品的价格。香料师认为，他们从事的基本上是慈善事业。如果不考虑厂商的经济利益大于消费者的利益，那么，这一论调或许十分有力。1975年，有一则针对生产者而非消费者的广告：选择阿腾斯公司的人造熏肉味调料，你就能轻松赚钱。[118]如果你说，不管怎么样，这些东西都不是纯天然的，里面含有可怕的化学物质。这时香料师就会打出一张王牌，他们会说，所有调料都是化学物质，所有食品说到底也是化学物质组成的。有一位行业专家说："为什么有的食品淡而无味，有的食品却十分美味呢？"[119]毫无疑问，都是化学物质在作祟。

我们需要记住，说这些话的都是化学家。从化学意义上来说，天然食品中的天然原料和人造食品中的化学成分毫无区别。以香草为例，1873年，科学家W. 哈曼（W. Haarmann）发现，香草中最香的成分之一是香兰素$C_8H_bO_3$（4-羟基-3-甲氧基-苯甲醛），可以被提炼出来。在成功分离后，这种化学物质也得以复制。另一位名叫雷默（Reimer）的科学家发现，香兰素可以用愈疮木酚（一种黄色、油状的芳香物质$C_7H_8O_2$，由蒸馏愈创树脂或木焦杂酚汕提炼而成）制造而成。如今，亚硫酸盐废液中能处理出数千吨的香兰素。[120]香料师认为，凡事不能太过拘泥于细节，不管是从马达加斯加岛上一种长得像兰花的植物的荚果里提取的香兰素，还是工业废料中的香兰素，香兰素就是香兰素，效果都是一样的，而且都得到法律的认可。在英国，食物中含有的一些天然香料，如香兰素，被称作"等同天然色素"，标签中不需要注明出处。一种香料只有在大自然中完全不存在，才被视为"人造"，比如另一种具有浓郁香味的香草替代品——乙基香兰素（巧克力中经常使用）。香兰素是当今世界上使用最普遍的香料，每年的市场销量大约在 12000 吨。[121]个中原因不难理解，提炼每加仑天然香兰素的成本大约在 73 美分，而人造香兰素的提炼成本大约是 12 美分。最终的结果是，所有廉价"香草口味"的饼干、冰激凌和蛋糕事实上都是加入了人造香兰素。

这有关系吗？对于香料师的辩词，我们该接受吗？要做出回答，首先需要看一下有关香料的法律。根据欧盟法律，食品中是否可以加入香料受到两条法规的限制。第一条：它们不会损害消费者的健康。[122]对照这一条，香兰素可能没什么问题，还没有报道说有人因为食用大量人造香兰素饼干而中毒。1980 年，英国规定，每千克食品中最多能加入 20000 毫克香兰素，这一数字非常高，表明了香兰素的低毒性。把 20000 毫克这个数字跟黑胡椒的成分之一胡椒碱相比——每千克食品中限量 1 毫克，[123]我们很难觉得香兰素会对健康造成威胁。第二条：使用香料时不可以误导消费者。对于这一点，香料师会说，标签中没有写食品中所用的是天然的香兰素，因此在人造香兰素的使用上并不存在欺骗。但是香草专家蒂姆·埃科特（Tim Ecott）写道，由于香兰素的流行，"许多消费者从来就不知道香兰素和香草之间的区别"。[124]对于天然香草爱好者来说，人造香兰素只有单一的甜奶油味，而天然香草豆荚有甜味、温暖的酒味，还有植物的清香。香兰素只是香草数百种化学物质中的一种，然而对于一些从来没有品尝过天然香草的人来说，人造香兰素似乎就是最正宗的味道了。埃科特还写道："调料厂商经过测试显示，许多人都更喜欢人造香草，因为他们只知道这一种口味。"[125]香料师成功地说服了世人："香兰素"就是"香草"。

这一片味觉新天地是建立在欺骗的基础上的。味道越好，欺骗的程度越深。人类有 9000 个味蕾向我们传达复杂的信号，告诉我们哪些食物是安全的、可以吃的。香料师则试图说服人们，食物有着多面性。更糟的是，香料师用来做实验的食物往往所含的营养物质最少，或者有着最多不可告人的秘密。1972 年，香料工业激动地宣布了一个称为"闯入鸡肉"的新技术，这种技术可以将香料注入集中饲养的家禽中，从而改善家禽的肉质。[126]一份商业报告指出："跟鸟类要饲养 112 天到 120 天后进行宰杀相比，家禽只饲养 49 天就进行宰杀，其口味欠佳。"[127]那么，怎么解决呢？答案就是用"一种电子配药设备"往家禽体内注射香料，并使香料在肉中分散开来。这种香料包含"天然酵母粉中提取的自溶物，新西兰天然黄油浓缩品，含有各种香草、香料提取物的鸡肉液体，所有物质都以可溶性磷酸盐和柠檬酸盐的形式存在"。[128]"闯入鸡肉"在测试阶段十分顺利，很多人都相信，现代嫩鸡和严格饲养的鸡具有同样鲜美的口感。

埃里克·施洛斯说过，香料师工作的本质就是"像魔术师一样，赋予加工食品一种假象"。[129]但是，20世纪70年代，这些魔术师们并不能肆意妄为。当香料师们高高兴兴地编织人造食品的美妙乐章时，在英国和美国，食品运动者已经开始展开反对行动。

拉尔夫·纳德和《化学大餐》

1973年，一家食品公司的经理发明了一个新名词："纳德恐惧症"，这是以拉尔夫·纳德（Ralph Nader）命名的，他是著名律师，也是消费者权益活动家。该症的主要病发人群为那些衣食无忧的商人，症状表现为高度敏感和行为异常。换句话说，这是食品制造商面对消费者权益活动家时所出现的恐惧症，因为后者在食品工业引起了巨大影响。[130]事实上，存在这种不适的不仅仅限于食品制造商。拉尔夫·纳德最初的目标是汽车行业。从1965年起，纳德就开始讨伐通用汽车公司，指责该公司生产的车辆任何速度都不安全。自此以后，他的维权范围进一步扩展到了药品、空气污染和食品安全领域。1970年，纳德领导的研究团队出版了《化学大餐》（*The Chemical Feast*）一书，这无疑是对美国食品行业的闪电一击，同时也暴露了FDA在食品安全方面的监管不力。

纳德直接将自己的作品和辛克莱的作品进行了比较，他在1967年发表的一篇文章就直接采用了"我们仍处于丛林"这个标题。[131]和辛克莱一样，他淋漓尽致地揭露了肉制品加工业残存的问题：监管层次不到位，玩忽职守的情况非常严重，这使得历史再一次重演：

在美国，大约15%的商业屠宰牲畜（1900万头）和25%的商业加工肉制品（每年满足三千多万人的需求）没有得到严格的监管。根据农业部的资料，大量的肉制品都存在病菌，而且在极度肮脏的环境下加工制成。它们的真实情况完全被防腐剂、添加剂和色素所掩盖。[132]

尽管联邦食品法案经历了数十年的改进，战后美国的食品已然极度充裕，但昔日的欺诈手段仍在重演：为了增加重量，火腿中仍旧存在注水情况；腐烂发臭的肉制品也依旧公然销售；一年中被没收的劣质肉制品就高达2200万磅，过期肉经过处理后又堂而皇之地打上了鲜肉的幌子。纳德曝光说："亚硫酸盐是联邦严禁使用的添加剂，但有人在汉堡中添加亚硫酸盐作为防腐剂，以便使过期肉呈现出鲜艳的粉红色。"纳德还指出，纽约州在对30种汉堡样本进行检查时发现，有26种汉堡添加了亚硫酸盐。[133]（英国也存在类似问题，但不属于违法。加工肉制品可以使用油溶抗氧化剂RONOXAN D20，这能防止产生一些令人讨厌的后果，比如香肠上出现白点。在一则抗氧化剂广告中，一名厨师指着香肠吹嘘说：到明天，它们看起来还会跟今天一样。）

所以，故事还是老故事，只不过事态更严重而已。纳德认为，随着食品生产技术的进步，现代食品欺诈的范围已经远远超越了辛克莱时代。在那个时代，芝加哥帕金镇的结核病牛、肿瘤牛以及疥癣猪制造的肉制品都必须采取措施掩盖真相，但这都受到了工具简陋的限制，可是现在的情况又如何呢？

> 化学材料和快速冷冻技术为掩饰产品的缺陷、欺骗公众的眼睛、鼻子和味觉提供了帮助，现在只有专业人员才能识别出骗术。而且，这些化学物本身又产生了60年前闻所未闻的复杂危险。[134]

纳德与他那些热情高涨的大学生助理（也就是著名的纳德突击队员们）发起了一场反对美国日常饮食化学大餐的战役。他讨伐的范围很广，从肮脏的肉禽厂到油脂过多的热狗。[135]在纳德看来，与劣质食品做斗争是民主社会的重要使命。他认为："政府要想继续维持下去，当务之急就是要保证公民更加健康。"¹³⁶ 欺骗消费者、愚弄大众的做法从根本上来说是一种不民主。纳德希望激励普通消费者行动起来，夺回对饮食的控制权。

在这场迎战劣质食品的十字军东征中，纳德表现得并不总是温文尔雅。70年代初，传记作家查理·麦卡利（Charles MacCarry）和纳德交往甚密，他详细介绍了纳德面对提供劣质食品者时的做法：

> 纳德不是那种对女士献殷勤的人。当空姐和女服务员提供服务时，他总是表现得很冷漠。当对方给他一杯软饮料时，这无异于在邀请他对这杯充满糖和咖啡因的饮料进行仔细分析。他对美国食品的怀疑开始转移到了那些服务人员身上。他怒视着餐厅里那些站得腰酸腿疼的女人，还有客机上那些身穿靓丽短裙的女孩，就好像她们都很愚蠢。他对一位满脸困惑的空姐说道："你在这架飞机上唯一应该引以为傲的服务就是这一小包坚果，不过你应该把坚果上面的盐去掉。"¹³⁷

纳德认为，当他粗暴地指责现代食品的罪恶行为时，其他人，甚至包括那些不得不提供服务的服务员都会从中受益。

从很大程度来说，味精（简称MSG，出现在GRAS名单上的另一种物质）能够从婴儿食品中去除完全要归功于纳德的健康研究组织。纳德突击队员们还鼓励其他开明人士成立消费者组织。约翰·班茨哈弗（John Banzahf）博士成立了自己的组织，昵称为"班茨哈弗帮"，专门和食品广告宣传中的欺诈行为做斗争。该组织发现美国金宝汤公司在海报中所绘的罐头汤要比真实产品显得更稠、更酷似奶油，该公司被迫停止使用这一宣传画，但是它并没有印刷新版进行更正，也没有向消费者公开道歉。¹³⁸ 在打击食品行业欺诈的战壕里还有一位积极的活动者：罗伯特·乔特（Robert Choate）博士。罗伯特是一位生活富裕的土木工程师，外形和林肯（Abraham Lincoln）有着惊人的相似。在乔特的资助下，一场反饥饿、反营养自杀的战役轰轰烈烈地打响了。1970年，乔特向参议院委员会提出报告指出，许多最受欢迎的早餐谷类食品其实都是毫无营养的垃圾食品，¹³⁹ 它们都是通过周六早上的电视广告向儿童兜售的。其中最典型的例子就是凯洛格糖霜玉米片，它的销售广告语是："凯洛格糖霜玉米片，让你转眼变老虎。"多亏了乔特的不懈努力，大多数谷类食品都改进了它们的配方。[140]

对于这些消费者权益斗争中的小胜利，我们不能漠然视之。但是，大多数情况下，一些政治说客只是反对一种欺诈（比如有毒物），但此波未平，新的欺诈形式又会产生。1976年2月，在纳德健康研究组织的压力下，FDA下令禁止在食品中使用红色素2号或者苋菜红（E123）。在此之前，红色素2号一直是用途最广泛的食品色素，几乎存在于我们日常食用的所有加工食品之中，比如调味番茄酱、调味品、糖果、果冻、香肠和巧克力蛋糕。[141]它每年所产生的利润高达450万美元，由其调色的食品价值更是达到了100亿美元。20年来，人们对红色素2号的食用安全性一直心存质疑，但是这并未阻止它的广泛应用。最早是在1956年的罗马会议上，红色素2号被指出有致癌危险。60年代，前苏联科学家发现它有致癌作用，随即颁布了红色素2号的禁令。但是在冷战时期的一份政治文件中，FDA以"理由不充分"为名，拒绝承认前苏联的研究结果，直到1976年后他们才一改前言，宣布红色素2号具有潜在的致癌作用。现在，红色素2号禁令经常被视作纳德在食品维权领域的一大胜利。

似乎很难断言这项禁令真的减少了日常食品中的化学物含量。1976年，该禁令正式生效，同时红色素40号（诱惑红或者E129）的产量开始急剧增加，每年有将近200万磅的红色素40号得到授权生产。虽然色素中含有更多橙色，但红色素40号几乎可以用于从炸鸡的涂层到血红色软饮料的所有加工食品。但在一些人看来，它的危害之大远远超过了红色素2号（跟红色素2号一样，红色素40号是一种偶氮染料）。[142]1976年12月，由迈克尔·雅各森（Michael Jacobsen）领导的消费者组织指出：应该禁止食品生产过程中使用红色素40号。为了证明这一观点，他们还公布了针对老鼠进行的研究报告，报告指出老鼠在食用该色素之后出现了恶性淋巴瘤。同时，雅各森还指出许多欧洲国家都已经禁用红色素40号（今天，丹麦、比利时、法国、德国、瑞士、瑞典、奥地利和挪威仍旧禁用红色素40号）。但是，FDA对雅各森的警告置若罔闻。在他们看来，红色素40号对整个食品行业至关重要，再加上消费者对食品安全的信心已经完全被红色素2号事件动摇，再次禁用红色素40号无疑会掀起轩然大波。经过权衡利弊，联邦政府最终决定对红色素40号采取睁只眼闭只眼的态度。

结果，红色素40号仍旧在广泛应用。从很大程度上来说，它已经洗脱了"致癌作用"的罪名，但它会导致皮肤过敏却是不可否认的事实。一些科研成果也表明，食用含有红色素40号的食品会对儿童的行为产生恶劣影响，造成儿童注意力缺失症。[143]更有一些父母指出，孩子在食用一块含有红色素40号的食物后马上会出现发脾气、情绪变坏的反应。[144]

红色素2号和红色素40号相继遭受质疑，这也揭示了食品添加剂领域的问题层出不穷。在阿库姆时代，化学品欺诈的案例相对较少，而且引发的危害大都显而易见，所以政府采取的对策大都卓有成效。但是到了20世纪70年代末，类似的罪恶勾当比比皆是。当时，加利福尼亚过敏反应专家本·法因戈尔德（Ben Feingold）注意到，一些长期服用镇静剂的暴躁儿童在食用不含色素、调味剂和水杨酸盐的食物后，无需服药就可以举止正常。这就是众所周知的"法因戈尔德饮食法"。这种方法讲究在日常饮食中全面避免食品添加剂。关于食品添加剂的安全测试通常都只是对某种孤立的物质进行，但是实际上，消费者食用的是许多化学物的混合物。换句话说，这些化学物会以出人意料的方式相互反应。[145]1985年，据估计英国的圣诞节晚餐中很可能包含高达170种不同的添加剂。一顿饭居然含有这么多添加剂的确令人震惊。[146]美国和英国的许多食品安全倡导者开始意识到真正的食品安全战役不仅仅限于添加剂，而在于清除替代食品，享用真正的食品。

卡罗琳·沃克和合法化的消费者欺诈

20世纪80年代初，英国年轻的营养学家卡罗琳·沃克（Caroline Walker）试图唤醒英国民众对食品中毒现象的意识。从保留至今的照片中，我们可以看到沃克热情开朗，很喜欢笑。她就读于切尔滕纳姆女子贵族学校，在生物学、化学和艺术方面都成绩优异。但是，沃克从小就希望做一名政治激进分子。很快，她发现英国最大的丑闻就是国家食品行业存在的造假问题。为此，她在 1984 年出版了《食品丑闻》(*The Food Scandal*) 一书（与杰弗里·坎农合著），一针见血地披露了食品行业的欺诈行为，一经出版马上跃居销售榜冠军。沃克是一位职业营养学家，她充分利用所有演讲、写作、广播的机会，披露英国食品中的造假状况。照她的话说，柠檬水里根本没有柠檬，干酪西红柿快餐中也根本没有干酪。1978 年的干酪产量为 23000 吨，到了 1983 年产量几乎减半，变成了 13700 吨。那么，产量为什么会下跌呢？一切都源于模拟干酪。[147]这让沃克大感头疼。

就像乔治·奥威尔一样，沃克发现替代食品的身影随处可见。有一次，沃克半开玩笑地说：“消费者正逐渐意识到他们日常所吃的并不是真正的食品，而是化学物的结合体。”[148]在七八十年代，英国的食品卫生监管工作大都仿效美国的模式。除了少数几种传统食品，比如黄油和咸牛肉之外，其他食品都不再遵循过去强调以食谱为基础的安全标准。1973 年，英国加入欧洲经济共同体（EEC），这意味着英国和欧洲邻国之间的贸易往来将会更加频繁。在这个新的商业天堂里，各种食品安全标准相互重叠，相互掣肘，这可能会减缓商业发展的速度。在这种情况下，英国食品标准委员会建议：“只要依照法律规定，食品在商标、广告和推销中都保持货真价实，就可以进行销售。”[149]沃克指责说，这样的决定完全是由白宫里"那些中产阶级出身的中年人"做出的，"他们不懂烹饪，也不外出购物"。[150]在她看来，这些人根本不清楚食品行业的真实情况。

不难看出，所谓欺诈主要应该归咎于人，归咎于那些试图掩盖真相、欺骗消费者的人。但是，众多被骗得团团转的都是女性，因为购买日常食品的通常都是女人。在六七十年代，大多数食品广告的目标消费者都是"普通的家庭主妇"，"是那些厨房工具中只有一把剪刀（用来剪开锡箔纸和包装）和一个开罐器的人"。正像德雷克·库珀在 1967 年指出的，广告商不遗余力地想说服那些家庭主妇，"她们整天忙着打理丈夫的衬衣，忙着洗洗涮涮，根本没有充裕的时间做饭"。[151]战后，加工食品的急剧增加，很大程度上取决于这些家庭主妇。她们更看重食品的便捷和便宜，而非质量。在 1975 年的一则商业广告中，一位漂亮的金发美女脸部下方放着一个黄油杯，商标语为"如果她在杯中添加 β－胡萝卜素，就算里面是人造黄油，她也会喜欢"。[152]这种推销方式所传达的一个信息就是，家庭主妇们毫无辨别能力，不论广告说什么，她们都会照单全收。

沃克通过自己讥讽的才智，揭穿了这些欺骗策略。跟普通的家庭妇女一样，她也喜欢到超市里闲逛，但她并未受骗。在公开演讲中，沃克最有效的策略之一就是拿一袋加工食品，然后揭露它的构成成分。不过跟平时一样，在演讲结束时，总会有一位来自中产阶级的中年男人上前询问沃克："这太有意思了，你是从哪儿得到这东西的？"沃克的回答是："你觉得我是从哪儿得到的，在商店呗。"[153]1986年，沃克在伦敦多切斯特酒店举行的一次有关化学添加剂的会议上发言，观众中包括商业代表、营养专家和记者。她就像变戏法一样从包里拿出了一种令人作呕的饮料（一种蓝色混合物），并且询问是否有人愿意品尝一下。台下的行业代表中有些就生产这种饮料，或者至少是生产类似饮料，但是没有一位敢站出来接受挑战。最后，沃克只能麻烦食品作家保罗·利维（Paul Levy）尝试这种蓝色溶液，后者表示"这是我尝过的最难喝的东西"。[154]

沃克是一个喜欢引经据典的人。她经常援引阿库姆和哈塞耳的著作。和阿库姆一样，她也认为掺假食品是工业化进程的结果，但是她也看到了在19世纪和20世纪两个不同时代打假的重要区别。阿库姆和哈塞耳曝光的都是非法的食品欺诈，但是沃克批判的却是那些合法的欺诈消费者行为，她把这种情况称为"合法的消费者欺诈"。举例来说，销售树莓风味乳脂松糕完全是合法的，但它里面并没有真正的树莓。依照法律，它本来应该叫树莓味乳脂松糕，而不是树莓乳脂松糕。沃克列举了这种不含树莓的乳脂松糕的组成成分：

树莓味结晶果子冻：糖、胶凝剂（E140、E407、E340、氯化钾）、己二酸、酸度调节剂（E366）、调味剂、稳定剂（E466）、人工增甜剂（糖精钠）、色素（E123）

树莓味吉士粉：淀粉、盐、调味剂、色素（E124、E122）

布丁：添加防腐剂（E202）、色素（E102、E110）

装饰：添加色素（E119、E132、E123、E127）

乳脂松糕表层混合物：氢化植物油、乳清粉、糖、乳化剂

(E477、E322)、改性淀粉、乳糖、酪蛋白酸盐、稳定剂 (E466)、调味剂、色素 [E102、E110、E160 (a)]、抗氧化剂 (E320)

这些听起来太恶心了，我从来不吃这些东西，但是有些人会。[155]

沃克知道农业部一直认为"享受美食是享受生活的重要组成部分之一"，所以他们通常都很积极地抵制这种不正当行为。同时，他们也指出，偶然出现的一些假树莓乳脂松糕根本不会对人体造成伤害。沃克对此并不赞同，因为一旦采取默许态度，这些假冒产品很快就会堂而皇之地进入百姓的餐桌。这样的结果自然会让食品制造商们喜不自禁，因为这些材料都非常便宜。用不了多久，"这种不含树莓的乳脂松糕很快就会变成行业的标准"。[156] 也就是说，其他类似企业也会争相效仿。那些一丝不苟生产真正树莓乳脂松糕的厂家将会难以为继。随着质量的每况愈下，树莓乳脂松糕最终会变成像牛奶冻或者果冻一样毫无特色的食品，变成另一种由各种化学物、糖和油脂构成的混合物。

沃克可不好糊弄！她说，有的中产阶级女子就像她一样喜欢刁难人。当这样的人对食品添加剂行业大肆批判时，那些傲慢的食品科学家们用"马铃薯和防腐剂"做出了答复：

> 在食品安全和质量会议上，当有关食品添加剂的演讲开场时，食品科学家昂首阔步、一脸自信地走上演讲台。第一张幻灯片是马铃薯的图片，演讲者就此开始对有毒化学物（茄碱，经常出现在劣质马铃薯上，马铃薯很容易产生自然毒物）大肆批判，措辞尖锐，而观众们都在紧张地窃笑。第二张幻灯片，是古埃及的奴隶将肉制品放入盐水溶液中的图片。[157]

马铃薯的证据是要说明一些有毒物质是自然产生的，任何食品都不存在绝对的安全，所以现代添加剂并不是新生事物。沃克认为这纯属无稽之谈："如果食品中确实含有自然毒素，那就没理由再加入了。"防腐剂的证据是要说明添加剂自古有之，如果没有添加剂，我们都将因为食物中毒而晕倒了。对此，沃克认为"支持防腐剂的论据和其他添加剂没有关联"。¹⁵⁸20 世纪 80 年代中期，防腐剂在所有添加剂中的比重不足1%，其他主要是调味剂、色素和加工助剂。所有这些物质为食品制造商带来了更大的利润，那么政府为什么允许食品制造商以这种方式欺诈消费者呢？¹⁵⁹

沃克希望能发起一场政治变革，来监管食品市场的欺诈行为，可惜她始终没有等到这个机会。1988 年，年仅 38 岁的沃克因为结肠癌去世。她对 BBC 美食节目主持人德雷克·库珀说，"医生们刚听到这个诊断时也不相信，因为我是个年轻女人，还是个营养专家，每天吃的都是全麦面包，但是我的肠胃却完全被毁了。"沃克在临终前都难以理解自己为何会得这种病，但她仍旧坚信，大多数癌症都和节食有关。据她推测，她的病起源于她在切尔滕纳姆女子贵族学校就读的七年，当时她的饮食中"很少有鲜肉，缺少天然健康食品，都是稠黏的小圆面包、糖果、涂抹人造黄油的白面包之类"。¹⁶⁰

虽然沃克没有成功摧毁"合法消费者欺诈"这一体系，但她至少为消费者留下了一些防止欺诈的建议。《卡罗琳·沃克营养指南》（*Caroline Walker Nutritional Guidelines*）仍是公认的广泛用以测试英国学校膳食的最佳工具，并成为杰米·奥利弗（Jamie Oliver）改善学校膳食的重要基础。沃克认为反对掺假食品的最佳武器就是知识，同时还有享受健康美食的心态。和阿库姆一样，沃克认为优质的全麦面包是拥有幸福生活的基础。根据她的建议，人们应该避免食用加工的人造糖，最好从真正的水果中吸取糖分；其次，要避免食用假冒的氢化脂，转而食用纯正的葵花油、橄榄油和核桃油；再次，要少喝软饮料、可乐，多喝真正的果汁；要少吃加工的腌制食品，多用美味的香料；要少吃含脂较高的肉制品和派，多吃鲭鱼和沙丁鱼。最后，沃克将自己的营养理念总结为简单的一句话："吃健康、新鲜的食品。"¹⁶¹

注释

1. Cambridge Companion George Orwell, p. 31.

2. Orwell(2001), p. 190.

3. Cambridge Companion, p. 31.

4、5. "Germany Today is the Land of the Ersatz", *The Sheboygan Press*, February 4th, 1918.

6. "Everyday Life in Berlin", *The Times*, January 28th, 1918.

7、8、9、10. Davis(2000), p. 89, p. 204, p. 205, p. 204.

11、12. Berghoff(2001), p. 182. p. 181.

13. Spencer(2002), p. 288.

14. Beeton(2000), p. 89.

15、16. Humble(2005), p. 33, p. 34.

17. Spencer(2002), p. 288.

18. Humble(2005), p. 95

19. Patten(1985), p. 16, p. 52.

20. Humble(2005), p. 95.

21. Clifton and Spencer(1993), p. 444.

22、23. Spencer(2002), P. 316, P. 319.

24. Clifton and Spencer(1993), p. 441.

25. Patten(1985), p. 9.

26、27. Cooper(1999), p. 127, p. 92.

28. Fistere(1952), p. 166.

29. Junod(1999), p. 2.

30、31. "The Government Helps", *The Derning Headlight*, September 11th, 1931.

32. Willis(1946), p. 20.

33. Haber(2002), Chapter 5.

34. Turner(1970), p. 50

35. www.fda.gov/oc/history

36. Barton Hutt(1978), p. 517.

37. Martin(1954), p. 124.

38. Faunce(1953), p. 719.

39. Garstang(1954), pp. 94-95.

40. Fistere(1952), p. 167.

41. Barton Hutt(1978), p.510.

42. Levenstein(1993).

43. *Long Beach Press Telegram*, January 10th, 1952; *The New Mexican*, May 29th, 1952; *The Frederick Post*, February 23rd, 1952; *The Van Nuys News*, January 17th, 1952.

44、45. Quoted, Levenstein(1993), p.111, p.113.

46. Turner(1970), p.1.

47. *Food, Drug and Cosmetics Law Journal*, 1952, p.32.

48. Levenstein(1993), p.109.

49. Somers(1970), p.85.

50. Levenstein(1993), p.113.

51. FDA website, accessed October 14th, 2006.

52. Degnan(1991), p.554.

53. *Food and Drugs Law Journal*, January 1959, p.7.

54. Turner(1970), p.8.

55. Junod(1999), p.8.

56. Barton Hutt(1978), p.533.

57、58. Turner(1970), p.2.

59. www.nns.nih.gov/1969/

60. New Foods Panel, p.120.

61、62. Levenstein(1993), p.13, p.22.

63. Whitley(2006), Chapter 1.

64、65. Levenstein(1993), p.22, p.23.

66. "Enriched Bread is Great Boon to National Diet", *The Clearfield Progress*, April 17th, 1941.

67. Nestlé (2002), p.302

68、69. Spiekermann(2006), pp.162-163, p.163.

70. *Syracuse Herald Journal*, August 1st, 1940, p.29.

71. *The Ogden Standard*, March 22nd, 1940, p.28.

72. British Nutrition Foundation(194), pp.18-19.

73. Nestlé (2002), p.313.

74. www.newstarget.com.

75. "Vitamin Overdose", *New Scientist*, April 22nd, 2000.

76. "Vitamin Deaths", *New Scientist*, November 24th, 2001.

77、78. *New Foods*,1969,p. 118,p. 123.

79. Nestlé (2002),p. 304.

80. www. bbc. co. uk/1/hi/health.

81. Nestlé (2002),p. 314.

82、83. *New Foods*,1969,p. 123.

84. *Food and Drug Law Journal*(1970),p. 222

85. Turner(1970),p. 5.

86. Levenstein(1993),p. 172.

87. Turner(1970),pp. 12-13.

88. Pyke(1970),p. 130.

89. *The Flavour Industry*,Vol 4 no 3,March 1973,p. 119.

90. *The Flavour Industry*,August 1975,p. 59.

91. *The Flavour Industry*,May 1973,p. 214.

92. www. givaudan. com;accessed October 2006.

93. Corbin(1986),p. 198;Suskind(1986).

94. Pyke(1970),p. 106

95. *The Flavour Industry*,May 1973,p. 215.

96. Ziegler & Ziegler(1998),p. 325.

97、98. Clarke(1922),p. 126,p. 121.

99. Reproduced from Pyke(1970),p. 97

100. Lawrence(1986),p. 38.

101. Cannon(1989),p. 116.

102. Taylor(1980),p. 36.

103. Ziegler & Ziegler(1998),p. 662.

104. Staff of the Legislation Unit(2000),p. 6.

105、106. *The Flavour Industry*.

107. *The Flavour Industry*,October 1972,p. 510.

108. Cited,Jacobsen,2005.

109. *The Flavour Industry*,October 1972,p. 510.

110. *The Flavour Industry*,February 1975.

111、112. Ziegler & Ziegler(1998),p. 369.

113. *The Flavour Industry*,October 1972,p. 510.

114. Ziegler & Ziegler(1998),p. 496.

115. *The Flavour Industry*, November 1970.

116. *The Flavour Industry*, March 1975.

117. Ziegler & Ziegler(1998), P.1.

118. Cited, Jan Krag Jacobsen, 2005.

119. *The Flavour Industry*, November 1971, p.630.

120. Ziegler & Ziegler(1998), p.211.

121. Ecott(2002), p.211.

122. Staff of the Legislation Unit(2000), p.16.

123. Taylor(1980), p.44.

124. Ecott(2002), p.212.

125. Ecott(2002), p.213.

126、127、128. *The Flavour Industry*, November 29th, 1972, pp.21-23.

129. Schlosser, p.127.

130. *The Flavour Industry*, August 1973, pp.334-336.

131、132、133、134. Nader(2000), pp.261-265, p.262, p.262, p.263.

135. "Nader, the Man and the Legend", *The Daily Times-News*, Burlington, August 12th, 1970.

136. "Nader's Raiders", *The Times*, February 6th, 1971.

137. McCarry(1972), pp.292-293.

138. "Nader's Raiders", *The Times*, February 6th, 1971.

139. "2 Cereal Critics to Push Efforts", *New York Times*, August 7th, 1970.

140. "Breakfast l Cereal Critic Cites Wide Improvement", *New York Times*, November 5th, 1971.

141. "Red Dye no 2: the 20-year Battle", *New York Times*, February 28th, 1976, Lucinda Franks.

142. "Red Dye 40 Called a Hazard to Health", *New York Times*, December 17th, 1976.

143. Lawrence(1986), p.59; Swanson, Kinsbourne(1980); Mandel(1994).

144. See teachers. net. gazette; www. nacsg. org. uk.

145. London Food Commisison(1988), p.53.

146. Cannon(1989), p.24.

147. Walker in Lawrence(1989), p.13.

148. Cannon(1989), p.20.

149. Walker in Lawrence(1989), p.18.

150. Cannon(1989), p.103.

151. Cooper(1967),p. 17.

152. *Food Trade Review*,May 1975,p. 46.

153、154. Cannon(1989),p. 103. p. 21.

155、156、157、158、159. Walker in Lawrence(1989),p. 14,p. 20,p. 19,p. 20,p. 20.

160、161. Cannon(1989),p. 130,p. 109.

第六章
印度香米和婴儿奶粉

"我们放弃了质量,换来的却是虚假的安全感。"

——鲜奶运动,2006 年[1]

食品掺假的时代过去了!这对我们来说的确是件值得庆幸的事情。不管怎样,这已经成为大多数二次文献(the secondary literature,指对某作者作品的评论)所公认的事实。现在我们可以摆脱维多利亚时期人们所面临的困扰,摆脱可恶的掺水牛奶和用明矾发酵的面包。不断出台的食品安全法案"不仅为我们的健康提供了保证,同时也有效避免了食品行业的欺诈行为"。[2]说到这一点,真是谢天谢地。

但从某种程度上来说,这只是人们的一种美好愿望。食品欺诈就和贪欲、欺骗一样,都是历史的遗迹。[3]1993 年,一位历史学家评论说:"掺假食品在现代社会已经很少再被提及。"事实或许的确如此,但这只是因为掺假食品的话题已经被更多无休无止的争论所取代,比如食品侵权、食品仿造、篡改食品成分等等。正像我们在第一章所看到的,只要消费者和制造商之间仍旧存在较长的销售链条,那食品欺诈就不可避免。如今,随着食品货运在全球扩展、各级批发商陆续出现,销售链条的长度比过去有过之而无不及,食品欺诈自然也是有增无减。君不见,每周的报纸头条都会曝出新的新闻,比如"苹果化学物引发意外"[4]"葡萄制造恐慌"[5]"西班牙惊曝烹饪油丑闻"[6]"宠物食品卖给人吃"[7]"食品面临色素污染"[8]"印度取缔掺假牛奶"[9]"散养之说愚弄消费者"[10]等。食品原料变得无从猜测,由食品引发的恐慌事件随处可见,一切对我们来说犹如雾里看花。食品的安全性完全取决于那些生产者和销售者，但是媒体的这些警告的确起到了振聋发聩的效果，于是劣质食品被撤换，销售假冒伪劣产品的人公开道歉，生活又恢复正轨，但很快又会曝出新的丑闻，周而复始。

跟过去相比，食品欺诈的表现形式更加多样，花样纷繁错杂。食品所引发的恐惧就像持续不断的背景音若隐若现，这进一步造成了人们对食品安全的偏执和不安，而这又促进了一个新型欺诈市场的诞生。这些无处不在的欺骗伎俩正是卡洛琳·沃克所说的"合法的消费者欺诈"。现代科学日趋精妙复杂，欺诈行为也变得更具隐蔽性和富含科技性，这是现代欺诈行为的显著特征。另外，传统的一些欺诈手段，比如灌水、添加色素、以次充好、张冠李戴等仍旧大有市场，而且范围之广远远超出了我们的想象。在这个强调透明性和可追溯性的时代，食品安全领域应该有翻天覆地的变化，但事实似乎并非如此。20世纪90年代，随着信息时代的来临，西方政府寄望于商标的威力，希望由此彻底解决食品供应中的各种问题。不可否认，现代人掌握食品信息的便捷程度远远超出了阿库姆、哈塞耳和威利的想象，但这并不代表我们可以高枕无忧。事实证明，食品安全信息的可信度参差不齐，并非所有信息都管用。

完美标识

1990年，获得法学和医学双学位的大卫·凯斯勒（David Kessler）成为美国食品药物管理局的新任局长。就任当天，国会通过了新的《营养标识与教育法》（*Nutrition Labelling and Education Act*），凯斯勒以保护消费者免受食品信息误导为己任，并决定通过食品营养标识来规范市场。

1991年7月，美国《时代杂志》对凯斯勒提出的创新营养标识方案给予了高度赞扬。依照这一方案，标识中必须明确标注食品所含的营养成分。不过，称其为创新性方案似乎有些言过其实。[11]早在一百多年前，威利就有过相同的设想，但凯斯勒成功地将设想付诸实行。1993年美国食品标签体系诞生，该体系要求所有的食品包装标签上都要列出其中的营养成分,而且要保证通俗易懂,便于消费者理解。凯斯勒认为这是"公共卫生领域的一次大规模尝试",同时指出"消费者可以通过标签上的营养成分说明(比如28%的日摄入脂肪量、钠元素、纤维或者胆固醇量)来挑选食物"。[12]在他看来,这是一次革命性的发展。

他的话的确很有道理。在1990年之前,包括美国和欧洲在内的各地区对食品标签的管理都杂乱无序:有1/3的食品标签上并未标注营养成分,有1/3(主要是强化食品)被强制要求列出,还有1/3可以自主选择是否标示。美国卫生福利部部长路易斯·苏利文(Louis Sullivan)就曾指出:这就像一座"巴比塔",也就是说,"消费者必须成为语言学家、科学家和读心术者,才能明白食品标签的内容"。[13]1993年,新的食品标签方案出台,食品制造商必须在标签上标注出正常人体所需的各种成分,包括卡路里、脂肪卡路里、胆固醇、钠元素和碳水化合物的含量,等等。虽然大多数制造商对这一限制性规定心怀怨言,但是以凯斯勒为首的FDA还是设法取得了各食品制造商的普遍认可。1994年12月,凯斯勒宣布,超过99%的食品包装标签上明确标注了食品的营养成分,[14]而且大都很准确。FDA随意抽查了300种产品,结果发现87%的标识说明是准确的,其中准确标注卡路里的产品达到了93%。凯斯勒在接受《纽约时报》采访时表示,如果要对该方案的实施效果打分,他给出的分数是"A+"。毫无疑问,新的食品标识法大大提高了食品生产的透明度,在和食品制造商之间的战役中全胜而归。1993年,有人发表科学评论文章称:"备受启迪、明辨是非的消费者时代已然来临",同时期待一个"广告和食品标签童叟无欺的时代"到来,这也是自哈塞耳以来所有食品安全人员的梦想。[15]

继而,英国也于1996年推出了新的综合性食品标签法,并将标识中可能出现的误导性说明和营养信息的新规定都列入了专门条款。[16]这是自20世纪80年代以来最可喜的变化。当时,社会上形成了一股重视食品安全的氛围,感觉就像菜肉烘饼的原料安全跟国家安全不相上下一样。1998年,英国通过新的修正法案,进一步增加了有关成分含量(QUIDS)的相关规定。举例来说,如果有人出售牛腰饼,他们需要说明其中所含的牛腰肉和其他肉馅的含量。如果其中的牛肉少得可怜,那消费者就可以选择不去购买。（不过在 1998 年，英国发生疯牛病危机的最后一年，许多消费者更喜欢食用不含牛肉的肉饼。）20 世纪 90 年代，食品标签成了解决食品安全问题的一副灵丹妙药，任何问题在它面前似乎都会迎刃而解。通过标签上的说明，素食主义者可以知道布丁里面是否含有牛肉凝胶；过敏性患者可以了解硬面包圈在工厂生产阶段是否使用了坚果。置身于这个信息时代，所有的问题似乎都不复存在。到了 21 世纪，英国食品标准局开始大力推广新的"交通灯"系统。这一系统主张：消费者只需看一眼标签的不同颜色，就能判断出该产品是否健康。

那么，这在食品质量和消费者意识方面为何没有产生显著影响呢？首先要承认，跟过去相比我们对食品的确有了更详尽的了解，但食品标签并不能避免欺诈行为的发生。大多数的食品信息其实只是一堆无聊的统计数据，我们想当然地以为这能帮助消费者进行分辨，但各种迹象表明大多数消费者对此仍旧是一知半解。总的来说，依赖食品标签来打击食品掺假至少存在四大弊病：首先，食品标签规定确实消除了食品生产行业的一些传统欺诈手段，但也催生了一种新的欺诈形式——利用专业上的正确说法来误导消费者。在食品制造商看来，既然依照法律不得不在标签中标注详尽的产品信息，那为何不再多添加一些属于自己的内容呢？于是，我们可以看到谷类食品的标签上大都写有"低脂"的字样。这并非撒谎，跟把菊苣根贴上咖啡标签有本质区别。但是，这其中又确实存在一些不实成分，因为没有一种谷物是高脂肪。食品中的特效药市场一直处于严密监管之下，但仍有一些市场人员不断想出新花样，在食品标签上大做广告宣传的文章。

这一方案的第二个弊病在于，繁冗拖沓的标签说明不仅没有做到一目了然、通俗易懂，相反却让消费者更加迷惑。来自食品标准局的一位高层官员就曾经告诉我："现在的问题在于，许多消费者根本看不懂标签上的产品说明。"[17] 消费者越迷糊，他们就越不愿意看，许多人甚至干脆不看说明了，他们自然也就越来越容易被生产商的伎俩所蒙蔽。从 1993 年至今，也就是凯斯勒推行新的营养标签方案之后，美国人的肥胖率从原来的 23% 一路飙升到了 30% 以上。最糟糕的时候，信息时代似乎使人们的判断能力明显下降，被骗指数一路飙升。

第三大弊病在于：这会导致消费者忽视标签说明以外的其他信息。由于法律上的漏洞，一些重要信息仍旧对消费者保密。正像我们在本章后半段所要提到的，英国的食品法要求在面包的标签中必须注明所有成分，但对于一些加工助剂，比如酶并未做出限制性规定，而越来越多的证据表明，这些加工助剂可以产生深远影响。苹果派或许会标明其中含有苹果，但是对苹果中是否含有农药残留并未做出说明。番茄酱标签上或许会写明"在意大利包装"，但并未说明它的产地。一罐去籽黑橄榄在标签上没有对橄榄变成黑色给出详尽解释，唯一可能的理由就是对未成熟的橄榄进行了氧化，但是它们仍旧获得在标签上打上"黑橄榄"字样的许可。

最后，对食品标签的过度迷恋还会让我们忽略一个问题，那就是有许多食品并没有标签，这里面既包括最可靠的食品，也包括一些最危险的。当你在一家信誉良好的肉铺购买羊排时，或者当你从自己喜欢的市场摊位挑选成熟的西瓜时，又或者你从传统奶制品店购买未经高温消毒的切达干酪时，你根本不需要依靠食品标签来判断食品的质量好坏，你只需依靠自己的感官，还有对销售者个人信誉的了解就可以。这些因素比标签上的信息更重要，也更可信。

另一方面，无标签食品存在更多的不确定因素。许多食品之所以未使用标签，原因就在于它是以散装形式在饭店、外卖店、咖啡店和杂货摊出售。在这里，食品标签其实就相当于食品包装一样。我们通常都倾向于认为对包装食品的依赖并非好事，但是每当我们购买无包装食品的时候，我们就只能依靠对销售者的整体认识了。

由食品引发的恐怖事件屡见不鲜。2006 年 9 月，德国一位肉食批发商打算将 120 吨腐烂肉用作烤肉串的原料出售，产品被警方没收后他选择了自杀。一名慕尼黑警官认为，制造这起欺诈案的元凶就是"烤肉团伙"，他们涉嫌对过期的肉食进行再加工。[18] 2004 年，在所谓"萨里咖喱"丑闻中，大众分析人员指出，凡是从英国各地咖喱屋购买的马沙拉鸡都不同程度地存在色素超标情况。[19] 但是，类似事件不仅仅发生在提供廉价食品的快餐店，就连世界上一些价格最昂贵的餐厅也存在常见的欺诈行为。

第六章　印度香米和婴儿奶粉

美食欺诈和受保护食品

商人马克·利瑟姆（Mark Leatham）专门生产优质食品，并创立了英国"商人美食家"品牌，旗下产品包括普伊扁豆、大蒜油和浓焦糖调味汁。除此之外，他还负责给多家餐厅供货。他在2006年接受我的采访时曾经说过"这个行业充满了欺骗"，其他接受我采访的经销商也有同感。利瑟姆向我介绍了优质食品市场的许多欺诈行为，这些通常并未引起人们的注意，可能是因为人们不喜欢发牢骚，也可能是因为他们并不清楚真假食品之间的区别。据利瑟姆所说，约克郡的羊群通常都要到威尔士度过两周假期，等返回时就改头换面，变成了"威尔士羊羔肉"，并以此身份出现在了餐厅的菜单上。

最典型的欺诈案例是鱼子酱的。几年前，利瑟姆设法说服了伦敦一家高档餐厅使用他的鱼子酱，我们暂且叫它"格力兹"餐厅。利瑟姆当时提供的鱼子酱包括大白鲟鱼子酱（价格最贵的鱼子酱，以大而甜的鱼卵闻名）、闪光鲟鱼子酱（价格位居第二，鱼卵相对较小）和俄罗斯鲟鱼子酱（一种灰色有坚果味的鱼子酱，在当时价格最便宜，后来由于全球鱼子酱短缺而价格上涨）。"格力兹"餐厅的厨师长马上就说："哦，我们不需要俄罗斯鲟鱼子酱，只要大白鲟和闪光鲟鱼子酱。"厨师长当时的语气就好像俄罗斯鲟鱼子酱跟餐厅的品位和级别不太相称。随后，利瑟姆和厨师长开始品尝不同的鱼子酱，最后品尝的是餐厅现用的大白鲟鱼子酱。当厨师长打开珍贵的容器时，利瑟姆马上喊道："天哪，这是俄罗斯鲟鱼子酱！"厨师长当时一脸尴尬，只能承认那的确是俄罗斯鲟鱼子酱。很显然，他之前被骗了，然后他又一直在欺骗自己的顾客。

那么，这些欺诈行为到底该不该引起重视呢？毫无疑问，那些达官贵人和富商追求的只是一种身份和地位的象征，而非单纯的口感，所以从这些富人身上搜刮一点钱财似乎没必要大惊小怪。但事实上，这些欺诈分子损害的不只是那些只看重价钱、不计较口感的富人，而是食品本身的信誉，这就为更广泛的欺诈行为提供了温床。他们利用的恰恰正是消费者的无知，并且通过近乎天衣无缝的欺骗手段让消费者继续保持这种无知。

值得一提的是，这也正是另一种奢侈品——藏红花粉所面临的困境。藏红花粉掺假是最古老的骗术之一，因为真正的藏红花粉生产是一项劳动密集型工作。要获得1磅重的香料，你需要至少20万株特定藏红花品种的花丝和花蕊。鉴于藏红花粉如此珍贵，又如此昂贵，所以假冒产品层出不穷。公元14世纪，纽伦堡的假冒藏红花粉变得非常普遍。无奈之下，市政当局通过了一项专门的藏红花粉法案，加强生产监管工作。所有违法者全部被投进了纽伦堡监狱的地牢最深处。[20]尽管如此，违法行为仍旧屡禁不止。为了增加重量，商人们经常在藏红花粉中掺加橘黄色的金盏花花瓣，或者将藏红花粉浸入蜂蜜当中。

据我们所知，假冒藏红花粉的欺诈行为在今天仍旧司空见惯。一些游客在前往摩洛哥的马拉喀什（Marrakesh）或者伊斯坦布尔（Istanbul）旅游时，常常能买到一包相当便宜的藏红花粉，带回家后才发现里面只是一些姜黄粉和食物调色剂的混合物。要判断你购买的藏红花粉是不是真品，有一个非常简单的小窍门，而且无需借助于科技手段。具体做法如下：将少量藏红花粉放入一杯温水中。如果几分钟后，藏红花粉的颜色开始扩散，并且颜色很深，那就证明这是正品；如果水色马上呈现黄色，那就说明藏红花粉是假的，你上当了。遗憾的是，当你做实验时，一切可能为时已晚。

更令人吃惊的是，藏红花粉的欺诈行为在一些大型餐厅也很常见。利瑟姆曾经给我讲过一个故事：有一次，他带着他的藏红花粉供货商到伦敦最豪华的摩洛哥餐厅就餐，他们点了两份藏红花粉菜肴，但是端上来的却没有一份用的是真正的藏红花粉，相反都是色彩鲜亮的姜黄粉。两人随即要求退还食物，厨师长闻讯后连连道歉，并重新送上两盘菜肴。这次上面撒了一层厚厚的真正的藏红花粉，多得他们简直都吃不下了。

餐厅老板之所以如此明目张胆，是因为他们知道很少有顾客能识别出真正藏红花粉的味道（具有刺激性气味，酷似乙醚）；另外，就算顾客对藏红花粉了如指掌，能够识破骗局，但也不好意思大声指责。人们在购买美食的同时，也都做出一副"不出所料，果真是名副其实的美食"的姿态，没有人希望被看成肤浅而且无知。当然，并不是所有人都喜欢真正的藏红花粉,我就比较喜欢肉菜饭,我宁可吃葡萄吐司,也不想吃加有藏红花粉的面包。不过,如果你花的是购买藏红花粉的钱,那你得到的就应该是藏红花粉!

有许多美食非常稀有,这自然就为那些无孔不入的欺诈分子提供了牟取暴利的门路。俗话说"物以稀为贵",这使得佩里戈尔松露 (Périgord truffle) 价格不菲,并获得了"黑色钻石"的称号。在内行人眼里,它们气味宜人、营养丰富,而且外表酷似真菌。但是目前,真正的佩里戈尔松露年产量只有大约120吨,这使得它的价格一路飙升到了每公斤3500欧元。但有意思的是,每年销售的佩里戈尔松露却达到了300吨。其中有许多其实是中国产的黑松露,它们真正的市场价格大概只有每公斤25美元。和真正的佩里戈尔松露相比,这种黑松露吃起来有股橡胶味,而且边缘部分略显苦涩。对传统的"松露猎人"来说,假冒产品不仅对消费者而且对真正的松露厂家构成了欺诈。他们之所以胆大妄为,完全是基于消费者的无知、隐忍不言以及吃暗亏的想法。最糟糕的是,人们一旦习惯了中国产黑松露的口味,就永远无法接受真正的法国松露了。[21]

正是这种恐惧情绪促进了"原产地保护"食物在欧洲的盛行。法国"原产地命名保护"(简称AOC)体系指出:某种受保护产品只有在符合严格的生长环境和质量标准之后才能销售,否则将被视为违法。1919年,随着法国《原产地保护法案》的出台,AOC应运而生。刚开始,AOC获得的法律授权仅限于葡萄酒(详见第二章),目的是为了防止罗纳河 (Rhône) 葡萄酒的名声被一些不受欢迎的造假者败坏。渐渐地,AOC标准开始广泛应用于奶酪行业。罗克福尔羊乳干酪 (Roquefort) 早在1925年就获得了AOC的认证标准,但AOC认证的大多数奶酪都是最新的产品,比如夏维诺奶酪 (Crottin de Chavignol, 1976)、布里奶酪 (Brie de Meaux, 1980)、卡门培尔奶酪 (Camembert, 1984)、埃波瓦斯奶酪 (Époisses, 1991)、巴侬奶酪 (Banon, 2003)。随着时间的流逝,法国的其他许多食品也都相继获得了AOC的原产地命名保护标志,从而在食品产地和口味之间建立了一种特殊联系。举例来说,法国科西嘉岛的蜂蜜、布雷斯 (Bresse) 的鸡肉、巴约讷 (Bayonne) 的火腿、赛文塞斯 (Cévesses) 的洋葱、阿尔代什 (Ardèche) 的栗子、尼翁 (Nyons) 的黑橄榄、格勒诺布尔（Grenoble）的坚果，这些受到原产地命名保护的食品在生产方法上具有严格的标准限制，这就大大增加了造假难度。

虽然是现代社会的产物，但是新的 AOC 体系和中世纪的食品行业协会在实质上非常相似。设立 AOC 的初衷就是保证特定食品的质量，防止以次充好。可惜，掌握食品安全知识的人大都是食品制造商，不是消费者，而且表现为专业行会的形式。产品标示只需承载最少的信息。消费者只要看到 AOC 标示，就知道此类商品的质量不会差。就像中世纪的行会一样，AOC 拥有严格的标准和绝对的权力，能否通过测试完全由它独立决定。一些批评家指责食品制造商在操纵这一体系，他们竭力维护自身的利益，同时又竭力排斥新兴企业，说 AOC 是一种改革创新完全是自欺欺人。但同时，AOC 确实发挥了积极作用。

"原产地命名保护"体系的出现使得经销商很难再利用产地名称大做文章。20 世纪 90 年代初期，来自加拿大的普伊扁豆热销。它们是相当不错的绿扁豆，大小跟小药丸差不多。通常，它们的商标中都清楚地写有"产自加拿大"的字样，并不存在欺诈行为，或者说不存在蓄意欺诈。但事实上，它们并非真正的普伊扁豆。2000 年来，普伊扁豆一直都是奥弗涅普伊地区（Puy region）的特产。它的外表呈暗蓝黑色，吃起来有股坚果和矿物质的味道，和其他扁豆相比，形状和质地明显要略胜一筹。1996 年，普伊扁豆成为首批获得 AOC 标识认证的豆科植物。从此以后，越来越多的消费者开始意识到其独特之处，这的确是件好事。来自加拿大的绿扁豆也并未从市场上消失，只是它们不能再使用"普伊"这个名称了。

AOC 体系在保护食品质量方面的成功很快被各国争相模仿：意大利制定了"法定地区餐酒"等级（简称 DOC）；西班牙设立了法定产区葡萄酒等级；欧盟则成立了更加广泛的"原产地保护"体系（简称 PDO），该体系涵盖了成百上千种特殊食品。看着受保护水果和蔬菜的长名单，看着这些特定地区生产的特定食品，你会再次发现那个令乔治·奥威尔感伤不已的标准化苹果的时代已经一去不复返了。现在，我们不妨就来看看这个名单：意大利特里维索（Treviso）的紫菊苣、法国凯尔西（Quercy）的西瓜、西班牙卡拉斯帕拉（Calasparra）的大米、加拿大的桃子、英国泽西岛（Jersey Royal）的马铃薯、西班牙胡米利亚（Jumilla）的梨、美国兰兹（Landes）的芦笋、法国阿让（Agen）的梅干、法国洛特雷克（Lautrec）的红皮蒜、爱琴海（Aegean）的开心果、德国施普雷瓦尔德（Spreewald）的小黄瓜、西西里岛（Sicilian）的红橙、奥地利瓦豪（Wachau）的黄杏、帕德雷拉（Padrela）的坚果、圣马佐那（S. Marzano）的西红柿、索伦托（Sorrento）的柠檬、意大利拉齐（Lazio）的菊芋。这些食品全都值得保护，它们使饮食不再仅仅局限于果腹的功能，相反体现出了所谓饮食文化和饮食享受。当人们对特定食品的真实口味一无所知时，欺诈行为就会乘虚而入。PDO 体系促进了有关食品安全的知识传播。举例来说，我们现在明白帕尔玛风味火腿（Prosciutto di Parma）不仅仅是一种风干火腿，它由猪肉制成，更要特别指出的是，这种猪吃的是谷物和帕玛森（Parmesan）干酪榨出的乳清；另外，西班牙的"山火腿"虽然也获得了保护认证，但是帕尔玛风味火腿与其还是有截然不同之处。

在一些情况下，保护特定食品、防止食品欺诈的措施被实施到了极致。在法国科西嘉岛，各种冒牌熟食随处可见。科西嘉火腿和风干香肠之所以吃起来齿颊留香，主要归功于科西嘉的猪。这些猪的生长期限为两年，平时主要以耐寒耐旱的香草（比如薰衣草、迷迭香和百里香）以及坚果和橡树果为食。长此以往，香草的气味深入猪的身体，变得香气袭人，这就自然使当地的熟食卓尔不群了。这些猪的饮食都有严格限制，除上述物品外，只能喂食橄榄或者山毛榉果实，这两种食物可以使猪的肉质更加肥美。由此一来，那些蜂拥而来的游客自然希望能选购一些真正的当地熟食，但结果购买的往往是一些批量生产的猪肉而已。2003 年，科西嘉熟食的积极拥护者保罗·德米纳迪（Paul Deminati）发表评论说："我们的熟食世界闻名。一个众所周知的产品总是会吸引造假者的目光。真假熟食的口味相去甚远，但价格却是一模一样。"[22] 科西嘉猪肉行业随即做出反应，要求确认科西嘉猪的真实物种，并且对每头猪的血脉都要追溯三代。每头猪的历史和血统资料都被存入计算机。根据这一构想，只有拥有纯正血统认证的科西嘉猪才能获准用于科西嘉香肠的生产。此举一出，造假者的欺诈伎俩很容易就会被追踪。

虽然采用了新的计算机技术，但是追溯血统这种做法其实还是中世纪的办法。科西嘉的养猪专业户认为，和乏味的营养信息说明相比，猪的品种和产地等更加重要。这种做法看上去保守，甚至有些倒退，但是猪肉的口味明显更加鲜美。但是在其他一些地方，研究人员正尝试在21世纪的食品检测过程中应用DNA技术。

印度香米的DNA检测

马克·伍尔夫（Mark Woolfe）博士就是我们这个时代的哈塞耳。他是霍尔本英国食品标准局打假防伪部门的负责人，该部门负责监察英国各地的食品欺诈活动。英国食品标准局设有30条章程，其中一条指出：打假防伪部门应对的并不是食品中毒、食品添加剂或者食品污染的问题，而是要解决食品欺诈、错误说明和错误商标的情况，换句话说它主要负责食品中的欺诈问题，而不是中毒问题。"真品"是当前许多科学家们经常谈到的一个术语，指的就是未掺杂任何外来成分的食品。从这个意义来说，西西里岛农民制作的那种意大利小方饺应该算不上真正的食品。那"真品"到底是什么呢？它是指不对任何人构成欺诈的食品。

伍尔夫博士是位身材高挑、长相威严的人物，同时他也拥有科学家那样谦逊内向的性格。他和哈塞耳一样，对食品欺诈行为深恶痛绝，对科学方法信若神明。在谈到有关DNA检测的细节时，他可以兴致勃勃地谈论上一整天，这样滔滔不绝的情况对他来说早已是家常便饭。在他办公室的墙壁上有一个白色的书写板，上面总是胡乱地书写着一些公式，办公桌上则放着一盆非洲紫苣苔。自2000年FSA创建以来，伍尔夫博士就在此工作。他经常在办公室内利用一个小咖啡壶和新鲜的咖啡豆来自制咖啡，并对自己的手艺深为自豪。跟哈塞耳一样，他始终认为咖啡的口味要讲究纯正。回到1994年，当时打假防伪部门还是美国食品和农业部的下属机构，伍尔夫负责调查英国在售的各种速溶咖啡的质量。结果表明，在所有的抽样样本中（主要是价格最便宜的咖啡），有15%的样本存在含糖量严重超标的情况（二甲苯、葡萄糖和果糖）。这说明里面含有添加剂，很可能添加了咖啡豆的外壳或者是麦芽糊精。[23]大多数大品牌的速溶咖啡质量都很好，但是伍尔夫不想冒险，仍旧钟爱于真正的咖啡。不管怎样，他比较喜欢纯正的咖啡口味。

伍尔夫的工作包括监察和研究两方面。在他的领导下，工作小组负责利用最新的科研成果对市场上的不同食品进行检测和调查。这些调查工作都很费时，所以每年接受检测的食品屈指可数。鉴于检测过程耗时长、进程慢的特点，伍尔夫指出小组人员必须仔细挑选首先要检测的食品。这一决定不仅反映了"急消费者所急"的态度，同时也体现出了特定市场的价值。相比之下，消费者对肉制品市场的担忧更大一些。在肉制品市场，潜在的欺诈行为可能产生数十亿英镑的利润，收益远远超出了蜂蜜市场。伍尔夫表示："打假防伪小组是一股隐秘的力量，目的就是建立消费者的信心。人们在购物时应该对物品的真实价值抱有信心。"

伍尔夫认为，不管是否存在欺诈行为，保持透明度都至关重要。哈塞耳粉碎了杂货店老板在糖中掺沙子的传言，伍尔夫也粉碎了许多道听途说的观点。在一些情况下，一些消费者所担心的欺诈行为完全是空穴来风。英国曾流传一种说法，来自欧洲大陆的萨拉米香肠和其他腊肉中都掺杂了驴肉和马肉。从某种程度来说，这些担心都带有一些排外的性质，都是基于对外国饮食的一知半解。正像伍尔夫自己所说："根据传闻，人们普遍认为来自欧洲中部的食品都存在各种不洁现象。"2003年，英国打假防伪局对158种萨拉米香肠和类似萨拉米香肠的食品进行了检查，寻找传说中的驴肉和马肉，结果并未发现任何掺假情况。他们只在一种西班牙辣味香肠中发现了马肉。[24]但是事实上，在萨拉米香肠中发现马肉或者驴肉根本没必要谈之色变，相反，伍尔夫认为"这两种肉都是低脂产品"。虽然事实证明消费者的担心完全是子虚乌有，但关键是，消费者坚持认为他们吃的猪肉或者牛肉被替换成了驴肉和马肉。这种针对食品安全所产生的不安情绪对生产商和消费者来说都有害无益，因为基本的信任不复存在。

但有时候消费者的某些担心的确属实。现代肉食和鱼类产品被注入了大量水分，有时候，产品商标上会注明"加水"字样，但即便如此，我们仍旧怀疑自己当面被骗了。问题是，你怀疑自己被骗了，但却束手无策、无可奈何。2000年，FSA的一项鸡肉调查显示：所有被抽检的鸡肉中有51%的产品存在加水情况，而且所有这些都是冷冻鸡肉。鸡肉中的水分有部分是冷冻过程中形成的，也就是所谓浸水法（就是在冷冻前将鸡肉浸入冷水中）。但是调查报告在结论中指出，有些水是人为添加的。伍尔夫在2002年的调查中取得了更加令人震惊的发现，野生扇贝和斯堪比虾中也存在加水情况：其中86%的涂冰去皮虾加水量超过了10%，48%的野生扇贝加水量超过了10%。某个最极端的例子居然在其中添加了54%的水分，也就是说含水量甚至超过了扇贝本身的重量，这的确是最不计后果的欺诈行为。结果，我们得到的只是一小块扇贝，而支付的却是相当于顶尖质量的欧洲大扇贝的价格。

毋庸置疑，这些检测和调查工作确实取得了不俗的成效。一些在社会上反响最大的欺诈事件相继遭到当地政府的公诉。与此同时，食品行业从整体来说也开始展开行业清理行动，并积极和政府合作，以满足更严格的职业道德标准。伍尔夫认为，打假监察行动的成功完全有赖于科学的检测手段。就像19世纪50年代哈塞耳利用显微镜进行检测一样，伍尔夫必须要确定，他所采用的检测方法能够为消费者提供最准确的信息，以便抢在食品制造商之前采取法律行动。但是，结果仍旧是有利有弊，利弊双方的发展几乎同步，这主要取决于科学检测水平。欺诈分子同样有一批专业人士在出谋划策，所以对反欺诈人员来说，寻找证据的重担跟以往相比是有过之而无不及。

不过，有一点确实发生了很大变化。19世纪50年代以来，无论是用来检测，还是用来造假，关于食物真实性方面的技术都发生了很多变化。这时仍旧可以用感官测试，但是如果要把这些测试的结果作为"呈堂证供"，那显然不够分量，所以必须要有复杂精密的科学实验结果作为辅助证据。哈塞耳曾经利用显微镜来提供权威性的证据，但如今早已被废弃不用，只是偶尔在分析像果酱和浓汤这样的产品时才会用到。通过显微镜，研究人员很容易就能看到是否有人用梨和大黄来代替价格昂贵的浆果，因为梨的细胞坚硬，堪与石头媲美，而大黄拥有的是长纤维细胞，这和软皮小果的细胞截然不同。但是，显微镜检测工作基本上已经被气相色谱法（简称GC）、同位素分析法以及质谱法所取代。

气象色谱法是用来分离混合物的一系列技巧：样本被汽化之后，穿过试管中的惰性气体。在此期间，一个探测器被用来显示样本物质的组成成分，最终结果将以酷似心电图的形式显示。在橄榄油市场欺诈行为与日俱增的情况下，色谱法无疑是一个有效的探测工具。地中海饮食的广泛盛行极大地刺激了特级初榨橄榄油［EVOO（Extra Virgin Olive Oil），现在一些厨师仍旧坚持这种叫法］的需求，自然也激发了一些人利用精制橄榄油来进行稀释的念头。[25]阿曼多·曼尼（Armando Manni），这位意大利优质橄榄油制造商就曾经抱怨说：许多通过测试的初榨橄榄油跟灯油毫无两样，只不过换了一个漂亮包装而已，属于典型的"金玉其外，败絮其中"。色谱法通过分析样本的固醇成分，就能揭穿类似的欺诈行为。精制橄榄油中高根二醇的含量明显要比初榨油高出许多。

对于那些特性受环境影响较大的食品，避免冒牌货的最佳工具或许要说是同位素分析法，"每种植物或者动物都有一种对生长环境及其生长气候的化学记忆"。[26]举例来说，通过树的年轮，我们就能判断出它的年龄。借助于同位素分析法，我们不仅能够知道食品的生长地点，还能知道它的具体生长过程。所谓同位素其实就是同一元素的不同表现形式，具有不同的原子重量。通过分析特定食品的同位素比，我们通常都可以判断出它的生产地点。举例来说，英国羊羔肉中含有的氢同位素重量较轻，而西班牙羊羔肉的氢同位素却要重很多，这是由于羊所饮用的水的化学成分不同造成的。通过同位素分析法，我们就可以知道以下一些信息，比如鸡平时吃什么饲料？大马哈鱼是野生的，还是人工饲养的？帕尔玛火腿是不是正宗？还有某地出产的蜂蜜是否掺加了糖或玉米糖浆？等等。[27]

在防止食品欺诈的前沿阵地上还有另一种广泛使用的方法，那就是质谱法。它是通过测量特定样本的分子质量来进行检测的方法，这一方法在应对生活中的常见骗术时很有效，比如用水、糖和从生产特定果汁的果肉中反复压榨的汁液来冒充真正果汁的。据估计，20世纪90年代初期，美国市场上的假冒果汁几乎占到了10%。在英国，1991年的一项研究结果表明，在21种知名品牌的橘子汁中有16种含有添加物，主要是甜菜糖，而甜菜糖的同位素组成和橘子中的同位素组成非常相似。质谱法能够显示出橘子汁中糖含量的各个峰值，但是这种测试方法本身或许还远远不够。毕竟，不同的橘子含糖量本身也会有所区别。食品分析人员可能需要结合多种测试方法，才能得到他们所需要的高度可靠的评估结果。

在现有的所有工具中，最可靠的测试方法之一就是 DNA 检测，这也是伍尔夫小组首创的方法。他把这种"食品刑侦学"比作犯罪调查中针对罪犯进行的 DNA 分析，两者的区别在于分析食品的 DNA 要"更加困难"。[28] 食品刑侦分析，分析的是犯罪本身，而且每一种食物的检测方法都不相同。DNA 分析法并非适用于所有食物，它在检测化学混合物时就表现得不尽如人意，但是在探测任何与物种有关的欺诈行为时却是首屈一指。正像伍尔夫所写的："DNA 具有洞察一切的分辨能力，因为某一物种或者某一品种的基本特征最终都是由基因组的序列来决定的。"现在，一些消费者在挑选食品时，主要通过品种名称来判断，比如考克斯（Cox）的苹果，格勒辛汉（Gressingham）的鸭胸肉，这意味着狡猾的欺诈分子将会采取更多鱼目混珠的做法。现在，不同品种的苹果其基因指纹都可以记录在案，这就使得欺诈分子很难得逞。2003 年，FSA 对不同品种的马铃薯进行了一次普查。结果发现，英国某些特定品种的马铃薯（比如爱德华国王马铃薯）的市场价格要偏高一些，它们是英国传统的粉状马铃薯，内部呈乳脂状；但夏洛特马铃薯的果肉就呈黄色，而且非常光滑。FSA 共得到了 294 个马铃薯样本，其中有 33% 存在张冠李戴、贴错标签的情况，另外 17% 则完全是指鹿为马、名不副实。许多所谓爱德华国王马铃薯其实只是安波马铃薯，而后者的真实价格只有前者的一半。要想分辨真假，唯一可能的办法就是分析相关马铃薯的分子基因型。

同样，针对欧洲各地普遍存在的以普通小麦充当硬质小麦的欺诈行为，FSA 还发明了另外一种 DNA 检测法。众所周知，真正的意大利干面只能用硬质小麦制成的面粉制作，它自身的硬度赋予了意大利干面独特的口感；由普通小麦粉制成的意大利面不仅毫不筋道，而且容易黏着，但它的价格要比硬质小麦粉便宜很多，所以冒牌意大利面非常普遍，尤其是在低价领域更是司空见惯。过去要辨别两种小麦粉，唯一的办法就是品尝，看看意大利面中是否有普通小麦粉。如今，FSA 的科学家们已经研究出了一种有效的方法，他们对普通小麦粉 D 基因组的一个 DNA

片段进行放大，而这一片段在硬质小麦中并不存在。借助于这一工具，即便意大利面中添加了少量普通小麦粉，它也不可能逃脱我们的火眼金睛。在欧洲的其他地方，研究人员利用 DNA 分析法来检测水牛芝士和绵羊干酪中是否掺加了牛奶。

对于伍尔夫来说，DNA 检测最大的成功就是印度香米。众所周知，印度香米生长在喜马拉雅山脚下，是我们能够买到的最好的籼米。如果你想制作出口味最纯正的肉饭或者咖喱姜饭，那印度香米无疑是首选原料。这是最精细、最香的米；即便只是简单地煮一下，仍旧是令人垂涎欲滴的美食。除了香味独特外，印度香米的另一个特征就在于它细细长长的米粒。在煮饭过程中，米粒几乎能够拉长一倍，这当然要归功于它独特的淀粉。

毋庸置疑，印度香米的价格自然远远高出了普通籼米，一方面是因为它质量上乘，另一方面是因为它很难种植。这种稻米受环境影响较大，而且产量很低。在英国超市零售的印度香米中，价格最便宜的是每公斤 90 便士，比普通大米每公斤 50 便士的价格高出许多；而印度香米中最好的品牌货，价格可以达到每公斤 2 英镑以上。在 20 世纪 90 年代，打假防伪小组一直怀疑印度香米中掺杂有质量较差的大米品种。问题在于，他们根本没有现成的科技装备来查明真相。考虑到印度香米的香气袭人，伍尔夫开始研究利用电子鼻子来识别其特殊成分。那么，利用电子鼻子对香米煮后产生的水蒸气气味进行分析就能发现欺诈行为吗？事实证明这种方法根本行不通。原来，不同批次的印度香米，即便都是真正的印度香米，香味的强度也不尽相同，有些只有一种天然的、淡淡的米香。

于是，1999 年到 2000 年期间，诺丁汉大学的科学家们发明了一项新技术，也就是所谓聚合酶链式反应（简称 PCR），它的原理是利用酶来放大特定的 DNA 片段。[29] 诺丁汉大学的科学家们偶然发现 DNA 片段甚至能够准确分辨密切相关的稻米栽培品种。打假防伪局进一步完善了该技术，使具体操作变得更加简单便捷，切实可行。"芯片实验室"随即诞生，主要做法是：将稻米样本通过三种不同颜色的酶胶，酶胶随即会呈现出不同的重复性 DNA 片段。这些微型实验室非常有效，能够分辨 20

个不同的稻米品种，同时价格便宜、操作简便，就算是非专业人员也能快速掌握。每个"芯片实验室"售价只有三四英镑，而且是一次性使用。最后，伍尔夫终于有了自己所需要的强效武器，来普查印度香米市场了。

但是，印度香米的界定仍旧是个问题。和欧洲特殊的 PDO 食品不同，"印度"并非受保护名称。依照英国法律，印度香米只是一种惯称，也就是消费者无需详细解释就能明白的名字。在印度和巴基斯坦的大市场上，情况或许的确如此，因为那些批发商对各种等级的稻米都很清楚，他们判断的方法也很简单，只要嚼一下还未去皮的生米粒，品尝真正的口味就可以。但是在西方的超级市场里面，情况变得迥然不同。在这里，大多数的普通消费者对商标上标识的内容完全是一头雾水，他们只知道印度香米的口感非常好。伍尔夫决定首先从印度香米的原产地入手。众所周知，印度香米的原产地是喜马拉雅山麓，主要生长在印度的旁遮普（Punjab）、哈里亚纳邦（Haryan）和乌塔普拉德什邦（Uttar Pradesh）以及巴基斯坦的北部地区。但是，伍尔夫很快发现，要准确判断哪种大米是印度香米无疑是在横闯印度、巴基斯坦政治领域的一片雷区。印度当局只承认 11 种传统的正牌香米，分别是：印度香米（Basmati）370、巴丝马香米（Dehadrun）、印度香米 217、印度香米 386、塔劳里（Taraori，音译）、拉比尔印度香米（Ranbir Basmati）、普沙香米（Pusa Basmati）、旁遮普香米、哈莉亚纳香米（Haryana Basmati）、卡斯图瑞（Kasturi）、马伊桑甘达（Mahi Suganda）。另一方面，巴基斯坦却将几种现代的杂交品种作为合法香米，比如科奈尔（Kernel）和超级香米。对于印度人来说，这些现代变种跟假冒伪劣差不多。性情温和的伍尔夫似乎已经意识到没必要去蹚这浑水。最后，出于外交考虑，FSA 决定对巴基斯坦所承认的几种现代变种以及印度传统的香米品种都予以承认，唯一的限制性条款是，所有这些香米必须保证至少有一个亲本是印度香米的直系品种。所有被承认的印度香米品种都具有细长的米粒和无可比拟的米香。

现在，有关印度香米的界定和检测工具都已经准备就绪，在 2002 年至 2003 年期间，打假防伪局从英国的各大商场收集了 363 种印度香米的样本，结果虽说不算令人震惊，但也让人的心为之一沉：只有 54% 的样本是真正的印度香米，其他的都掺杂了较便宜的大米，其中有 31 个样本中的掺杂物含量超过了60%。考虑到印度香米和普通籼米的价格差距，这一欺诈行为无疑让有些人赚足了黑心钱。据估计，单2002年一年，印度香米所造成的欺诈金额已经超过了500万英镑。伍尔夫表示："受骗的不只是英国的消费者，也包括欧盟所有的纳税人。"不知道出于何种原因，印度香米在进入欧盟国家后，价格达到了每吨250欧元。进口冒牌印度香米的确是一个暴利行业。

2004年，伍尔夫对外公布了有关印度香米的调查报告，并列出了供应商的名称和地址。这一举动使印度香米业受到了强大冲击。两家总部建在艾塞克斯的公司分别受到了超过8000英镑的罚款，原因在于他们销售的印度香米中分别掺杂了55%和75%的其他品种的米。对商家来说，他们害怕的不是罚款，而是曝光，印度香米业由此建立了更加严格的行业规范和标准。值得一提的是，过去的行业规范允许在印度香米中添加20%的掺杂物，现在这一比例被调整为7%。虽然这仍然远远高于伍尔夫期望的标准，但是毕竟已经向正确的方向迈进了一步。现在，销售商意识到了DNA检测的威力，所以在以次充好进行欺诈方面开始有所收敛。与此同时，他们也看到了销售真货所带来的丰厚利润。当调查报告确认蒂尔达香米为百分百印度香米之后，它的市场地位得到了大幅提升。伦敦东区食品有限公司发言人兴奋地表示："我认为这是FSA实施的最棒的计划之一。"再来看看印度，印度的香米种植者大都是一些小的自耕农，采用的也是传统的农耕方式，但是印度香米向世贸组织申请原产地命名保护的消息却让他们一下子挺直了腰杆。这一举动将有助于印度种植者抵御一些不必要的竞争。其中，最典型的竞争对手就是美国的新型杂交品种——得克斯玛提米（它是印度香米和美国籼米的杂交品种，据称是美国广泛公认的香稻米品牌）。

伍尔夫兴奋地表示"印度香米是DNA检测领域最成功的案例"，原因自然不言而喻。但是，胜利的果实还来不及采摘，他又不得不面临新的挑战了。在DNA检测技术诞生后的几年中，一些不择手段的稻米经销商已经发展出了一些逃避检测的策略。2002年至2003年期间，许多印度香米中掺加了未被认可的谢巴蒂和帕克386品种的稻米，这些品种很容易被PDR酶发现。鉴于这种情况，一些稻米经销商利用所谓生物偷窃手段,将新的杂交品种:亚米尼(Yamini)作为掺杂物。原因就在于,亚米尼的基因和一些获得许可的香米品种非常相似,而且很难被现有的科技手段发现。要解决这一新的问题必须采用一种新的酶检测方法。这种方法并非没有可行性,而是造价太高。当这一技术可以投入使用时,新的欺诈手段或许又会产生。伍尔夫将此形象地描述为"一头运动的巨兽",当你刚想出一种方法,马上就会有人想出应对的策略。

伍尔夫的秘密"食品刑侦学"表明,从一些方面来说,自阿库姆时代就存在的部分问题仍未解决。所谓反欺诈战仍旧是一场检测技术和骗术之间的较量。与此同时,战场也开始发生变化,由化学转战到了生物学领域。过去,欺诈分子使用的骗术一经曝光,消费者马上就能明白,但是现在的骗术错综复杂,技术含量高,消费者根本不明白自己是如何受骗的。外行人对各种食品危害的茫然无知在无形中又会刺激食品欺诈。另外,民众从无动于衷到愤怒,继而恢复无动于衷的反应过程也暗藏着危险,伍尔夫个人希望的大众反应是:大家应该保持冷静,祈祷上帝能赐予我们真正的食物。

无形危险和散布恐慌

我们已经看到,在 19 世纪,食品安全法案的出台大都是为了积极应对直接而又可怕的威胁。比如1858 年,布拉德福(Bradford)发生的药糖含砷事件就导致20 人死亡。[30]当社会发展到近代时,食品危害变得截然不同。用一位律师的话说:"这些危害不再是直接的、持久的,相反变得短暂而且迅速。"[31]我们很难把致癌物跟我们的日常饮食联系起来。如果你服用含砷的药糖,你几乎当场就会中毒倒地。但是现在,你可能食用了成千上万种致癌物,从烤面包片到农药残留,再到添加剂,日积月累,久而久之就会发展成癌症;又或者你可能很幸运,从来都不会生病,这是两者之间的另一个区别。然后,随着某一特定欺骗手法的广泛流行,食品恐慌开始出现。现在,这已经成了一种无处不在的现象。

当食品安全在全球范围内面临信任危机时,一些贩卖恐慌者就更容易利用人们对食品的恐惧来销售自己的无形商品。有些人自称为"营养师",然后告诉你,如果你不听从他们的建议,食用特殊批准的食品增补剂(加上包装邮资及包装费只需69.99英镑就能获得一个月的用量),而是继续吃烹炸食品、奶制品或者其他东西,你的身体就会受到无法挽回的永久性伤害。

还有些食品恐慌之所以被夸大,不是因为有人能从中获利,而是因为事态的发展完全不受控制。2005年的苏丹红事件就是一场杯弓蛇影式的恐慌,这也是英国历史上最大的一起食品召回事件。具体起因是,有人在伍斯特郡辣酱油中发现了被掺杂其他物质的辣椒粉,而这些辣酱油已经被提供给所有的大型食品制造商,并进入了四百多种超市产品,其中包括意式千层面、意式辣香肠匹萨、乡村蔬菜汤和肉馅马铃薯饼。这项发现引起了极大的恐慌。有人发现,这种由印度进口的辣椒粉中含有一种红色偶氮染料:苏丹1号,而苏丹红中据称很可能含有致癌物(但是这点并未得到证实),并被广泛用于地板光亮剂和鞋油中。这一消息一经公布,人们全都为之色变。为了减轻公众的担心,FSA主席发布消息称"没必要恐慌",但与此同时食品标准局宣布召回所有400种受到影响的产品,这一举动无疑成了引发极端恐慌的重要信号,所有消费者不约而同地认为这其中肯定出现了大问题。通常情况下,只有产品中存在相当危险的物质时才会发出召回通告,比如食品中含有玻璃碎片等。在整起事件中,所有人都忽略了一点,那就是在食品加工过程中,苏丹1号的含量已经微乎其微,根本不足以对人体健康构成任何威胁。2003年,英国出台食品法案称,进口含苏丹1号食品的情况为合法,但是就在两年之前,苏丹1号还被视为有毒物。由此不难看出,苏丹红恐慌事件完全是一场杯弓蛇影式的闹剧。

夸大危险、臆想危险的情况比比皆是,但真正的危险却往往被熟视无睹。反式脂肪(部分氢化脂肪或者反式脂肪酸的通称)是目前人们普遍认为应该尽量少吃的物质。氢化脂的生产需要经历一个复杂的化学过程,通过在其中通入氢气来实现植物油的硬化。有确凿的证据表明,食用过多的氢化脂会导致胆固醇升高,并引发心脏病。2006年12月,纽约市下达禁止使用反式脂肪的禁令,只允许餐厅使用微量的反式脂肪。[32]一些大型食品公司,包括星巴克和肯德基都宣布,他们已经大大削减了反式脂肪的使用量。

但是，这里依旧有个问题：反式脂肪对食品有什么影响呢？事实上，早在大概30年前反式脂肪的危险就已经被人们所熟悉了。[33]然而直到最近，当40%的日常加工食品都使用反式脂肪来增加饼干、蛋糕、早餐谷类和面包的松脆性并延长货架期时，一家企业的律师随即于2003年以反式脂肪含量过高为由对"奥利奥"公司提起上诉。直到此时，食品行业才最终羞愧地转而寻找更加健康的脂肪。在此之前，虽然明知它们对人体有害，食品制造商依然很青睐反式脂肪，因为它价格便宜又耐用。消费者对此一无所知，因为法律并未规定必须在商标中列出相关内容，包括饱和脂肪和不饱和脂肪（2006年，这一情况在美国有所改变）。最糟糕的是，许多反式脂肪含量高的产品可能会表示它们的"胆固醇低"和"饱和脂肪低"，这样说不算错，但事实上却产生了误导效果，因为反式脂肪跟饱和脂肪的危害几乎是一样的。几年前，我在写一篇有关反式脂肪的论文时，曾拨打过英国一家著名饼干制造商的客服电话。我跟客服说，我有点儿担心饼干中的脂肪是不是氢化脂。一位嗓音很甜美的女士跟我说不用担心，饼干中的脂肪只是"部分氢化"，也就是说它只是部分有害。（或者当我病发时，我也只是会出现局部性心脏病发。）这位客服的解释无疑是胡说八道。事实上，所有的反式脂肪都是"部分氢化"。当脂肪酸完全氢化之后，它们就不是反式脂肪了。类似的错误信息肯定还会继续，除非公众能够最终意识到反式脂肪的危险，并且从最初的无动于衷转为积极行动。

在所有"标签上未注明"的无形危险中，反式脂肪并不是第一个，也不会是最后一个。食品安全运动的倡导者们关注的不只是食品中所含的物质，而是食品的生产过程。加工助剂就是现代食品生产中潜藏的丑闻之一。因为和食品添加剂不同，加工助剂是无须在标签上标识的。以酶为例，当伍尔夫利用酶胶来检测食品中的添加剂时，一些人却在利用其他酶来掩盖食品真实的特征。酶过去经常用来掩饰一些天然的、容易引起麻烦的缺陷，比如有些酶可以使肉食和成熟的奶酪口感更加鲜嫩；有些酶能够防止虾或者白葡萄酒变色；还有些酶能使腌菜和去皮橘子在装罐之前保持鲜脆；另外还有最重要的一点，有些酶有助于保证现代工业生产的面包片更加松软，同时还能延长面包片的储藏时间。[34]对烘焙食品工业来说，酶是一个"无形的小助手"，蛋白质能加速生物反应，使工业面包师制作出更有弹性的面团，或者利用低质量的面粉生产出多层面包，或者掺入更多水，提高利润。[35]大多数消费者对这些不见光的伎俩大都一无所知。加工助剂之所以没必要在标识中列明，原因在于它们本应该在生产过程中就消耗完了，在成品中不会留下任何痕迹。但事实上，这和酶制造商自身所吹嘘的说法却明显是自相矛盾的。他们声称自己所生产的酶具有热氧稳定性，能够承受烤炉里的高温，而研究结果表明，面包在完成烘焙之后仍旧含有大量酶的残留物，包括淀粉酶，后者据说能够导致某些人出现严重的过敏反应。[36]

跟药糖中含砷的情况相比，面包里含酶的情况似乎根本不值一提。但是，这些潜藏在面包中的可怕物质却引发了更大的食品道德问题。就像面包师安德鲁·惠特利（Andrew Whitley）所说的："如果你都不知道面包里含有什么物质，那你又该如何做出选择，决定自己是否吃呢？"[37]目前，欧洲针对加工助剂的法案正在接受审核，食品标准局也在积极寻找措施，准备针对酶制定更严格的商标法案。在不久的将来，酶或许也将在商标中进行标识，但是我们能看到的只有"酶"这个总称，至于食品中所含酶的准确名称，我们仍旧不得而知。在惠特利看来，这样做还远远不够，他认为，"人们不仅有权知道食品所含的成分，而且有权了解食品的生产过程"。[38]当食品的生产或种植技术面临跟所含成分一样的严格审查时，消费者对知情权的主张变得更加迫切。在21世纪，当许多欺诈案例已经变得耳熟能详时，一些全新的欺诈手段又浮出了水面：生物变化对食品本身结构的威胁。

油鸡和农业假货

避免掺假食品的最好办法就是吃一些货真价实的基本农产品。哈塞耳希望芥菜是真正的芥菜，威利希望吃到无防腐剂的肉，卡罗琳·沃克在提供营养建议时指出"要食用健康的、新鲜的食品"。一些食品欺诈分子很可能利用混合物和粉状物来破坏原食品，但有些食品本身非常完整，根本没有可乘之机。如果你坚持食用新鲜的蔬菜、水果、家禽和全麦面包，那你肯定没问题。但是现在，随着这些基本食品的基本价值发生改变，一些传统的定论似乎也开始摇摇欲坠。

跟牛肉相比，鸡肉一向被视为低脂肪的健康肉食，但是2004年的一项研究结果表明：鸡肉中的脂肪含量相当于35年前的近四倍，而这完全是饲养方法的改变造成的。[39]伦敦城市大学脑化学和人类营养学院的脂肪研究专家迈克尔·克劳福德（Michael Crawford）教授指出：那些购买现代鸡肉的消费者都认为这对他们的身体健康有益，但事实却恰恰相反。[40] 19世纪70年代出现的首次记录表明，烤鸡的脂肪含量与其蛋白质含量相差无几，克劳福德进一步指出"脂肪所产生的卡路里数是蛋白质产生热量的六倍"。即使你只是用柠檬和盐对鸡肉进行简单烤制，并没有滴加太多的油，结果依然如此。1970年，每100克鸡肉中含有8.6克脂肪；现在，超市销售的鸡肉中平均每100克就含有22.8克脂肪，而且一只烤鸡腿的脂肪含量远远超过了一个"巨无霸"。如今，每个英国人每年消费将近30公斤鸡肉，是20世纪70年代消费能力的两倍还多。

即使你避开鸡肉中油脂最大的鸡皮部分不吃，只吃白色的鸡胸肉，你仍旧无法摆脱这一实质性问题。克劳福德坚持认为："这种以高能量、高谷类为基础的盲目刺激生长的饮食习惯，已经改变了鸡肉本身的油脂构成。"[41]鸡肉掺假是由内而外进行的，这也促使人们开始倡导更加合理的动物养殖。肉用子鸡被切去了嘴尖，并且终日被关在不见阳光、充满污秽的鸡棚里。随着体重的急速增加，它们完全丧失了飞的机会，这种情况下我们几乎很难将其称为"鸡"了。养殖者这么做就是为了满足消费者对健康白肉的需求。要让他们明白，这种肉鸡养殖体系不仅对我们人类有害，对这些可怜的鸡们同样是有害无益的。

人类由于人体生理学的特点，非常适于食用野生动物的肉，后者的特点是肉质紧密，不含脂肪。当我们把现代工业生产的肉食（包括鸡肉和牛肉）放到显微镜下查看时，我们很可能会发现一些"病理上的脂肪浸润"，也就是说脂肪直接渗入动物肌肉的现象。由于缺乏运动，肌肉本身就会出现机能萎缩的情况。克劳福德指出：即使是质量最好的自由放养的鸡，其脂肪含量也要决定于日常所吃的饲料。关于鸡肉的这些发现意味着"我们现在有必要对健康食品做出新的定义"。[42]

有些人认为现代的水果和蔬菜也面临同样的情况,从传统意义来说,这些是最不容易造假的食品,是食品安全领域的最后一道堡垒。伦敦城市大学"食品政策"系的蒂姆·朗(Tim Lang)教授曾经说过:"我们通常认为像橘子这样的食品是不会变的,但事实并非如此。"[43] 2002年,加拿大一家报纸报道说:超市销售的水果和蔬菜中所含的营养成分远远低于50年前。最后,这则报道得出结论:过去,人们吃一个橘子所摄取的维生素A的含量,现在则需要吃八个橘子。[44]同样,如果记录正确的话,英国的许多蔬菜跟50年前相比,矿物质含量已经大幅降低,其中花椰菜中所含的铜元素比过去减少了80%;西红柿中钙元素的含量仅剩下25%。引发这些现象的罪魁祸首就是集约化的农业生产方式。地质学家大卫·托马斯(David Thomas)认为"导致农产品质量下滑的重要原因主要有三个:产品供应链长、使用化学肥料和溶液培养的种植方法(植物不是生长在土壤中,而是生长在人工铺垫物上面)"。[45]

当一些水果蔬菜陷入营养枯竭的窘境时,其他一些却因为基因改良技术出现了营养过剩的情况。借助于生物技术,西红柿中的番茄红素、维生素A和β-胡萝卜素含量大幅增加;孟山都公司的金谷富含维生素A。对于那些支持基因改良技术的人来说,这些变化代表的是本质上的改进;但是对那些批评家来说,所谓转基因作物其实就是掺假食品。它不仅改变了某种特有的食品,同时也改变了整个种植环境,种植环境可能会因为基因变异及生态圈被破坏等缘故受到影响。[46]在写作此书期间,美国仍旧没有明确要求制造商在商标中注明"转基因食品"。一些厨师抱怨说他们很可能在不知情的情况下,被迫向顾客提供掺假食品。1998年,一名厨师声称:

> 顾客到我们饭店就餐,是因为他们信任我,相信我会从市场上挑选最优质的食材。但是由于政府没有对转基因食品做出强制性的标注要求,我向顾客提供纯净食品的权利被无端剥夺了。[47]

尽管所有欧洲国家都明确要求商标中标注"转基因产品"字样,但眼见并不一定为实,因为许多产品并非来自欧盟国家。隐忧仍然存在,转基因作物很可能和非转基因作物杂交,由此引发污染。这是有机食品存在的一个典型问题。2003 年,来自欧洲环保局的莫罗·奥尔布里罗(Mauro Albrizio)评论说:"当转基因作物大规模种植时,人们食用非转基因食品的权利将会受到严重威胁。"[48]

但是从相反的角度来看,转基因农业生产模式并不是导致伪劣农产品出现的原因,相反是一种补救措施。生物技术的支持者认为:通过繁育具有内在抗虫性的植物(比如转基因玉米),可以大量减少化学肥料的使用,这种说法引起了批评家们的广泛争议。2006 年,康奈尔大学的一些科学家们研究后发现:中国一些种植转基因棉花的农民最初确实会减少杀虫剂的使用,但最终使用的杀虫剂和种植常规作物的数量不相上下。[49]事实如何且不论,有意思的是,这场争论的双方——无论是有机物种植者,还是转基因科学家都认为大量使用的杀虫剂属于一种掺杂剂。但我们总是忽略这样一个事实,杀虫剂使用的增加从部分程度来说是对掺假的补救。过去甚至有人梦想着用杀虫剂来实现绝对干净的食品供应。

"污物条款":杀虫剂和有机物欺诈

美国《清洁食品和药品法》中最麻烦的内容之一就是"美学欺诈"。法案第 402(a)条规定了判定掺假食品的标准:"食品中只要含有'不洁的、腐败的或者腐烂的等不适于食用的物质,均视为掺假食品。"正如我们在第四章所看到的,美国的《清洁食品和药品法》是在辛克莱的《丛林》出版后才得以起草的,而立法者心中的"污物"指的是辛克莱所揭示的芝加哥肉类加工业中那些不卫生的东西,比如病牛肉、掺料香肠等等。立法者并未想到有机胡萝卜生长的土壤,也不会想到泰国鱼露瓶中装的是腐烂的鱼或是斯提耳顿干酪(Stilton)上面的霉菌。但是,条款中利用"不洁物"来定义掺假食品,这种规定只是让更多的人远离真正的食品,将其推入工业制造商的怀抱。正像一位法律评论员所说:"法案第 402(a)条所包含的标准从字面意义上来说,禁止在食品中添加任何外来成分,这其实就等于承认所有食品都添加了其他成分。"[50]

事实上，这项法案并未实施，也不可能实施。农民出售的苹果上可能有泥巴，葡萄茎上可能仍有虫子在爬。对此，美国法院并未提起诉讼，因为他们很清楚要消除食品供应过程中的所有污物是不可能的，这完全是一种乌托邦似的空想。从事食品制造工作的人都表示，没有任何食品能做到绝对干净。但是，美国公众的思想却始终保持在一种童真状态，仍旧没有认清食品和杂质其实是并存的。1978年，彼得·巴顿·赫特（Peter Barton Hutt）写道："从感情角度而言，美国公众还没有准备好去面对农产品是长在田里、储藏在仓里的这个事实。"[51]1972年，为了实现食品行业更大的透明度，FDA公布了一份先前收集的名为"污物指南"的秘密名单（每种食品中不可避免的污物限额）。[52]FDA发言人维姆斯·克莱文杰（Weems Clevenger）公开指出："要确保食品100%的纯净是不可能的。每片面包里面都有虫子的碎片。"他指出，每品脱面粉中允许含有一颗老鼠粪粒。[53]这些揭示性信息遭到了公众的强烈抗议，FDA关于透明度的尝试最终无疾而终。正像赫特所说，美国公众还没有准备好去面对日常食用的果汁、谷物、面包、果酱和咖啡上写着其中含有蛆、霉菌、老鼠粪便、老鼠毛发和虫子的事实。[54]英国人的情况同样如此，他们希望能通过卫生清洁的办法来获得纯净食品。

在美国，污物指南仍旧存在，而且不同食品的标准也不尽相同，但是这些信息并没有广泛公开。FDA网站上提供了详细完整的名单，但你不特意寻找几乎很难发现。[55]通读整个名单后，你会发现绝对纯净的食品是不存在的。以一瓶普通的花生酱为例，100克花生酱中可能含有30粒虫子碎片到1根老鼠的毛发；每100克西红柿酱中可能含有10颗苍蝇卵或者两只蛆；每100克生姜中允许含有3毫克的哺乳动物的粪便；每100条蓝鳍鱼中可以含有60个寄生包囊；100克无花果酱中可以含有13个左右的昆虫头；100克干蘑菇中允许含有75只螨虫；10克墨角兰中允许含有高达1175个昆虫碎片。一些指南看起来非常准确，冷冻菠菜允许含有：

> 100克冷冻菠菜中允许含有50只蚜虫、蓟马、螨虫或者……
> 两个身长3毫米的幼虫或者幼虫残骸或者菠菜虫（总长12毫米，重24磅）；

或者……

每 100 克冷冻菠菜中允许含有平均 8 只潜蝇，或者平均身长 3 毫米以上的 4 只或者更多潜蝇。

阅读这段令人作呕的文字显然需要一副钢肠铁胃才行，不过所有这些都不足为虑。据估计，大多数人在不知情的情况下每年都会吞下一两磅重的虫子，而且这些虫子对人体健康有益无害。[56]伊利诺伊州大学昆虫学家菲利普·尼克松（Philip Nixon）曾说过："虫子是一种非常健康的低脂肪食物，而且富含蛋白质和各种营养成分。"[57]真正有害身心的是我们拒绝面对吃虫子这一现实。对纯净食品的过分苛求会产生出乎意料的后果，比如杀虫剂含量增加，这比虫子碎片危害大得多。从 1954 到 1974 年间，美国使用杀虫剂的数量增加了十倍。[58]

食品中的农药残留究竟会对人体造成多大的损害，人们对此争论不休。食品标准局在 2004 年的一项调查中发现：在被检的所有食品样本中有 31% 存在农药残留情况，但是标准局认为所有农药残留的含量极低，不会对人体健康构成威胁。他们对食用含农药残留食品的危害竭力轻描淡写，因为"跟食用含有低水平农药残留的食品相比，不吃水果和蔬菜对人体健康的危害更大"。这可能是不错的公共卫生政策，但是作为消费者，我们宁愿食用不存在任何风险的水果和蔬菜，尤其当杀虫剂在控制害虫方面的效力遭受质疑之后。反对使用杀虫剂的批评家指出："所有的杀虫剂都是有毒的，因为它们作用于害虫的机制在作用于人类时同样有效。"[59]他们还提到了所谓"鸡尾酒效应"，认为长时间连续食用低浓度的不同杀虫剂对人体会造成更大的伤害，甚至超过了允许的杀虫剂安全限值。在确定你购买的是真正的考克斯苹果之后，根据土壤协会的资料，你可能会发现它被喷了"18 种不同的化学药物"，这比单纯的螨虫所带来的危害更加严重。[60]最令人担心的是婴儿，因为杀虫剂的安全标准是根据成年人的体重设置的。2005 年，一项针对学龄前儿童的尿液检查结果表明：食用常规食品的儿童，尿液中所含的农药残留是食用有机产品的儿童的六倍。[61]

答案似乎已经显而易见，那就是选择有机食品。这看似是针对新问题做出的新反应,但是有机原则的提出其实已经有几百年时间了:这是那些自给自足的自耕农抵制工业毒素、主张食用家庭产品的白日梦;这是维吉尔、卢梭和托马斯·杰斐逊的呼声,这是人们摆脱毒城的重要设想。有机食品看起来是现代的产物,那是因为社会背景已经发生了改变。

有机食品的支持者认为,除了不会产生农药残留外,有机产品还有一些积极的作用。2002 年,意大利《农业及食品化学期刊》(*Journal of Agricultural and Food Chemistry*)上刊登了一篇历时三年写成的调查文章。文章指出有机桃子和梨要比常规种植的水果含有更多的多酚和抗氧化物,而这两种物质能有效降低患癌症的风险。[62]一年后,该期刊发表的另一篇文章指出,有机谷物中维生素 C 的含量要比普通谷物中的维生素 C 含量高出 52%,含量更高的是可持续性谷物(有机和常规方法混合种植的方式)。2006 年,14 名英国科学家致信给 FSA,声称有机牛奶中 Ω-3 脂肪酸的含量远远超出了普通牛奶。[63]马里昂·内斯特(Marion Nestle)教授表示:"有关有机食品的研究越来越多,这是一种更健康的食品,这一情况将会变得越来越明显。"[64]

但是,有机食品也存在自身的弊端。首先是造价通常都比常规种植的食品要高,这就给消费者留下一种印象,认为这种不含杂质的饮食是富人的专利,但这并不是有机农业本身的过错。正像德雷克·库珀所写的,"事实上,现在有两种食品":

> 一种是价格便宜、不太洁净的食品;还有一种价格昂贵,通常有"真正的、天然的、有机的、传统的、洁净的、手工制作的"字样。但是,所有食品不都应该是尽可能安全、尽可能纯净、尽可能新鲜吗?价格便宜、质量低劣的食品为什么还要存在呢?[65]

有机食品变成有钱人的专利,它成了保护特权阶级免受肮脏威胁的工具,这一情况具有潜藏的危险。通过全面禁止杀虫剂的使用,同时实行更人性化的可持续的农业生产方式,将生产出更多优质食品。令人鼓舞的是,这一情况在农业的许多部门已经开始付诸实行。

"有机"已经成为一种品牌,跟其他所有的品牌一样,它也存在误导消费者的可能。一些消费者将有机食品视为救星，认为商标中只要标识"有机"字样，就相当于开了一张保险单，证实所购买的食品一尘不染、口味一流，而且绝对安全。但是，现实生活中的任何食品都无法做到完美无缺、无可挑剔。现代社会物质富足，但却又出现了一种新的症状：健康食品症，或者说过度痴迷于健康食品的症状。[66]和厌食症不同，健康食品症患者并不是特别想瘦，他们只是想尽量吃一些最健康的食品。但一味追求健康食品，令他们的食谱变得极其有限，而且与其他人的饮食格格不入。[67]一位前健康食品症患者描述说，他过去对纯净食品非常痴迷，以至于他觉得就算全部食用有机蔬菜都不够，甚至要求所有有机蔬菜离开地面的时间不能超过15分钟。[68]

有些人似乎认为，"只要我肯花钱，我和我的孩子就不会碰到食品中毒的情况"。就好像哈塞耳的纯净食品公司一样，公司默许消费者放弃感官的判断，完全相信这一品牌的纯净性。但事实却一次又一次地向我们证明，如果你不想受骗，那么一定要听从来自感官的判断。许多优质食品都是有机食品，但是这并不意味着所有有机食品都优质。许多有机食品在口味上明显逊色于常规食品；也有许多食品确实很安全，但口感和真正的有机食品有所区别，比如石南（花蜂）蜜。它口味甘甜，富含有机物，酷似果冻，但就因为不是正式认可的有机物，因此被认为不适合食用。

一个更加严重的问题是，有机标准往往有不同的解释。在英国，有机食品需要经过土壤协会的认证，而且必须要满足严格的作物轮作标准，另外对于鸡和猪如何圈养、如何喂食、日常需要如何照料以及施肥等等都有规定。没有土壤协会标识的有机食品在生产环节上要求可能不太严格。如果你购买有机鸡肉或者有机鸡蛋，以为这些鸡过着自由自在的快乐生活，那你可能就严重误解了。在美国，动物权利活动家彼得·辛格（Peter Singer）发现生产有机鸡蛋（因为这些鸡吃的是有机饲料）的母鸡仅仅过着稍微宽敞的生活。食品作家尼娜·普朗克（Nina Planck）是农贸市场的积极倡导者，他指责美国在有机产品的规定中没有强调指出应在草场上散养动物。他认为："消费者冰箱中存放的有机熏肉或者火鸡汉堡很可能来自一些从未离开过畜棚的动物。"[69]

也有人担心有机食品部门将成为自身的受害者。现在，一些大型食品公司已经加入有机食品法案，要求分得至少120亿美元的市场利润。他们已经采取行动，试图降低标准，游说官员在有机食品的安全定义中列入一些合成化学物。英国市场对有机食品需求的增加也带来了很多隐患。如果食品是从国外空运而来，这就拉长了消费者和制造商之间的链条，质量难以保证。一些产品（比如人工养殖的有机大马哈鱼）在一些守旧的有机食品种植者看来，是传统有机标准的一大笑柄。

与此同时，事实证明，一些以有机食品或者散养之名出售的食品完全是伪造的。就像历史上其他高品质食品一样，有机食品市场自然也吸引了大量欺诈分子。2006年12月，朱莉餐厅曝出丑闻。朱莉餐厅位于荷兰公园，是名人流连之地，也是伦敦比较高档奢华的消费场所之一，据说曾经接待过格温妮丝·帕特洛（Gwyneth Paltrow）和凯特·莫斯（Kate Moss）这样的大牌明星。餐厅的菜单上列出了许多有机肉类，包括美味香肠、卤鸡块。但是，卫生官员在例行检查时发现，餐厅使用的所有有机肉制品都超过了52天，这为餐厅老板节省了大约4200英镑。当衣着考究的顾客们点食有机鸡肉时，他们得到的其实是一盘烤子鸡。餐厅合作伙伴乔尼·埃克佩里根（Johnny Eckerperigan）对罪行供认不讳，认为这是绝对的错误，该事件最终以餐厅罚款7500英镑告终。[70]同样在2006年5月，新西兰一位屠夫因出售冒牌的有机食品而被罚款10000新元。[71]除了见诸法庭的这些案例外，生活中的类似事件几乎数不胜数。

总而言之，容易卷入欺诈风波的不仅是有机食品，还包括处方药和散养食品。2006年11月，英国警方接到多起举报，声称有将近3000万枚鸡蛋以散养鸡蛋的名义非法出售。[72]消费者付出了两倍于普通鸡蛋的价钱，考文垂（Coventry）附近的一些养鸡户因涉嫌欺诈而被逮捕。这起案子不只是单纯的欺诈，而且会引发潜在的中毒。因为这些欺诈分子的鸡蛋似乎是从西班牙进口的，并且都贴有狮子标识（证明鸡蛋中不含有沙门氏菌），但事实上其中1/8的鸡蛋都含有沙门氏菌。这一事件再次曝光了消费者和制造商之间脆弱的信任感，同时也证明商标本身并不能对食品质量做出任何保证。

虽然英国这些欺诈分子销售的鸡蛋质量低下，但这跟中国和孟加拉国出现的一些最恶劣的食品欺诈行为相比根本不值一提。当西方消费者为致癌物的危险忧心忡忡、为食用非有机鸡肉心惊肉跳时，身处远东和东南亚的一些消费者却仍在食用具有致命危害的假冒食品和有毒食品。

人造鸡蛋和中毒的婴儿

这被称为世界上最令人难以置信的发明。当然，这是到目前为止我所碰到的最奇怪的事情；如果属实，这也是我所见过的最残忍的发明。2005年至2006年之间，社会上广泛报道说中国的一些诈骗分子已经发明了一种制造人造鸡蛋的方法。

从表面来看，这些人造鸡蛋和普通鸡蛋毫无区别。从内部来说，它们是一些特殊化学物的混合物，而且能导致食用者患重病。2005年，香港《东周刊》(*East Week*)的一名暗访记者声称，他曾经成功加入了一个为期三天的学习班，学习如何制造人造鸡蛋。

培训者是一名年轻女人，她向记者传授了如何制造鸡蛋的各个独立成分。首先，她把骨胶、苯甲酸、凝结材料、明矾，还有一种不明粉末混合在一起，由此制造出了鸡蛋的蛋清部分。至于蛋黄部分则是用柠檬黄食物色素、海藻以及所谓"神水"（含有氯化钙，能够使蛋黄形成一层薄薄的外膜）混合而成。随后，蛋黄和蛋清被分别放入特制的模子里制造成型（蛋黄放入圆形模子，蛋清放入椭圆形模子）。最后一步是在整个蛋黄和蛋清上面撒一层含有固体石蜡的液体，以便在其表面形成白色的坚硬外壳。在磕破蛋壳之后，这些人造鸡蛋可以像真正的鸡蛋一样被蒸煮，只不过它的蛋壳更加易碎。在煎炸过程中，除了蛋清会出现更多泡沫之外，它们看起来就跟真的鸡蛋毫无两样。《东周刊》杂志报道说，那些品尝过人造鸡蛋的人表示这些人造鸡蛋的口味跟真的非常相似，但是真假鸡蛋所产生的结果却截然不同：人造鸡蛋不含任何营养成分，而且可能会引起明显的腹痛、记忆力丧失和谵妄症状。

这一事件无疑是对传统理念的公然挑衅。如果不是这么丧尽天良，你几乎都忍不住要佩服它的创新性了。但是，作为一种经济欺诈，它又让人有些百思不解。像这样一个劳心费力的过程是如何获得回报的，尤其是像鸡蛋这样的低成本产品？正像有人在博客中问道："我很奇怪，生产人造鸡蛋和开一家养鸡场销售真鸡蛋的利润差别真的很大吗？"[73] 很显然，答案是肯定的。人造鸡蛋的批发价格是每个 0.15 元（相当于大约 2 美分），只是真鸡蛋价格的一半。养鸡业的低利润回报促使一些人开始积极制造这些奇怪的物质。（就像在阿库姆时代，人们为了追求经济效益，会无所不用其极地制造假茶叶一样。）这些人造鸡蛋从中国大量走私进入越南。在河内以及胡志明市，这些人造鸡蛋在零售市场上是很难被发现的。2005 年，越南食品卫生安全局局长陈宕（Tran Dang）对此深表忧虑，他指出"很显然，人造鸡蛋会对人体健康造成危害"。[74]

从此以后，整个食品行业的安全情况都遭到质疑。一家详细介绍食品欺诈行为的网上学术期刊《因特网毒物学期刊》（*Internet Journal of Toxicology*）被无端关闭。最初曝光这一事件的越南媒体的编辑告诉我，他们现在认为这是一条"假"新闻。[75] 整个事件很可能是个骗局。在这个信息浪潮汹涌澎湃的时代，我们很难判定事件的真伪。不管怎样，人造鸡蛋事件能够引起如此广泛的关注本身就反映出了一些深层的信息，那就是掺假食品已经影响了中国。

人造鸡蛋代表的是中国经济市场上的一个畸形产物。就像"一战"时期的德国一样，在当代中国的一些大型城市中，人造制品已经深入千家万户，许多人开始怀疑市场上的食品也都变成了假货。当越来越多的假冒食品充斥市场时，一些欺诈分子的手段也变得更加明目张胆，比如上海有人卖的"炸豆腐"，其实就是将硫酸钙、颜料和淀粉的混合物放在废油中烹炸。最近的一起案例发生在 2006 年 12 月，一家工厂经理因利用再循环废油和工业油制造食用猪油而被捕。[76] 2004 年，中国国家食品药品监督管理局（相当于 FDA 或者 FSA，是中国于 1998 年成立的机构）局长郑筱萸发起一场"无恐惧食品战役"，并在电视台采访中指出："我跟普通市民一样，对食品安全也存在同样的恐惧，我也不知道还能吃什么了。"但是，这句话并没有给公众带来信心。一年后，郑筱萸因收受药品公司贿赂、暗箱操作药品生产许可一案被开除公职。[77] 中国的食品和药物仍旧存在危险。

中国环境资源法学会会长蔡守秋一针见血地指出了问题所在：生产和销售食品带来的利润很可观，而且限制很少，我们没有任何措施来限制食品暴利。所有人脑里想的只有赚钱。[78]为了追求利润,就算造成婴儿中毒也在所不惜。阿库姆在提到1820年伦敦的欺诈商时这样写道:"利字当头,就算牺牲一个小生命也在所不惜。"[79]2004年4月,有证据表明,中国中部至少有13名婴儿因食用假冒伪劣的配方奶粉而死亡,另外还有数百名婴儿身体受到严重伤害。[80]在曝出这起丑闻的安徽省,人们将其称为"大头病"。许多孩子的父母不明白婴儿的脑袋为何不断膨胀,而身体其他部位却日渐消瘦。有些父母甚至自我安慰说,头大是身体健康的标志。[81]但事实上,这些婴儿患上的是营养不良症,而且是20年来医生们见过的最严重的营养不良症,而造成这一切的元凶就是劣质奶粉。这些婴儿配方奶粉主要由糖和淀粉组成,只有一小部分人体必需的蛋白质和其他一些营养成分。

可怕的是,这种假冒伪劣奶粉不只出现在一家公司,而是整个行业的弊病。国家相关部门在初步调查后发现,安徽省内销售的45种不合格奶粉是由全国各地超过141家企业生产的。[82]这些假冒品牌的销售价格比雀巢公司的优质婴儿配方奶粉要便宜很多。在经济相对落后的安徽省(农村地区的人均收入为每天大约1美元),普通家庭能够购买的只有低价奶粉,但他们却为此付出了高昂的代价,而那些欺诈分子却从这些并不宽裕的消费者手中挣了大量黑心钱。

《纽约时报》记者采访了一位受害者的父亲:张林伟。张林伟是一位砖厂工人,2003年的月收入只有大约60美元。[83]他的妻子刘丽在产下一名女婴后,自身的母乳很难满足婴儿的需要。在一位朋友的建议下,张林伟决定购买一些低价的婴儿配方奶粉,但是即便是这种低价奶粉,每月仍要花销11美元(相当于每月总收入的1/6)。张林伟的女儿每两三天就消耗一袋奶粉,但是体重却丝毫不见增加。最后,小女孩在5个月时不幸夭折。负责治疗的医生诊断说孩子存在明显的发育不全症状,根本无法给孩子进行静脉注射,同时指出孩子的死因是食用假冒伪劣奶粉造成的。刘丽在震惊之下当场晕倒,根本没想到自己喂给女儿的配方奶粉居然就是杀死女儿的元凶。遭受丧女之痛的张林伟难过地说:"这些孩子真是太无辜了。不管你喂他吃什么、喝什么,他们都会接受。"

在婴儿奶粉事件曝光后,中国政府承诺要严厉打假,十万多袋婴儿配方奶粉被查封。温家宝总理下令在全国范围内进行调查，许多人因此被捕。在安徽省，47名嫌疑人被拘留，其中至少40人被正式起诉。法律部门表示他们会依法办事，首先接受审判的是李新道，安徽省销售劣质奶粉的商店店主；鉴于奶粉价格低廉，法庭认为李新道对所购劣质奶粉的情况完全知情，因此判处他八年有期徒刑，同时罚款1000元。[84]另外，当地97名政府官员因为监管和调查不力也受到了党内处分。

虽然涉案人员都受到了严厉的惩罚，但这并不能掩饰政府部门在此事件中的失败。这一欺诈行为能够如此肆虐，完全是因为对食品市场毫无约束和政府监管不力造成的。19世纪20年代，崇尚自由主义的英国政府犯过类似的错误；19世纪60年代，纽约又重蹈覆辙。当时，操纵纽约市政的坦曼尼协会成员贪污腐败，放任劣质奶粉在自己眼皮底下生产；如今到21世纪的时候，中国又曝出类似丑闻，而在婴儿开始相继死亡时，中国政府却只是在想办法抑制这种食品欺诈行为。一位常驻中国的英国记者在谈到中国假冒伪劣食品问题时谈到，这其实是中国经济政策的必然结果。在现行经济政策下，各省政府会不惜一切代价，盲目追求经济增长率。[85]只要纳税、制造利润，政府部门对不法行为都会睁只眼闭只眼。中国人民大学教授黄国雄在文章中指出："一些地方官员仍旧抱着一种过时的想法，认为只有鼓励生产假货的低价产业不断发展，才能促进当地经济的发展。"[86]虽然中国政府对这些无辜丧生的婴儿深感悲痛，但不可否认他们对此负有不可推卸的责任。这起丑闻充分暴露出了国家食品药品监督管理局在监管方面的软弱无力。2003年3月，国家新闻媒体报道说，在中国境内的106000家食品企业中，只有17900家是有照经营。在2003年的全国食品安全大检查中，将近1/5的产品不符合国家制定的卫生标准。[87]在这种情况下，类似劣质奶粉这样的恐怖事件仍有可能发生。

同样的情况在孟加拉国屡见不鲜，它甚至成为东南亚乃至整个世界最臭名昭著的假冒食品聚集区。2004年3月，在尼泊尔首都加德满都（Kathmandu）召开会议，会上对亚洲不同国家的假货比例进行了对比。由两家NGO（非政府组织）联合公布的研究报告指出：印度的假货比例为10%，尼泊尔的假货比例在15%到18%，斯里兰卡的情况令人担忧，假货比例达到了20%到30%，不过孟加拉国轻松击败了上述几位对手，以45%到50%的假货率而"力拔头筹"。

制造假货是偷偷摸摸的活动，所以以上数字从本质上说很难得到证实，但是的确有很多迹象证明，孟加拉国因为法律体系不健全和管理方面的疏漏，存在大量异乎寻常的掺假食品供应。2002年，公共卫生研究所对销售的各种食品进行了分析，结果发现在抽检的426种糖果中有423种存在掺假行为；33种印度酥油中有28种为假货；19种黄油、8种炼乳也全都不合格。[88]通过这些数据不难看出，孟加拉国45%到50%的假货比例还属于保守估计。[89]2003年，达卡的一家报纸报道说，一些制售假冒产品的组织在孟加拉的各大城市以及其他地区肆意销售假冒产品却"没有遭受任何惩罚"。达卡城市公司（DCC）特意委派代表来加强管理，它已经意识到了问题，只是缺乏应对的措施。在2004年的前10个月当中，DCC从自由市场上提取了700个怀疑存在掺假行为的食品样本。与此同时，650家商店和其他一些商业组织因销售不合格或者掺假食品而受到指控。问题在于，依照陈旧过时而且漏洞百出的1959年食品法案，即便确认犯有欺诈罪，嫌疑人面临的不过是三个月监禁，或者罚款200TK（相当于3美元），而且他们有权在二者之中做出选择。任何有自尊心的欺诈商都会选择后者，恢复自由后仍旧肆无忌惮地从事违法活动。

2004年，一名DCC政府官员表示："我们几乎已经停止对食品欺诈案件提起诉讼，现在我们正竭力鼓励消费者不要去购买掺假食品。"但是，说起来容易做起来难，尤其当消费者根本无从选择时更是如此：从在辣椒粉中掺加砖灰到在稻米中添加非法化肥；从被污水稀释的酸乳酪到以新鲜名义销售的腐烂椰子；从用烧焦的黄油制成的面包到利用有毒色素制成的糖果，这样的例子数不胜数。总之，在孟加拉国，掺假食品几乎随处可见。当这些琳琅满目的假冒食品比比皆是时，要警告消费者远离掺假食品显然非常困难。一些道德沦丧的农民大量使用有毒的激素和化学物来人工催熟绿色水果，比如芒果、西瓜、木瓜、番石榴和香蕉。对消费者来说，这样的水果看起来异常甜美，但一旦食用，很可能会危害肾脏和肝脏。而且从长远来看，这也存在致癌的危险。2004年，DCC对22起在水果中添加碳化物粉末（一种催熟剂）的案例提起诉讼。

结果不用说，所有22名欺诈分子都选择罚款3美元，然后逍遥法外。

从理论上说，孟加拉国的食品掺假情况已经有所改善。2005年，孟加拉政府最终对食品供应中的掺假局势做出反应。依据规定，特殊机动法庭的地方法官有权对违法分子提起诉讼。在5月到9月期间，这些机动法庭成功地对2885起掺假案提起指控。随后在9月份，议会通过了《纯净食品法》修正案，成立了专门的食品安全咨询机构，并且赋予了执法者更大的权力。依照新法案，食品掺假者将获得半年到三年的刑期，以及5000TK到50000TK的罚款。重复违法者将被没收房产和设备。最终，孟加拉国终于通过有效的食品法案开始阻止犯罪的发生。

但是，这种估计似乎有些盲目乐观。2006年2月，《每日星报》（*The Daily Star*）记者对新的食品安全修正案表示怀疑："这些严格的条款能否成功地改变现状，这一点其实很值得怀疑，在孟加拉国无论立法多么周到，都不能真正地贯彻执行。"[90]有一点是肯定的，据在机动法庭任职的相关人员陈述，机动法庭大多数时候都无法顺利发挥功能，因为成员之间就会出现相互掣肘的情况。与此同时，造假分子虽然面临更严重的惩罚，但他们依旧我行我素。2006年7月，《孟加拉国观察家报》（*The Bangladesh Observer*）报道说，在拉杰巴里（Rajbari）地区，销售掺假食品的情况非常普遍，比如在可食用油中添加机油，在腐烂的面包中添加饼干面团，在冰激凌中添加有毒染剂。[91]最惊人的是，许多食品都是公然掺假，不法分子根本毫无愧疚感。地方管理部门被指责玩忽职守，对此没有采取任何积极反应。

截至撰写书稿时，孟加拉国似乎具备我们在本书中提到的各种不利因素：政府对掺假行为肆意放纵；制造商和消费者之间销售链太长，而且双方缺乏相互信任；食品法案前后缺乏连贯性；市场经济混乱无序；政府机构贪污腐化，漠不关心；消费者处于弱势，对掺假行为无可奈何。一位新闻评论员将孟加拉国的这场瘟疫性的掺假行为归咎为"消费者权益"的缺乏：消费者在使用去头屑洗发露导致严重脱发时，在购买一半音轨丧失的CD或者发霉的芝麻蜜饼时不懂得要寻求补偿以维护自己的权利。[92]"侵犯消费者权益、缺乏职业道德的情况非常普遍，所以即便是受过高等教育的人也很难来维护自身的权益。"面对市场上以次充好的情况，消费者大都自认倒霉，缄默不语，结果这进一步助长了欺诈分子的嚣张气焰，导致恶性循环。

孟加拉人是否注定要继续食用掺假食品是一回事，东南亚是否也要如此就得另当别论了。现在毕竟不是 19 世纪 20 年代，而且孟加拉国有一大优势：在信息时代，知识传播的速度比以往要快得多。虽然孟加拉国的假冒食品比西方多很多，但是它新闻行业的发展水平却足以和欧洲乃至美国相媲美。当不法分子在暗地里从事欺诈行为时，记者已经在网上快速曝光了他们的不法行为，这对欺诈分子和政府官员来说都是当头一棒。信息的充溢泛滥能让世界更好地了解孟加拉国，同时也能让孟加拉国了解更多打击食品欺诈的方法。信息时代最终能否战胜这股欺诈暗流呢？这或许正是你我所希望的。但是，历史证明这场反欺诈战争的所有胜利都意味着一场新战争的爆发。

注释

1. www. mysite. verizon. net/jsschleh/gardenhomefarm/id13/html, accessed December 2006.
2. www. chewonthis. org. uk, accessed December 2006.
3. Shipperbottom(1993).
4. *New York Times*, February 2nd, 1989.
5. Scroggins(1989), p. 464.
6. *New York Times*, October 19th, 1981.
7. BBC news, September 8th, 2000.
8. BBC news, February 24th, 2005.
9. BBC news, July 19th, 1999.
10. Australian abc news, July 31st, 2006.
11. Coppin & High(1999), Preface.
12. Kessler(1993), p. 8.
13. Nestle(2002), p. 249.
14. "FDA Finds Most Comply on Labels", *New York Times*, December 14th, 1994.
15. Lyons and Rumore(1993), p. 183.
16. http://www. opsi. gov. uk/si/si1996/Uksi_19961499_en_13. htm#sdiv7, accessed January 2007.
17. Mark Woolfe, interview with author, November 2006.
18. "Police Fear 'Kebab Mafia' Behind Putrid Meat Trade", *The Guardian*, September 7th, 2006.
19. "Remote Control", *The Guardian*, May 15th, 2004.
20. Willard(2001), p. 103.
21. "Uzès Journal", *New York Times*, February 6th, 2004.
22. "Tavera Journal; On Trailblazing Corsica, Sausages with Pedigree", Elaine Sciolino, *New York Times*, July 10th, 2003.
23. "MAFF UK-Instant Coffee Surveillance Exercise", May 1994, food surveillance information sheet.
24. "Survey of Undeclared Horsemeat or Donkeymeat in Salami or Salami-type Products", FSA, December 2003.
25. Li-Chan(1994).
26. Ravilious(2006), p. 2.

27. Padovan(2003); Martín(1998).

28. Woolfe & Primrose(2004), p.1.

29. Bligh(2000).

30、31. Barton Hutt(1978), p.525.

32. *New York Times*, December 2006.

33. Nestle(2006), p.123.

34. Reed(1975).

35. Lawrence(2004), p.109.

36、37、38. Whitley(2006), chapter 1.

39. Davies(2004).

40、41、42、43. Purvis(2005).

44. Picard(2002).

45. Purvis(2005).

46、47. Beaudoin(2000), p.245

48. Quoted, http://www.foe.co.uk/resource/press_releases/eu_commission_calls_gm_con.html, accessed January 2007.

49. http://www.commondreams.org/headlines06/0727-06.htm, accessed January 2007.

50. Ely(1990), p.9.

51. Barton Hutt(1972), p.522.

52. *New York Times*, February 19th, 1972.

53. "Filth", West Virginia *Sunday Gazette-Mail*, February 20th, 1972.

54. Barton Hutt(1978), p.522.

55. http://www.cfsan.fda.gov/~dms/dalbook.html#CHPTA.

56. Lyon(1994).

57. Quoted, www.dietdetective.com, accessed January 2007.

58、59. London Food Commission(1988), p.81, p.83.

60. http://www.soilassociation.org/web/sa/saweb.nsf/ed0930aa86103d8380256aa70054918d/50e5e6a2558967b280256f3f004ff4c2!OpenDocument, accessed January 2007.

61. Nestle(2006), p.465.

62. Cited, Burros(2003).

63. *The Guardian*, September 22nd, 2006.

64. Burros(2003).

65. Cooper(2000), p.206.

66. The term was invented by Steven Bratman MD; see www. orthorexia. com.

67. "When Healthy Eating Turns into a Disease", *The Guardian*, October 10th, 2006.

68. "Original Essay on Orthorexia", www. orthorexia. com.

69. Nina Planck, Op-Ed, *New York Times*, November 23rd, 2005.

70. "Celebrity Restaurant Fined over Fake 'Organic' Dishes", *The Times*, December 19th, 2006.

71. http://www. comcom. govt. nz/MediaCentre/MediaReleases/200506/fakeorganicslandbutcherwithmeaty10. aspx, accessed January 2007.

72. "Millions of Faked Free-range Eggs Dupe Shoppers", *The Daily Telegraph*, November 17th, 2006.

73. www. pekingduck. org/archives/004389. php, accessed January 2007.

74. www. thanniennews. com, April 7th, 2005, accessed January 2007.

75. Email to the author, January 13th, 2007.

76. http://thescotsman. scotsman. com/index. cfm? id = 625522004, accessed January 2007; Reuters, December 4th, 2006.

77. www. voanews. com/english/2007-01-10-voa16. cfm, accessed January 2007.

78. http://thescotsman. scotsman. com/index. cfm? id = 625522004, accessed January 2007.

79. Accum(1820), p. 31

80. "China Faces Fake Baby Milk Scandal", Food Production Daily. com, April 22nd, 2004.

81. "Infants in Chinese City Starve on Protein-Short Formula", Jim Yardley, *New York Times*, May 5th, 2004.

82. "China 'Fake Milk' Scandal Deepens", BBC News, April 22nd, 2004.

83. Infants in Chinese City Starve on Protein-Short Formula', Jim Yardley, *New York Times*, May 5th, 2004.

84. *China Daily*, August 6th, 2004.

85、86. *The Guardian*, April 21st, 2004.

87. "Infants in Chinese City Starve on Protein-Short Formula", Jim Yardley, *New York Times*, May 5th, 2004.

88. *New Age Metro*, August 19th, 2005.

89. *The Bangladesh Independent*, November 13rd, 2003.

90. *The Daily Star*, February 7th, 2006.

91. *The Bangladesh Observer*, July 2nd, 2006.

92. *The Daily Star*, February 7th, 2006.

结语
21 世纪的掺假食品

"只要有人在食品中掺假，就会有人去阻止这一切发生。"

——伦敦食品委员会，1988

掺假食品，就好像贫穷一样，似乎永远都不离我们左右。贪婪是一切欺诈的源头，而贪欲是人类历史上永远都挥之不去的阴影。另一方面，无论是欺诈的动机，还是时机都会随着时间的变化而变化。欺诈的动机主要是由特定环境下的经济情况决定的，而时机则取决于当时的政治和科技因素。欺诈行为并不是由"自由贸易"或者"全球化"这样的抽象实体引起的，而是由于个别分子这样或那样的行为造成的，除了一时冲动而去骗人外，这些个别分子还有其他不良行为。如果一个社会的经济政策和政治政策都很合理，这或多或少都能减少食品欺诈行为。就像杰弗里·萨克斯（Jeffrey Sachs）所说的："政治意志完全有可能结束贫穷局面。"

但是我们该如何正确地跟欺诈分子做斗争呢？从本书中，我们已经看到了很多可选择的方案，但是每一种也都有自身的弊端。面对欺诈行为，我们最基本的反应就是消除所有可能刺激欺诈行为的因素，恢复田园般的生活。如果导致掺假食品诞生的元凶是工业化，那么我们何不假装工业革命并未爆发，仍旧过着安静简单、自给自足的生活呢？这时候，你完全不必为食品安全问题烦心，因为所有食物都是你亲自种植或者养殖的。对于那些足够幸运、有条件这样做的人来说，这种方法无疑非常管用。如果你能拥有这样的生活，那好运肯定会对你不离不弃。但是，如果将这种方法适用于整个社会，这种田园生活不仅是乌托邦似的幻想，同时也是一种社会的倒退。不管是更好，还是更坏，我们大多数人还是要生活在这个日趋商业化的社会。我们根本没有任何办法能摆脱现实。

19 世纪 60 年代以来制定的大多数食品安全法案都采用了一种更加现代也更现实的方法：在食品安全的大旗下同欺诈分子做斗争。这一战略的优势在于它针对的是掺假食品所引发的最恶劣的后果。如果一个国家制定了严格的食品安全法案，同时又有专业官员的得力监管，有了这对左膀右臂，我们再也不用担心出现孟加拉国那样的食品恐慌了。另一方面，过分关注食品安全也会使好事变坏事，比如引起不必要的恐慌。正像我们在最后一章所看到的，美国食品安全法案中的污物条款造成了杀虫剂的过量使用；同样，美味可口的新鲜奶酪居然被看作对健康的威胁，这样的情况我们也早已耳闻目染了很多。所谓"食品安全"其实也会忽略一些道德层次上的掺假食品：如果毒性强，要骗人就很困难。有许多从技术角度来说非常安全的假冒食品和替代食品，但它们实在不能归入优质或者真实食品之列，也并不代表不存在蓄意欺诈的意图。

所以，正像我们在前文看到的，许多人追求的不再仅仅是安全食品，而是理想化的纯净食品。英国的亚瑟·希尔·哈塞耳和美国的哈维·华盛顿·威利把"纯净食品"作为自己追求的目标。这使他们做出了许多伟大的举动。通过抬高门槛，他们就可以确定销售过程中的一些安全因素。哈塞耳和威利认为欺诈就跟下毒一样，对此要采取"零容忍"态度：打着"纯净芥末"的幌子出售并不纯净的芥末，或者以"蜂蜜"之名销售葡萄糖，或者在玉米表面撒一层糖精就冒充"甜玉米"，这些行为都是不能容忍的。"纯净食品"的不利之处就在于，真正的纯净食品是不存在的。哈塞耳和威利一直都在追求食品的绝对营养、绝对纯净（这使他们跟普通消费者的分歧越来越大），结果却是徒劳无功。对纯净食品的追求最终会导致人体感官机能的丧失。我们通常都鼓励消费者在判断食物的好坏时要听取专家的意见，而这会造成消费者忘记挑选食物时简单的快乐。

另一种以消费者为导向的对抗措施就是通过信息，主要表现形式就是舆论宣传和商标信息。媒体在曝光食品欺诈事件中发挥了不可或缺的作用：新闻记者发报道、辛克莱写作《丛林》一书、纳德组织学生进行抵制，以上都属于制造舆论导向。此外，我们现在已经有完整的以商标形式记录的食品信息词典，舆论宣传对遏制欺诈行为具有令人震惊的效力。在辛克莱的《丛林》出版之后，肉制品行业确实开始展开了行业整顿。在商标上强制标识相关信息的做法也大大降低了大规模欺诈事件的发生。但是，舆论宣传本身就是一把双刃剑，既可以曝光丑闻，也可以进行广告宣传。正像我们之前看到的，以科学为基础的有效的丑闻曝光和散布恐慌之间只有一条很细的分界线。当欺诈行为以错误形式曝光时，它不仅不会引起有力的对应措施，反而会造成无动于衷或者恐慌，这两种反应对改善情况都于事无补。出于同样的原因，过分信任商标也会适得其反。总之，单单依靠商标还不足以让消费者做出正确的选择。

因此，我们必须了解食品安全知识，真正可靠的知识，而不是空洞的信息。在我们见过的所有应对欺诈的方法中，最好的办法就是用可靠的知识武装头脑，对真品了如指掌，这样欺诈者的很多骗术就会被打露原形了。从一些角度来说，这是一种非常古老的方法，我们在中世纪的行会中已然见过，其现代后裔中的典型代表非 AOC 和 PDO 体系莫属，而它们首先强调的就是消费者要对真正的食品有所了解。但是，有关食品安全的知识也在与时俱进，它会随着科学的发展而日渐加深。这一方法的另一版本就是众多尖端科学家们采用的方法，利用最新的科技手段来揭露食品欺诈事件，不管是 19 世纪 20 年代阿库姆的化学仪器，还是伍尔夫的 DNA 检测都是如此。虽然他们的科学技术都很复杂，但是促使阿库姆和伍尔夫这样做的原因却是为了保持进食所带来的简单快乐。在跟食品掺假行为的斗争中，掌握优质食品的知识会具有很多优势：首先，它不仅适用于农业社会，同样也适用于我们大多数人所生活的这个现代工业化的民主社会；其次，它能够抑制制造商和消费者之间销售链条太长的问题；再次，跟其他对抗欺诈行为的做法不同，它既不会抑制快乐，也不会过度地制造恐慌。它会减少欺诈的诱因，因为随着更多的人掌握真假食品的辨别方法，欺诈分子以次充好从中牟取暴利的做法就会越难施行。

用真实可靠的食品安全知识武装头脑，可以在对抗掺假食品的斗争中所向披靡。我能看到的唯一一个重要问题就是大多数人并没有掌握这些知识。如果社会非常重视减少食品欺诈，它肯定会着手进行教育系统的全面改革，使烹调和更多有关食品的实用技能成为各个年龄段人的必修课程。这无疑是一项艰巨的任务，但即便如此，还是不够的，因为有许多欺诈行为是我们看不到的。政府部门也要在最新的科学知识的基础上，不断更新食品安全法案，加强执行力度。有些科学手段的技术含量太高，使用有限，公众很难了解，但是这并不意味着我们普通消费者就应该放弃自身权益，成为欺诈分子愚弄的猎物。如果我们能对真正优质的食品有个简单了解，我们就可以通过很多方法来避免受骗。如果欺诈行为无法根除，那我们就要学会应对风险。

如果你不想受骗，那么你不妨遵从以下一些标准：购买完整的、新鲜食品；从你信任的人那里购买，如果他们就住在附近，情况会更好；自己烹饪，要了解食品中所含的各个成分，这样你在碰到假货时就能分辨真伪；另外，还要敢于揭穿骗术。最关键的一点就是，相信自己的感官：听一听巧克力折断时的响声，看一看活鱼身上的光泽，尝一尝新鲜桂皮的甜度，闻一闻真正香米的气息……

鸣　　谢

在此我要感谢我的出版商约翰·默里（John Murray），还有许多朋友、亲人及同事为本书的出版提供了很大的支持。这里我要感谢：食品标准署的安娜·阿赛尔福德（Anna Ashelford）、亚当·巴里克（Adam Balic 伪劣鸡蛋一章）、路西·班内尔（Lucy Bannell）、凯瑟琳·布莱斯（Catherine Blythe）、卡罗琳（Caroline）及休·布瓦洛（Hugh Boileau）；感谢英国医学会的詹妮·布拉南（Jenny Brannan），感谢乔夫·布伦南(Geoff Brennan) 帮我确定参考规范，感谢布朗温·布拉姆伯格（Bronwen Bromberger）、劳伦·佩吉特（Lauren Carleton Paget）、埃米利·查尔金 (Emily Charkin)、希拉里·考克斯（Hilary Cox）、卡洛琳·戴维森（Caroline Davidson）、夏洛特·杜瓦（Charlotte Dewar）、玛格丽特·杜丽（Margaret Dorey），感谢林赛·杜维（Lindsay Duguid）节选卡尔·马克思著作方面的帮助；感谢食品标准署的凯瑟琳·邓肯琼斯（Katherine Duncan-Jones）、娜莎莉·戈登（Nathalie Golden），感谢西奥·费尔利（Theo Fairley）、朱迪斯·弗兰德斯（Judith Flanders 关于红色凤尾鱼）、鲍勃·古丁（Bob Goodin 关于哲学观点）；感谢威特罗斯公司的克里斯泰尔·吉伯特（Christelle Guibert）、巴里·海曼（Barry Higman）、莎拉·霍华德（Sarah Howard 关于红酒）、崔斯特瑞姆·亨特（Tristram Hunt 关于恩格斯著作）、马可·莱克(Mark Lake 关于给橄榄染色)、米兰达·兰德格里夫（Miranda Landgraf）、梅丽莎·累雷恩（Melissa Lane）、丹·莱帕德（Dan Lepard 关于面包）、保罗·利维（Paul Levy）、伊斯·麦克尼尔（Esther MacNeill）、安妮·马尔科姆（Anne Malcom 关于仿甲鱼汤）、安西娅·莫里森（Anthea Morrison）、安娜·默里（Anna Murphy）、弗兰克斯·帕西瓦尔（Francis

Percival)、鲁斯·普莱特（Ruth Platt）、艾克弗瑞达·伯纳尔（Ekfreda Pownall）、罗斯·普林斯（Rose Prince 关于生化酶），威特罗斯公司的凯莉·瑞尼（Kelly Rayney）、克劳迪娅·罗登（Claudia Roden 关于藏红花）、艾玛·罗斯柴尔德（Emma Rothschild）、提姆·劳斯（Tim Rowse）、米尔·鲁宾（Miri Rubin）、加里·朗西曼与鲁思·朗西曼（Garry and Ruth Runciman）、玛格努斯·赖安（Magnus Ryan）、艾比·斯科特（Abby Scott 关于热巧克力）、鲁斯·斯库尔（Ruth Scurr）、玛丽娜·斯皮利尔（Marlena Spieler）、亚瑟·琼斯（Gareth Stedman Jones 关于指南手册）、彼得·斯图多德哈特（Peter Stodhart 关于尤维纳利斯）、亚当·图兹（Adam Tooze）、弗兰克·特伦特曼（Frank Trentmann）、马克·特纳（Mark Turner）、西门·威特福和托比·威特福（Simon and Toby Welfare）、史蒂芬·威特森（Stephen Wilson）。

同时我还要感谢以下个人、企业及机构在我写书过程中为我提供资料和帮助，他们是：科尔曼芥末酱、欧梭伊哈迪奶酪、蒂尔达香米、威特罗斯超市。感谢美食家协会的马克·林瑟曼（Mark Leatham）慷慨地允许我占用他的时间，并向我传授了很多知识。感谢英国食品标准署、美国食品及药品监督管理局（特别感谢辛迪·拉钦 Cindy E. Lachin）为本书创作提供的各种资料。英国食品标准署方面我还要特别感谢马克·沃尔夫（Mark Woolfe）。我还要感谢在澳大利亚堪培拉澳大利亚自然学院历史研究所，我在那里完成了本书的部分章节。我还要向剑桥大学图书馆的工作人员表示由衷的感谢。

我最想感谢的是大卫·朗西曼、汤姆·朗西曼和娜塔莎·朗西曼，感谢他们每天吃我做的饭，还好他们吃了我的饭还都健在。

摘录自乔治·奥威尔（George Orwell）的《通往威根码头之路》（*The Road to Wigan Pier*）（版权©乔治·奥威尔，1937 年）之文字，转载已征得已故的桑尼亚·伯劳内尔·奥威尔（Sonia Brownell Orwell）之遗产执行人比尔·汉密尔顿（Bill Hamilton）及赛克尔与沃伯恩格公司（Secker & Warburg Ltd.）的同意。

在插图方面，本书作者及出版社特此感谢以下单位：剑桥大学图书馆理事；伦敦博物馆；威特罗斯超市；ARPL、英国 Topfoto 网；科尔曼广告；美国食品与药品监督管理局；英国 akg-images 网、德国 ullstein bird 网；百事可乐有限公司；剑桥大学图书馆、森馨香料有限公司；伊斯塔拉、欧梭伊哈迪、BMA 通讯；蒂尔达公司；食品标准署；《门赛尔全集》(*Mansell Collection*)、《时间与生命》(*Time &Life*)；《厄普顿·克莱尔全集》美国印第安纳州布卢明顿印第安纳大学利莱图书馆。

特此感谢。

参考文献

Accum, Frederick, *A Practical Treatise on Gas-Light* (London: Ackermann, 1815).
——, *Chemical Amusement, comprising a series of curious and instructive experiments in chemistry, which are easily performed, and unattended with danger* (London: T. Boys, 1817).
——, *A Treatise on Adulterations of Food, and Culinary Poisons* (London: Longman, Hurst, Rees, Orme & Browne, 1820) (1820A).
——, *A Treatise on the Art of Brewing* (London: Longman, Hurst, Rees, Orme & Browne, 1820) (1820B).
——, *A Treatise on the Art of Making Wine from Native Fruits* (London: Longman, Hurst, Rees, Orme & Browne, 1820) (1820C).
——, *Culinary Chemistry: exhibiting the scientific principles of cookery* (London: R. Ackermann, 1821) (1821A).
——, *A Treatise on the Art of Making Good and Wholesome Bread of Wheat, Oats, Rye, Barley and other Farinaceous Grain* (London: T. Boys, 1821) (1821B).
——, *An Explanatory Dictionary of the Apparatus and Instruments Employed in the Various Operations of Philosophical and Experimental Chemistry* (London: T. Boys, 1824).
——, *A Treatise on Adulterations of Food, and Culinary Poisons*, facsimile of the first American edition, published in Philadelphia in 1820 (New York: Mallinckrodt, 1966).
Acton, Eliza, *The English Bread-Book for Domestic Use Adapted to Families of Every Grade* (London: Longman, Brown, Green, 1857).
——, *Modern Cookery for Private Families*, facsimile of 1855 edition (Lewes: Southover Press, 1993).
Addison, Joseph and Steele, Richard (eds), *The Tatler*, collated edition (London: Longman Dodsley etc., 1797).
Allingham, William, *Blackberries Picked off many Bushes by D. Pollex and others, Put in a basket by W. Allingham* (London: G. Philip & Son, 1884).
Anderson, Oscar E., *The Health of a Nation: Harvey W. Wiley and the Fight for Pure Food* (Chicago: University of Chicago Press, 1958).
Anderson, R. C. (ed.), *The Assize of Bread Book, 1477–1517* (Southampton: Cox Sharland, 1923).
Anon, (probably Dr Peter Markham), *Poison Detected of Frightful Truths* (London: Dodsley, Osborne, Corbet, Griffith, Jones, 1757).

Anon., *Deadly Adulteration and Slow Poisoning; or Disease and Death in the Pot and the Bottle, by an enemy of fraud and villainy* (London: Sherwood, Gilbert & Piper, 1830).

Anon., *The Tricks of the Trade in the Adulterations of Food and Physic* (London: David Bogue, 1851).

Anon., *Adulteration of Food, Drink and Drugs, being the Evidence taken before the Parliamentary Committee* (London: David Bryce, 1855A).

Anon., *Language of the Walls: and A Voice from the Shop Windows, or The Mirror of Commercial Roguery 'by one who thinks aloud'* (Manchester: Abel Heywood, 1855B).

Apple, Rima D., *Mothers and Medicine, A Social History of Infant Feeding 1890–1950* (University of Wisconsin Press, 1987).

Atkin, Tim and Lee, William, 'Just add Antifreeze', *Observer Food Monthly*, 16 January 2005.

Atkins, P. J., 'Sophistication detected or, the adulteration of the milk supply, 1850–1914', *Social History*, 16, 1991, pp. 317–39.

Barton Hutt, Peter, 'The Basis and Purpose of Government Regulation and Misbranding of Food', *Food, Drug and Cosmetic Law Journal*, 33, 1978, pp. 505–40.

Beaudoin, Kirsten, 'On Tonight's Menu: Toasted Cornbread with Firefly Genes? Adapting Food Labeling Law to Consumer Protection Needs in the Biotech Century', *Marquette Law Review*, 2000.

Beeton, Isabella, *Mrs Beeton's Book of Household Management*, abridged edition (London: Penguin, 2000).

Berghoff, Hartmut, 'Enticement and Deprivation: the Regulation of Consumption in Pre-War Nazi Germany', in Martin Daunton and Matthew Hill (eds), *The Politics of Consumption* (Oxford: Berg, 2001), Ch. 8.

Bligh, H. F. J., 'Detection of adulteration of Basmati rice with non-premium long-grain rice', *International Journal of Food Science and Technology*, 2000, Vol. 35, pp. 257–65.

Block, Daniel, 'Milk' in *The Oxford Encyclopedia of Food and Drink in America*, edited by Andrew F. Smith (Oxford: Oxford University Press, 2004).

Brantz, Dorothy, 'Dehumanizing the City: the Problem of Livestock in Nineteenth-Century Paris and Berlin', conference paper, *European Association for Urban History* (Stockholm, 2006).

British Nutrition Foundation, *Food Fortification*, briefing paper (London: British Nutrition Foundation, 1994).

Brosco, Jeffrey, 'The Early History of the Infant Mortality Rate in America', *Pediatrics*, 1999, Vol. 103, pp. 478–85.

Browne, C. A., 'The Life and Chemical Services of Frederick Accum', *Journal of Chemical Education*, 2, 1925, pp. 829–51, 1008–34, 1140–49.

Burnett, John, *Plenty and Want: a social history of food in England from 1815 to the present day*, originally published 1968 (London: Routledge, 1989).

Burros, Marion, 'Is Organic Food provably Better?', *New York Times*, 16 July 2003

Butchko, Harriet H., 'Safety of Aspartame', letter to the *Lancet*, 12 April 1997.

Camporesi, Piero, 'Bread of Dreams', *History Today*, Vol. 39, no. 4, April 1989, pp. 14–21.

Cannon, Geoffrey, *The Good Fight: The Life and Work of Caroline Walker* (London: Ebury Press, 1989).
Catchpole, Andrew, 'A vintage year for cheating', *Guardian*, 6 July 2006.
Cato, *Cato the Censor on Farming*, translated Ernest Brehaut (Columbia University Press, 1933).
Chevallier, Jean-Baptiste Alphonse, *Dictionnaire des altérations et falsifications des substances alimentaires, médicamenteuses et commerciales* (Paris: Béchet jeune, 1854).
Child, Samuel, *Every Man His Own Brewer* (London: J. Ridgeway, 1798, sixth edition).
Clarke, A., *Flavouring Materials: Natural and Synthetic* (London: Hodder & Stoughton, 1922).
Clayton, Edwy Godwin, *Arthur Hill Hassall: Physician and Sanitary Reformer* (London: Baillière, Tindall & Cox, 1908).
Clifton, Claire and Spencer, Colin, *The Faber Book of Food* (London: Faber & Faber, 1993).
Cole, R. J., 'Frederick Accum: A Biographical Study', *Annals of Science*, 7, 1951, pp. 128–43.
——, 'Sir Anthony Carlisle, FRS (1768–1840)', *Annals of Science*, 8, 1952, pp. 255–70.
Collins, Emmanuel, *Lying Detected; or some of the most frightful untruths that ever alarmed the British metropolis fairly exposed* (Bristol: E. Farley & Son, 1758).
Columella, *De re rustica, On Agriculture,* with an English translation, 3 volumes (London: Heinemann, 1954–5).
Cooper, Artemis, *Writing at the Kitchen Table: the authorized biography of Elizabeth David* (London: Michael Joseph, 1999).
Cooper, Derek, *The Bad Food Guide* (London: Routledge, 1967).
——, *Snail Eggs and Samphire: dispatches from the food front* (London: Macmillan, 2000).
Coppin, Clayton and High, Jack C., *The Politics of Purity: Harvey Washington Wiley and the Origins of Federal Food Policy* (Ann Arbor: University of Michigan Press, 1999).
Corbin, Alain, *The Foul and the Fragrant: Odour and the Social Imagination* (London: Berg, 1986).
David, Elizabeth, *English Bread and Yeast Cookery*, New American Edition (Newton, Massachussetts: Biscuit Books Inc., 1994 [first published 1972]).
Davies, Catriona, 'Chicken not such a healthy option', *Daily Telegraph*, 4 April 2004
Davis, Belinda J., *Home Fires Burning: food, politics and everyday life in world war I Berlin* (Chapel Hill: University of North Carolina Press, 2000).
Degnan, Frederick H., 'Rethinking the GRAS Concept', *Food, Drug and Cosmetic Law Journal*, 46, 1991, pp. 553–82.
Denby, Daniel, 'Uppie Redux? Upton Sinclair's Losses and Triumphs', *New Yorker*, 28 August 2006.
Dillon, Patrick, *Gin: The Much-Lamented Death of Madame Geneva, The Eighteenth-Century Gin Craze* (Boston: Justin Charles Co., 2004).
Dorey, Margaret, 'Corrupt and naughty wares: rhetoric versus reality in regulating

the food market of seventeenth-century London', paper given to the Oxford Symposium on Food and Cookery, September 2007.

Drummond, J. C. and Wilbraham, Anne, *The Englishman's Food: A History of Five Centuries of English Diet* (London: Jonathan Cape, 1939).

Ecott, Tim, *Vanilla: Travels in Search of the Luscious Substance* (London: Michael Joseph, 2002).

Eisinger, Josef, 'Lead and Wine: Eberhard Gockel and the *Colica Pictonum*', *Medical History*, 26, 1982, pp. 279–302.

Eliot, George, 'Address to Working men by Felix Holt', first published in *Blackwood's Magazine*, 1868, in George Eliot, *Essays and Leaves from a Notebook* (London: Blackwood, 1884).

Ellender, David, 'A Class-Action Lawsuit Against Aspartame Manufacturers: A Realistic Possibility or just a Sweet Dream for Tort Lawyers?', *Regent University Law Review*, 2005–6, pp. 179–208.

Ely, Clansen, 'Regulation of Food Additives and Contaminants in the United States', *Symposium Proceedings: Food Law: US–EC*, Campden Food and Drink Research Association, 1990.

Engels, Friedrich, *The Condition of the Working Class in England*, edited with an introduction by David McLellan (Oxford: Oxford University Press, 1993).

Everard, Stirling, *The History of the Gas Light and Coke Company, 1812–1949* (London: Ernest Benn, 1949).

Fabian Society, 'Municipal Slaughterhouses', *Fabian Tracts*, no. 92, 1899.

Faunce, George, 'The Imitation Jam Case', *Food, Drug and Cosmetic Law Journal*, 8, 1953, pp. 717–20.

Ferrières, Madeleine, *Sacred Cow, Mad Cow: A History of Food Fears*, translated by Jody Gladding (Columbia University Press, 2006).

Fielden, Christopher, *Is this the Wine you Ordered, Sir?* (London: Christopher Helm, 1989).

Filby, Frederick Arthur, *A History of Food Adulteration and Analysis* (London: G. Allen & Unwin, 1934).

Fildes, Valerie, *Breasts, Bottles and Babies: A History of Infant Feeding* (Edinburgh: Edinburgh University Press, 1986).

Fistere, Charles M., 'The Imitation Jam Case – Some Implications', *Food, Drug and Cosmetic Law Journal*, 7, 1952, pp. 165–71.

Freeman, Sarah, *Mutton and Oysters: the Victorians and their Food* (London: Gollancz, 1989).

Galtier, C-P., *Traité de toxicologie médicale, chimique et légale et de la falsification des aliments, boissons, condiments* (2 vols, Paris: Chamerot, 1855).

Garnsey, Peter, *Famine and Food Supply in the Graeco-Roman World* (Cambridge: Cambridge University Press, 1988).

Garstang, Marion R., 'The Imitation Jam Decision', *Food, Drug and Cosmetic Law Journal*, 9, 1954, pp. 92–8.

Gaughan, Anthony and Barton Hutt, Peter, 'Harvey Wiley, Theodore Roosevelt and the Federal Regulation of Food and Drugs', *Food and Drug Law*, Harvard Law School, Winter 2004.

Gee, Brian, 'Friedrich Christian Accum (1769–1838)', entry in the new Oxford *DNB* (2004).
Gladwell, Malcolm, 'The Ketchup Conundrum', *New Yorker*, 6 September 2004.
Goodacre, Royston, Hammond, David and Kell, Douglas, 'Quantitative analysis of the adulteration of orange juice with sucrose using pyrolysis mass spectrometry and chemometrics', *Journal of Analytical and Applied Pyrolysis*, 1997, pp. 135–58.
Goodwin, Lorine Swainston, *The Pure Food, Drink and Drug Crusaders, 1879–1914* (Jefferson, N. Carolina and London: McFarland & Co., 1999).
Gottesman, Ronald, 'Introduction' to *The Jungle* by Upton Sinclair (Harmondsworth: Penguin, 1985).
Gray, Ernest A., *By Candlelight: The Life of Arthur Hill Hassall, 1817–94* (London: Robert Hale, 1983).
Greenaway, Frank (ed.), *The Archives of the Royal Institution of Great Britain in facsimile, 1799–1900* (Menston, Ilkley: Scolar Press, 1971).
Haber, Barbara, *From Hardtacks to Home Fries* (New York: Simon & Schuster, 2002).
Hamlin, Christopher, *A Science of Impurity: Water Analysis in Nineteenth-century Britain* (Bristol: Adam Hilger, 1990).
——, *Public Health and Social Justice in the Age of Chadwick: Britain 1800–1854* (Cambridge: Cambridge University Press, 1998).
Hassall, Arthur Hill, *Food and Its Adulterations* (London: Longman, Brown, Green, 1855).
——, *The Narrative of a Busy Life: An Autobiography* (London: Longmans Green & Co., 1893).
Haydon, Peter, *Beer and Britannia: An Inebriated History of Britain* (London: Sutton Publishing, 2001).
Hesser, Amanda, *Cooking for Mr Latte* (New York: Norton, 2003).
Hudson, John, *The History of Chemistry* (London: Macmillan, 1992).
Hughson, D., *The New Family Receipt Book* (London: W. Pritchard, 1817).
Humble, Nicola, *Culinary Pleasures* (London: Faber, 2005).
Hutchins, B. L., *The Public Health Agitation: 1833–1848* (London: Fifield, 1909).
Jackson, Henry, *An Essay on Bread, wherein the Bakers and Millers are Vindicated from the Aspersions contained in Two Pamphlets* (London: J. Wilkie, 1758).
Jacobsen, Jan Krag, paper given to the Oxford Food Symposium on 'Adulteration', September 2005.
Johnson, Hugh, *The Story of Wine* (London: Mitchell Beazley, 1989).
Junod, Suzanne White, 'The Rise and Fall of Federal Food Standards in the United States: the case of the Peanut Butter and Jelly Sandwich', *Society for the Social History of Medicine*, Spring Conference, 9 April 1999.
Juvenal, *Juvenal: The satires*, a text with brief critical notes, edited by E. Courtney (Rome, 1984).
Kaplan, Steven Laurence, *The Bakers of Paris and the Bread Question, 1700–1775* (Duke University Press, 1996).
Kennett, Frances, *History of Perfume* (London: Harrap, 1975).
Kessler, David, 'Remarks by the Commissioner of Food and Drugs', *Food, Drug and Cosmetic Law Journal*, 48, 1993, pp. 1–11.

Keuchel, Edward F., 'Chemicals and Meat: The Embalmed Beef Scandal of the Spanish-American War', *Bulletin of Medical History*, 48, 1974, pp. 249–64.

Kolko, Gabriel, *The Triumph of Conservatism: a re-interpretation of American History, 1900–1916* (New York: Free Press of Glencoe, 1963).

Lawrence, Felicity (ed.), *Additives: Your Complete Survival Guide* (London: Century, 1986).

——, *Not on the Label: What Really Goes into the Food on your Plate* (London: Penguin, 2004).

Lee, Kwang-Sun, 'Infant Mortality Decline in the late nineteenth and early twentieth century: role of market milk', www.ironwood.cpe.uchicago.edu/CPE_Workshop/paper, accessed 9 October 2006.

Letheby, Henry, *On Food: Four Cantor Lectures* (London: Longman, Green Co., 1870)

Levenson, Barry M., *Habeas Codfish: Reflections on Food and the Law* (Madison: University of Wisconsin Press, 2001).

Levenstein, Harvey, *Paradox of Plenty: A Social History of Eating in Modern America* (New York and Oxford: Oxford University Press, 1993).

Li-Chan, Eunice, 'Developments in detection of adulteration of olive oil', *Trends in Food Science and Technology*, Vol. 5, January 1994, pp. 3–11.

London Food Commission, The, *Food Adulteration and How to Beat It* (London: Unwin Hyman, 1988).

Loomis, C. Grant, 'Mary Had a Parody: A Rhyme of Childhood in Folk Tradition', *Western Folklore*, Vol. 17, January 1985, pp. 45–51.

Loubère, Leo A., *The Red and the White: A History of Wine in France and Italy in the Nineteenth Century* (Albany: State University of New York Press, 1978).

Lyon, William F., 'Insects as Human Food', Ohio State University Fact Sheet, 1994, www.ohioline.osu.edu, accessed November 2006.

Lyons, Jean and Rumore, Martha, 'Food Labeling Then and Now', *Journal of Pharmacy and Law*, 172, 1993.

McCance, R. A. and Widdowson, E. M., *Breads White and Brown: Their Place in Thought and Social History* (London: Pitman Medical Publishing Co. Ltd, 1956)

McCarry, C., *Citizen Nader* (New York: Saturday Review Press, 1972).

McGee, Harold, *On Food and Cooking: The Science and Lore of the Kitchen* (New York: Simon & Schuster, 1984).

MacKenney, Richard, *Tradesmen and Traders: the World of Guilds in Venice and Europe c. 1280–c. 1650* (London: Croom Helm, 1987).

Mandel, Boris L., 'Food Additives are Common Causes of Attention Deficit Disorder in Children', *Annals of Allergy*, May 1994.

Manning, James, *The Nature of Bread Honestly and Dishonestly Made* (London: R. Davis, 1757).

Markham, Peter, *A Letter to the Right Honourable William Pitt, relating to the Abuses practised by Bakers* (London: M. Cooper, 1757).

Martín, Gonzalez et al., 'Detection of honey adulteration with beet sugar using stable isotope methodology', *Food Chemistry*, Vol. 61, no. 3, 1998, pp. 281–6.

Martin, John B., 'The Imitation Jam Case and its Effect on the Ice Cream Industry', *Food, Drug and Cosmetic Law Journal*, 8, 1954, pp. 123–6.

Mayhew, Henry, *The Morning Chronicle Survey of Labour and the Poor: The Metropolitan Districts* (London: Caliban Books, 1980).

Miller, Ian, 'Alum Production at Carlton Alum Works', www.oxfordarch.co.uk (article of May 2004).

Mitchell, John, *Treatise on the Falsifications of Food and the Chemical Means Employed to Detect Them* (London: Hippolyte Baillière, 1848).

Monckton, H. A., *A History of English Ale and Beer* (London: The Bodley Head, 1966).

Murphy, Kevin C., 'Pure Food, the Press and the Poison Squad: Evaluating Coverage of Harvey W. Wiley's Hygienic Table', 2001, www.kevincmurphy.com, accessed September 2006.

Nader, Ralph, *The Ralph Nader Reader*, foreword by Barbara Ehrenreich (London and New York: Seven Stories Press, 2000).

Nelson, Robert L., 'The Price of Bread: Poverty, Purchasing Power and the Victorian Labourer's Standard of Living', modified 25 December 2005, www.victorianweb.org.

Nestle, Marion, *Food Politics* (Berkeley: University of California Press, 2002).

——, *What to Eat* (New York: North Point Press, 2006).

Nightingale, Pamela, *A Medieval Mercantile Community: The Grocer's Company and the Politics and Trade of London 1000–1485* (New Haven: Yale University Press, 1995).

Normandy, Alphonse, *The Commercial Handbook of Chemical Analysis* (London: George Knight & Sons, 1850).

Olver, Lynne, 'Mock Foods', in *The Oxford Encyclopedia of Food and Drink in America* (Oxford: Oxford University Press, 2004).

Orwell, George, *The Road to Wigan Pier* (Harmondsworth: Penguin, 2001 [originally published 1937]).

Padovan, G. J. et al., 'Detection of adulteration of commercial honey samples by the 13C/12C isotopic ratio', *Food Chemistry*, Vol. 82, 4, 2003, pp. 633–6.

Parmentier, Antoine-Augustin, 'Treatise on the Composition and Use of Chocolate', *Nicholson's Journal: Journal of Natural Philosophy, Chemistry and the Arts*, Vol. 5, 1803.

Patten, Marguerite, *We'll Eat Again* (London: Hamlyn, 1985).

Patton, Jeffrey, *Additives, Adulterants and Contaminants in Beer* (London: Patton Publications, 1989).

Phillips, Rod, 'Wine and Adulteration', *History Today*, June 2000, pp. 31–7.

——, *A Short History of Wine* (London: Penguin, 2001).

Picard, André, 'Today's fruits, vegetables lack yesterday's nutrition', *Toronto Globe and Mail*, 6 July 2002.

Platt, Hugh, *Sundrie new and artificiall remedies against famine* (London: P.S., 1596).

Pliny, the Elder, *Naturalis historia*, Natural History, English and Latin, in ten volumes, with an English translation by H. Rackham (London: Heinemann, 1968)

Potter, Stephen, *The Magic Number: the story of '57'* (London: M. Reinhardt, 1959).

Purvis, Andrew, 'It's supposed to be lean cuisine. So why is this chicken fatter than it looks?', *Observer Food Monthly*, 15 May 2005.

Pyke, Magnus, *Synthetic Food* (London: John Murray, 1970).
——, *Technological Eating* (London: John Murray, 1972).
Ratledge, Andrew, 'Food Fraud and the British Consumer, 1800–1860', Third International Conference of the Research Centre for the History of Food and Drink, 12–14 July 2004.
Ravilious, Kate, 'Buyer Beware: the Rise of Food Fraud', *New Scientist*, 15 November 2006.
Redding, Cyrus, *History and Description of Modern Wines* (London: Whittaker, Treacher & Arnot, 1833).
Reed, Gerald (ed.), *Enzymes in Food Processing* (New York: Academic Press, 1975)
Renard, Georges, *Guilds in the Middle Ages*, translated by Dorothy Terry (New York: Augustus M. Kelly, 1968 [originally published 1918]).
Reynolds, John Hamilton, *The Press, or Literary Chit-chat: A satire* (London: Lupton Relfe, 1822).
Roberts, H. J., 'Aspartame and brain cancer', letter to the *Lancet*, 1 February 1997
Robinson, Jancis, *The Oxford Companion to Wine*, second edition (Oxford: Oxford University Press, 1999).
Rodden, John (ed.), *The Cambridge Companion to George Orwell* (Cambridge: Cambridge University Press, 2007).
Roosevelt, Theodore, *Theodore Roosevelt: An Autobiography* (London: Macmillan, 1913)
——, *The Letters of Theodore Roosevelt*, edited by Elting E. Morison (Cambridge, Massachusetts: Harvard University Press, 1954).
Rothschild, Louis, 'The newest Regulatory Agency in Washington', *Food, Drug and Cosmetic Law Journal*, 33, 1978, pp. 86–93.
Rowlinson, P. J., 'Food Adulteration: Its Control in Nineteenth-century Britain', *Interdisciplinary Science Reviews*, Vol. 7, no. 1, 1982, pp. 63–71.
Rubin, Miri, *The Hollow Crown: A History of Britain in the Late Middle Ages* (London: Allen Lane, 2005).
Rumohr, Carl Friedrich von, *The Essence of Cookery*, translated from the German by Barbara Yeomans (Totnes: Prospect Books, 1993 [originally published Stuttgart, 1822]).
Rundell, Mrs, *A New System of Domestic Cookery* (London: John Murray, 1818).
Sabine, R. H., 'The Changing Role of the Flavourist', *Flavour Industry*, October 1972, pp. 509–10.
Sachs, Jeffrey, *The End of Poverty: Economic Possibilities for our Time* (London: Allen Lane, 2005).
Schlosser, Eric, *Fast Food Nation: What the All-American Meal is Doing to the World* (London: Allen Lane, 2001).
Schmid, Ron, 'Pasteurize or Certify: Two Solutions to the Milk Problem', www.realmilk.com/untoldstory, accessed 9 October 2006.
Shaugnessy, Haydn, 'What's Your Poison?', *Irish Times*, 18 October 2005.
Shipperbottom, Roy, 'Paradise Lost: The Adulteration of Spices', *Oxford Symposium on Food and Cookery*, 1993, pp. 247–53.
Sinclair, Upton, *The Jungle* (London: T. Werner Laurie, 1906).
——, *The Autobiography of Upton Sinclair* (London: W. H. Allen, 1963).

Singer, Peter and Mara, Jim, *Eating: What We Eat and Why It Matters* (London: Arrow Books, 2006).

Smith, Andrew, *Pure Ketchup: A History of America's National Condiment* (Washington and London: Smithsonian Institution Press, 2001).

Smith, R. E. F. and Christian, David, *Bread and Salt: A Social and Economic History of Food and Drink in Russia* (Cambridge: Cambridge University Press, 1984).

Smollett, Tobias, *The Expedition of Humphry Clinker* (London: W. Johnston, 1771).

Smyth, Todd R., 'The FDA's Public Board of Inquiry and the Aspartame Decision', *Indiana Law Journal*, 58, 1982–3, pp. 627–49.

Soffritti, Morando, Belpoggi, Fiorella, Degli Esposti, Davide et al., 'First Experimental Demonstration of the Multipotential Carcinogenic Effects of Aspartame Administered in the Feed to Spague-Dowley Rats', *Environmental Health Perspectives*, November 2005, pp. 1–34.

Somers, Ira A., 'Additives, Standards and Nutritional Contributions of Foods', *Food, Drug and Cosmetic Law Journal*, 83, 1970, pp. 83–90.

Spencer, Colin, *British Food: An Extraordinary Thousand Years of History* (London: Grub Street, 2002).

Spiekermann, Uwe, 'Brown Bread for Victory: German and British Wholemeal Politics in the Inter-War Period', in Frank Trentmann and Flemming Just (eds), *Food and Conflict in Europe in the Age of Two World Wars* (London: Palgrave, 2006).

Staff of the Legislation Unit, *Flavourings in Food – A Legal Perspective* (Leatherhead, Surrey: Leatherhead Publishing, 2000).

Stanziani, Alessandro (ed.), *La Qualité des produits en France (XVIIIe–XXe siècles)* (Paris: Belin, 2003).

——, *Histoire de la qualité alimentaire, XIXe–XXe siècles* (Paris: Seuil, 2005).

Stieb, Ernst Walter, *Drug Adulteration: Detection and Control in Nineteenth-century Britain* (Madison: University of Wisconsin Press, 1966).

Studer, P., *The Oak Book of Southampton, Vol. II, A Fourteenth-century Version of the Medieval Sea-Laws known as the rolls of Oleron* (Southampton: Cox & Sharland, 1911).

Suh, Suk Bong, *Upton Sinclair and The Jungle* (Seoul: American Studies Institute, 1997).

Sullivan, Mark, *Our Times: The United States, 1900–1925*, Vol. II (New York: C. Scribner's Sons, 1927).

Süskind, Patrick, *Perfume: The Story of a Murderer*, translated by John E. Woods (London: Penguin, 1986).

Swanson, Heather, *Medieval Artisans: An Urban Class in Late Medieval England* (Oxford: Basil Blackwell, 1989).

Swanson, J. and Kinsbourne, M., 'Food Dyes Impair Performance of Hyperactive Children on a Laboratory Learning Test', *Science*, March 1980, pp. 1485–7.

Taylor, Arthur J., *Laissez-faire and State Intervention in Nineteenth-century Britain* (London: Macmillan, 1972).

Taylor, R. J., *Food Additives* (Chichester: John Wiley & Sons, 1980).

Tickletooth, Tabitha, *The Dinner Question or How to Dine Well & Economically*, a facsimile edition (Blackawton, Devon: Prospect Books, 1999).

Toussaint-Samat, Maguelonne, *A History of Food*, translated from the French by Anthea Bell (Oxford: Blackwell, 1992).

Turner, James S., *The Chemical Feast: the Ralph Nader Study Group report on food protection and the Food and Drug Administration* (New York: Grossman, 1970).

Twain, Mark, *Life on the Mississippi*, facsimile of original 1883 edition (New York and Oxford: Oxford University Press, 1996).

Waldron, H. A., 'James Hardy and the Devonshire Colic', *Medical History*, 1969, pp. 74–81.

White House, *The White House Conference Report on Nutrition and Health: Full Report*, 'The New Foods Panel', pp. 116ff, 1969 (available at http://www.nns.nih.gov/1969/full_report/PDFcontents.htm, accessed June 2007).

Whitley, Andrew, *Bread Matters: The State of Modern Bread and a Definitive Guide to Baking Your Own* (London: Fourth Estate, 2006).

Whittet, T. D., 'Pepperers, Spicers and Grocers – Forerunners of the Apothecaries', *Proceedings of the Royal Society of Medicine*, Vol. 61, August 1968, pp. 801–6.

Wiley, Harvey W., *Foods and Their Adulteration* (London: J. & A. Churchill, 1907).

——, *1001 Tests of Foods, Beverages and Toilet Accessories* (New York: Hearst's International Library, 1914).

——, *Foods and Their Adulteration*, third edition (London: J. & A. Churchill, 1917).

——, *Beverages and Their Adulteration* (London: J. & A. Churchill, 1919).

——, *An Autobiography* (Indianapolis: Bobbs-Merrill Co., 1930).

Willard, Pat, *Saffron: The Vagabond Life of the World's Most Seductive Spice* (London: Souvenir Press, 2001).

Williams, Trevor I., 'Frederick Albert Winsor (1763–1830)', entry in the new Oxford *DNB* (2004).

Willis, Daniel P., 'Preventing Economic Adulteration of Food', *Food, Drug and Cosmetic Law Quarterly*, 20, 1946, pp. 20–27.

Woolfe, Mark and Primrose, Sandy, 'Food Forensics: using DNA technology to combat misdescription and fraud', *Trends in Biotechnology*, Vol. 22, no. 5, May 2004, pp. 222–6.

Young, James Harvey, *Pure Food: Securing the Pure Food and Drugs Act of 1906* (Princeton: Princeton University Press, 1989).

Zehetner, Anthony and McLean, Mark, 'Aspartame and the InterNet', letter to the *Lancet*, 3 July 1999.

Ziegler, Erich and Ziegler, Herta (eds), *Flavourings: production, consumption, applications, regulations* (Chichester: Wiley-VCH, 1998).

Zupko, Ronald Edward, *British Weights and Measures: A History from Antiquity to the Seventeenth Century* (Madison: University of Wisconsin Press, 1977).

新知文库

01 《证据:历史上最具争议的法医学案例》[美]科林·埃文斯 著 毕小青 译
02 《香料传奇:一部由诱惑衍生的历史》[澳]杰克·特纳 著 周子平 译
03 《查理曼大帝的桌布:一部开胃的宴会史》[英]尼科拉·弗莱彻 著 李响 译
04 《改变西方世界的26个字母》[英]约翰·曼 著 江正文 译
05 《破解古埃及:一场激烈的智力竞争》[英]莱斯利·亚京斯 著 黄中宪 译
06 《狗智慧:它们在想什么》[加]斯坦利·科伦 著 江天帆、马云霏 译
07 《狗故事:人类历史上狗的爪印》[加]斯坦利·科伦 著 江天帆 译
08 《血液的故事》[美]比尔·海斯 著 郎可华 译
09 《君主制的历史》[美]布伦达·拉尔夫·刘易斯 著 荣予、方力维 译
10 《人类基因的历史地图》[美]史蒂夫·奥尔森 著 霍达文 译
11 《隐疾:名人与人格障碍》[德]博尔温·班德洛 著 麦湛雄 译
12 《逼近的瘟疫》[美]劳里·加勒特 著 杨岐鸣、杨宁 译
13 《颜色的故事》[英]维多利亚·芬利 著 姚芸竹 译
14 《我不是杀人犯》[法]弗雷德里克·肖索依 著 孟晖 译
15 《说谎:揭穿商业、政治与婚姻中的骗局》[美]保罗·埃克曼 著 邓伯宸 译 徐国强 校
16 《蛛丝马迹:犯罪现场专家讲述的故事》[美]康妮·弗莱彻 著 毕小青 译
17 《战争的果实:军事冲突如何加速科技创新》[美]迈克尔·怀特 著 卢欣渝 译
18 《口述:最早发现北美洲的中国移民》[加]保罗·夏亚松 著 暴永宁 译
19 《私密的神话:梦之解析》[英]安东尼·史蒂文斯 著 薛绚 译
20 《生物武器:从国家赞助的研制计划到当代生物恐怖活动》[美]珍妮·吉耶曼 著 周子平 译
21 《疯狂实验史》[瑞士]雷托·U·施奈德 著 许阳 译
22 《智商测试:一段闪光的历史,一个失色的点子》[美]斯蒂芬·默多克 著 卢欣渝 译
23 《第三帝国的艺术博物馆:希特勒与"林茨特别任务"》[德]哈恩斯—克里斯蒂安·罗尔 著 孙书柱、刘英兰 译
24 《茶:嗜好、开拓与帝国》[英]罗伊·莫克塞姆 著 毕小青 译
25 《路西法效应:好人是如何变成恶魔的》[美]菲利普·津巴多 著 孙佩妏、陈雅馨 译
26 《阿司匹林传奇》[英]迪尔米德·杰弗里斯 著 暴永宁 译
27 《美味欺诈:食品造假与打假的历史》[英]比·威尔逊 著 周继岚 译
28 《英国人的言行潜规则》[英]凯特·福克斯 著 姚芸竹 译
29 《战争的文化》[美]马丁·范克勒韦尔德 著 李阳 译
30 《大背叛:科学中的欺诈》[美]霍勒斯·弗里兰·贾德森 著 张铁梅、徐国强 译

31　《多重宇宙：一个世界太少了？》[德]托比阿斯·胡阿特、马克斯·劳讷 著　车云 译
32　《现代医学的偶然发现》[美]默顿·迈耶斯 著　周子平 译
33　《咖啡机中的间谍：个人隐私的终结》[英]奥哈拉、沙德博尔特 著　毕小青 译
34　《洞穴奇案》[美]彼得·萨伯 著　陈福勇、张世泰 译
35　《权力的餐桌：从古希腊宴会到爱丽舍宫》[法]让—马克·阿尔贝 著　刘可有、刘惠杰 译
36　《致命元素：毒药的历史》[英]约翰·埃姆斯利 著　毕小青 译
37　《神祇、陵墓与学者：考古学传奇》[德]C. W. 策拉姆 著　张芸、孟薇 译
38　《谋杀手段：用刑侦科学破解致命罪案》[德]马克·贝内克 著　李响 译
39　《为什么不杀光？种族大屠杀的反思》[法]丹尼尔·希罗、克拉克·麦考利 著　薛绚 译
40　《伊索德的魔汤：春药的文化史》[德]克劳迪娅·米勒—埃贝林、克里斯蒂安·拉奇 著　
　　王泰智、沈惠珠 译
41　《错引耶稣：〈圣经〉传抄、更改的内幕》[美]巴特·埃尔曼 著　黄恩邻 译
42　《百变小红帽：一则童话中的性、道德及演变》[美]凯瑟琳·奥兰丝汀 著　杨淑智 译
43　《穆斯林发现欧洲：天下大国的视野转换》[美]伯纳德·刘易斯 著　李中文 译
44　《烟火撩人：香烟的历史》[法]迪迪埃·努里松 著　陈睿、李欣 译
45　《菜单中的秘密：爱丽舍宫的飨宴》[日]西川惠 著　尤可欣 译
46　《气候创造历史》[瑞士]许靖华 著　甘锡安 译
47　《特权：哈佛与统治阶层的教育》[美]罗斯·格雷戈里·多塞特 著　珍栎 译
48　《死亡晚餐派对：真实医学探案故事集》[美]乔纳森·埃德罗 著　江孟蓉 译
49　《重返人类演化现场》[美]奇普·沃尔特 著　蔡承志 译
50　《破窗效应：失序世界的关键影响力》[美]乔治·凯林、凯瑟琳·科尔斯 著　陈智文 译
51　《违童之愿：冷战时期美国儿童医学实验秘史》[美]艾伦·M·霍恩布鲁姆、朱迪斯·L·纽
　　曼、格雷戈里·J·多贝尔 著　丁立松 译
52　《活着有多久：关于死亡的科学和哲学》[加]理查德·贝利沃、丹尼斯·金格拉斯 著　
　　白紫阳 译
53　《疯狂实验史Ⅱ》[瑞士]雷托·U·施奈德 著　郭鑫、姚敏多 译
54　《猿形毕露：从猩猩看人类的权力、暴力、爱与性》[美]弗朗斯·德瓦尔 著　陈信宏 译
55　《正常的另一面：美貌、信任与养育的生物学》[美]乔丹·斯莫勒 著　郑嬿 译
56　《奇妙的尘埃》[美]汉娜·霍姆斯 著　陈芝仪 译
57　《卡路里与束身衣：跨越两千年的节食史》[英]路易丝·福克斯克罗夫特 著　王以勤 译
58　《哈希的故事：世界上最具暴利的毒品业内幕》[英]温斯利·克拉克森 著　珍栎 译
59　《黑色盛宴：嗜血动物的奇异生活》[美]比尔·舒特 著　帕特里曼·J·温 绘图　赵越 译
60　《城市的故事》[美]约翰·里斯 著　郝笑丛 译